U0910825

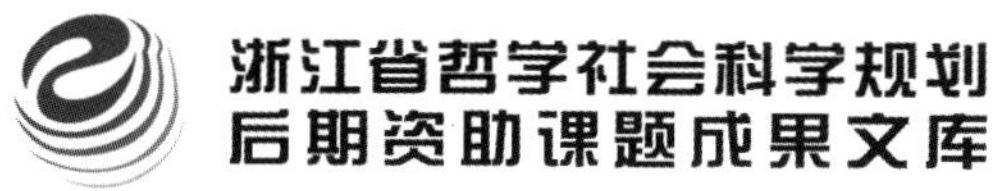

高校全英语教学模式(EMI)的超学科研究

Gaoxiao Quanyingyu Jiaoxue Moshi(EMI) De Chaoxueke Yanjiu

李颖 著

中国社会科学出版社

图书在版编目(CIP)数据

高校全英语教学模式（EMI）的超学科研究／李颖著．—北京：中国社会科学出版社，2014.12

ISBN 978－7－5161－5387－1

Ⅰ.①高…　Ⅱ.①李…　Ⅲ.①英语－教学研究－高等学校　Ⅳ.①H319.3

中国版本图书馆 CIP 数据核字(2014)第 308081 号

出 版 人　赵剑英
责任编辑　宫京蕾
特约编辑　乔继堂
责任校对　邓雨婷
责任印制　何　艳

出　　版　中国社会科学出版社
社　　址　北京鼓楼西大街甲 158 号
邮　　编　100720
网　　址　http：//www.csspw.cn
发 行 部　010－84083685
门 市 部　010－84029450
经　　销　新华书店及其他书店

印刷装订　北京市兴怀印刷厂
版　　次　2014 年 12 月第 1 版
印　　次　2014 年 12 月第 1 次印刷

开　　本　710×1000　1/16
印　　张　19.25
插　　页　2
字　　数　325 千字
定　　价　62.00 元

目　录

绪　论

教育是人类社会所特有的可更新系统，高等教育更是一个复杂的、多层结构的开放系统。世界政治经济的发展对我国高校人才培养提出了新的要求：适应国家对外开放，培养具有国际竞争力的国际化人才。国家旅游局官网[①]数据显示，2010 年上海举办了 81 个国际协会会议，会议数量居世界排名第 21 位。清华大学每年主办国际或地区性学术会议 70 余次，接待校级海外来宾 2400 余人，其中包括诺贝尔奖获得者、外国政要或前政要、外国政府部长级官员、外国驻华大使、世界知名大学校长、跨国公司董事长或总裁、国际学术组织和科研机构负责人等[②]。2011 百年校庆之际，到访的高层人士来自英国、美国、法国、西班牙、日本和俄罗斯等国，还有代表联合国教科文组织和国际译联等组织发表演讲的官员。浙江大学 2009 年至 2010 年举办并承办的国际及双边会议达 130 次[③]。这类高层次的合作与交流都促使学生用外语思维，并通过外语掌握先进学科知识，而当今世界最为通用的语言是英语，“用英语作为媒介”（English as Medium of Instruction，EMI）的课程定位就是为中国高等教育的国际化服务。在高校用全英语开设非英语类课程能使学生更好地检索和利用最新、最先进的科技文献；通过英语掌握科学技术，能更有效地了解世界并参与国际交流。

在现代社会中，科学发展的总趋势是不断走向分化与综合：原来的学

① 数据来源于中华人民共和国国家旅游局官网：http：//www. cnta. gov. cn/html/2011 - 6/2011 - 6 - 14 - 10 - 36 - 00973. html。

② 数据来源于清华大学外国留学生工作办公室官网：http：//intlstudent. cic. tsinghua. edu. cn/CN/contact/tsinghua. html。

③ 数据来源于浙江大学外事处办公网：http：//ir - test. zju. edu. cn/web/office/news. php？ id =933。

科分化了，分工越来越细，而在分工的基础上又不断出现新的综合。科学技术日新月异，知识更新的周期大为缩短，在这种形势下，教给学生一堆现成的知识，意义不大，更重要的是要教会学生获取知识的方法。知识源于生活实践，而并不是堆砌的信息。学习是一种动态的社会活动，受周围社会环境的影响，是人们通过共同参与具体的社会实践活动，在相互交流和协商的经历中形成的知识与能力。只有掌握获取知识的方法，学生才能更加便利、更加通畅地不断探索各种知识领域。掌握这种方法对于所有的人、所有的时代都是必要的。洛克在《人类理解论》中指出，学习的终极目的不是掌握某一具体学科，甚至也不是掌握所有科学知识，而是发展能力，以使他在未来的生活道路上能够得到他孜孜以求的或他所需要的任何知识。从苏格拉底到霍普金斯，每位伟大教师的崇高目标始终是塑造学生的性格。

我国传统的科研、教学体制都是按文理分家、学科分立建立的，学科交叉的强大潮流出现，与传统的分科观念体制产生了深刻的冲突（刘仲林、宋兆海，2007）。在学科分类观念和体制的影响下，一方面，我国学科割据之势严重，自然科学、社会科学、人文科学、技术科学各大门类内部不同学科专业之间，特别是各大门类学科之间缺乏互动交流；另一方面，对学科交叉现象的整体研究长期受到忽视，没有相应的研究机构和学术交流阵地，缺乏深入的机制探讨，缺乏支撑体系的整体建设。随着整体化、综合化、跨学科等理念越来越受到关注，复合性、融合化也日益成为学科的显著特征，学科内部和学科之间需要一种相互补充、彼此参照和相互评判的动态体系。

《中国青年报》在2012年发表了题为《80.1%受访者认为文科生科学素养差对社会影响大》的报道①。第八次中国公民科学素养调查显示，2010年我国具备基本科学素养的公民比例仅为3.27%，相当于日本、加拿大和欧盟等国家在20世纪80年代末的水平。关于文科生最欠缺的科学素养是什么，“理性思维”被排在首位（68.5%），其次是“逻辑思维能力”（65.5%），第三是“科学常识”（60.4%）。南开大学数学科学学院顾沛（2012）指出，数学课程对于文科生而言，掌握数学工具的作用相对次要，了解数学文化，增进理性思维的作用更加重要。文科生往往长于

---

① 《中国青年报》2012年1月12日07版。

形象思维，短于逻辑思维，如果教师注意在教学中扬长补短，进行辩证思维的训练和数学思想的培养，会产生较好效果。但是，学了理科不等于必定会有科学素养，学了生物不等于就懂食品安全，学了法律也不等于就有法治精神。21 世纪教育研究院副院长熊丙奇就认为：不仅是文科生缺乏科学素养，理科生照样缺乏。现在哪个学生有很强的说理能力？现在很多人没有独立思考的能力。显然，高校文、理科教学的分割和人才培养模式遭到了质疑。

钱学森开创了思维科学，被认为是中国第一次在人类科学重大问题上取得世界领先的突破。语言研究从看不见摸不着的人类思维转向智能终端，要让计算机达到或接近人脑的功能，那就更有必要观察人类的语言活动，探索人类思维的特征。思维科学为现代科学发展带来重大变革，也为语言学与现代科学的共生共融提出了发展方向。

2012 年 4 月 22 日武汉大学老校长刘道玉召集“理想大学”专题研讨会①，他说：“当前，不仅是中国，整个世界的大学正处在高等教育发展史上的十字路口。大学的危机，既有思想危机，也有结构性和质量上的危机。高等教育经过近千年的发展，无论是西方还是东方，正在或已陷入危机之中”，主要有两重危机：

第一重危机，人类面临着有史以来最严重生存危机的挑战，而各国的大学对此基本上是束手无策或熟视无睹，不能从理论上和实践上提出任何化解这些危机的根本性对策。

第二重危机，面临信息技术高度发展，终身学习和“非学校化社会”已经隐隐约约地展示出来。大学究竟是什么？教师的作用是什么？大学生又将怎样学习？这些都有待探究，用比尔·盖茨的话说“也许将来大学会变革得面目全非”，可当下的高校还没有拿出对策。

胡壮麟（2010：3）曾经引用连接主义的学习理论，认为对学习的认识呈现如下趋势：

许多学习者在一生中会进入许多不同的、可能以前没有关联的领域。

- 非正规学习是我们学习经验的重要部分，开展学习的方法可以有很多种，如共同学习的社团，个人的网络，或是完成与工作有关的任务。
- 学习是一个持续的、终身的过程。学习和与工作有关的活动不是

① 《都市快报》2012 年 5 月 4 日 B04 版。

分裂的，在许多情况下两者是一致的。

● 技术正在改变我们的大脑，我们使用的工具也参与解释和塑造我们的思维。

● 单位和个人都是学习的集体。对知识日益关注的管理机构强调，我们需要一种理论说明个人学习和单位学习的连接。

● 过去的许多学习理论的过程（特别是认知信息处理）今天可由技术进行，或由技术支持。

● 对有关原因和如何进行的解答可以通过对知识的探索得到补充。

因此，我们的能力来自一种“连接”，即连接自我和外界，连接他人的经验，连接人与技术，连接个人与团体，连接事件与事件，等等。简言之，学习的过程需要人与人、人与团体、信息与信息之间的连接。为此，语言教学要取得进展，这个环节不容忽视。曾经撰写了传世之作《希腊罗马名人传》的普鲁塔克（Plutarch）说：智慧不是玻璃瓶，需要外界注入一些东西；而是像木头一样，只需要点燃它，智慧在这点刺激下就可以独立思考，充满激情地追求真理（Plutarch，1927：259）。

联合国教科文组织在1986年3月、1989年9月和1992年4月分别召开了三次多学科的会议，对超学科和整体性精神、新的以不同文化为根基、面向未来的观念及生物多样性和文化多样性的主题展开了讨论。第一次会议形成了《威尼斯宣言》：我们正经历着由基础学科（特别是物理学和生物学）所带来的在科学领域中一次很重要的变革；科学和世界上各种传统之间丰富多彩的交流开辟了一种新仁爱途径，甚至导向一种新的理性主义；现代的挑战提示了科学界的社会责任，一方面在于进行研究，另一方面在于研究的应用，最终寻求一种超学科和整体性精神。

在全球化背景下，世界高校之间的交往日益密切：教师的国际化趋势，学生的国际化流动，课程的全球本土化发展，这些理应让高校师生们意识到我们正在走向世界，而世界也离我们越来越近。以英语形式出现的各种学术产品在全世界盛行，例如：教科书、学术期刊、学术数据库等。在高校用全英语开设课程是一种提醒，也是一种必需。开设EMI全英语模式授课（即前述“用英语作为媒介”）的学位课程是高等教育国际化的一个方向，但是真正实现留学生和国内学生能共享的EMI课程必然受到师资、学生、教材、教学方式、教学环境等多重因素制约。

本研究始于2011年，在历时近两年的实地调研中，笔者走访了全国十几所高校，对其中一些高校的双语课进行了深入的研究，将数据转化为结论。从调研结果看，国内高校之间存在着巨大差距，这意味着：名列前茅的高校拥有名列前茅的学生，可以直接聘请外籍教师进行授课；而在大多数高校，用全英语开设非英语类课程则是一个不可能实现的幻想。有些课程即使挂上了双语课的头衔，其效果也远非大家所期待的，甚至不如原本采用的母语授课模式。

在调研的基础上，笔者通过在全国各类学术研讨会上听取专家学者的意见和建议，进而设计新的模式和新的方案开展全英语教学，并在自己任教的大学进行了尝试和实践。新的模式涉及从基础课程的改革到顶层超学科课程群的设计，虽然在实施过程中也遇到很多意想不到的困难，但是总体上还是可行的。

本书第一章首先引入超学科理念：超学科处在学科融合的最高层次，从实际问题开始，综合众多学科知识，从整体的角度对问题加以考察，在一定程度上代表一种新的知识价值观和教育观。第二章回顾国内外关于全英语教学模式（EMI）的研究。第三章从社会对人才的需求、高等教育国际化的思路阐述了 EMI 模式的必然趋势。第四章梳理了 EMI 模式中的超学科思维。第五章从生态型课堂等方面对 EMI 课程进行审视。第六章是对一所教育部直属高校 A 的调研报告。第七章以市属高校 B 为例分析了该校的 EMI 教学实践。在第八章，笔者以正在实践中的 EMI 课程群建设为例进行分析，希望对全国不同层次高校的 EMI 课程建设有所启示。

第一章

超学科研究概述

一　超学科理念的提出

清代学者章学诚在《文史通义》中论及“浙东学术”时曾有一句名言：学者不可无宗主，而必不可有门户。诺贝尔奖获得者 Herbert Simon（1992）曾经将“学科”比喻为“国家”：世界需要国际化和跨学科的旅行者，将新知识从一片领土带入另一片领土。

科学知识的发展似乎经历了一个混沌—分化—整合的过程。从古希腊到20世纪40年代，人类知识不断分化，新的科学领域从各种实用知识中破土而出。在古希腊，人们认为科学具有解释自然事物和人类发展的能力，而科学的解释又是以不证自明的普遍和永恒的原则为基础的。启蒙运动开启了自然科学与哲学的分离，经过启蒙运动之后，科学被看作是解释自然过程的一般原则或因果规律，而这些规律可以通过标准化的实验手段加以验证。在19世纪，随着人文科学和社会科学的出现，又有大批专门学科分离出来。到了19世纪末，人们开始反思用实验来检验因果规律进而解释事物的科学模式。韦伯（Weber）把社会科学研究与为解决社会问题的知识需求联系起来，提出实际问题是科学发展的动力，而实际问题牵涉到人们的动机和价值观。20世纪，在有关经验科学观与社会价值观之间展开了旷日持久的论证。20世纪上半叶，专门学科和专题研究领域越来越多，科学各学科变得越来越支离破碎，研究机构、高等学校和社会机构分化越来越严重。各个学科之间很少有沟通、交流与合作，阻碍了人类现代文明的继续发展。

从20世纪40年代起，学者们开始提出知识统一、学科间交叉研究的理论。肯威尔伯（Ken Willber）提出了“整体论”——Holism，最核心的观念是源于 Arthur Koestler 的“子整体”——Holon。他发现任何整体或概念都有双重本质：对其本身而言是“整体”，但是在其他事物中就是“部分”。例如，有机体中的细胞就是一个整体，但同时又是整个有机体的组成部分。他在 1973 年完成的著作《意识的光谱》（*The Spectrum of Consciousness*）中尝试整合不同领域的知识。

超学科研究与实践是在学术界内外各种特殊变化相融合的背景下，随着学术领域的变化、全球环境的变化，以及人类所面临的越来越复杂问题而出现的。人类已经生存在一个超级复杂的世界，面临的挑战涉及自身生存的每一个细节，如环境危机、健康危机（如癌症）、暴力、全球不均衡发展和教育危机（如教育资源不均衡），等等。仅凭单一学科已经无法解释并解决这些问题。20 世纪 70 年代末，Piaget 首次使用“超学科性”的概念，他是为了统括多学科性和学科间性的概念而使用该词的。事实上，许多跨越学科界限的学者已经在使用超学科的研究方法，只是他们并未用到“超学科”这个概念。Jantsch（1972）在讨论教育创新系统时使用该词，建议用系统理论来研究如何进行知识重组，使之成为分层目标导向的系统。其后几十年间，超学科研究在医药、环境、可持续发展、教育、政策和社会研究等方面迅速发展起来，跨越学科疆界，深度分享信息，共用研究方法，形成新的概念框架。

（一）超学科的定义

“超学科（transdisciplinary）”这个术语可以追溯到 20 世纪 70 年代第一届交叉学科国际研讨会（Klein *et al.*，2001）。当时，Piaget 和 Jantsch 各自陈述了超学科的理论框架，Piaget 认为“当思维的常规结构和基础模式成熟以后，将会形成一种系统或结构的普遍理论”（Klein，2004：515）。Jantsch（1972：106）将“超学科”定义为：以普遍公理（a generalized axiomatics）和新兴的认识论范式（epistemological pattern）为基础，在教育或创新系统中对所有学科和交叉学科进行的协调。他展望了一种研究、创新和教育间多层次的系统化合作。在 Piaget 和 Jantsch 之后，超学科就被视为一种融合多学科的研究方法，旨在为社会、人类及其所生存的世界服务。1987 年，国际超学科研究中心（The International Center for Transdisciplinary Research，CIRET）在第一届世界超学科大会上通过了《超学科章程》。

1994 年，Gibbons，Limoges，Nowotny，Schwartzmann，Scott 和 Trow 出版《知识生产的新模式：当代社会科学与研究的动力学》（*The New Pro-*

duction of Knowledge：*The Dynamics of Science and Research in Contemporary Societies*)，提出知识生产模式1型和知识生产模式2型的概念。模式1型主要指在单个学科内以认知为目的的知识生产；而模式2是指在应用环境中运作的知识生产，“问题不是被设定在学科框架内，而是跨学科或多学科的”①。在这样的问题研究过程中，研究人员不再局限于使用自己学科内的研究工具，而能够使用那些“额外的”工具和资源，便于从不同的视角提出问题。Klein将知识的建构/研究实践中的转型归类如下：

从简单性向复杂化发展

从突出性向异质性和混杂性发展

从线性向非线性发展

从一致与普遍的过程向统一与综合的过程发展

从分裂向连接、协作与因果关系发展

从分界的构成向模糊并跨越界限的模式发展

从短期或短暂向长期发展

从分析与简化向综合与对话发展

（Klein，2000：12）

Hephaestus Books在2011年出版的*Transdisciplinarity*一书中将这个概念分为两种用法：德语国家用法和广义用法②。前者是科学各种形式的融合，在解决问题的过程中使用特殊的方法将科学知识联系起来；后者是表示跨越学科界限的知识整体。Nicolescu（2002）通过三种方法假设来定义超学科：现实层级的存在（the existence of levels of Reality）、内在居中逻辑（the logic of the included middle）和复杂性（complexity）。在现实中存在着数个层级，这些层级之间以及远离这些层级的空间内是充满各种信息的。学科性的研究最多只关注一个层级或是同一层级，在大多数情况下，甚至只是关注一个层级中的碎片。而超学科同时关注数个层级的运动所产生的动态，发现这些动态必然会穿越各个学科的知识。在这个过程中，如果没有产生新的学科，或者超级学科（superdiscipline），超学科就需要从

① 资料来源：NOWOTNY H，SCOTT P，GIBBONS M. Re - Thinking Science：Mode 2 in Societal Context［EB/OL］.［2010 - 11 - 20］. http：www. helga - nowotny. at/documents/Nowotny_ Gibbons_ Scott_ Mode2. pdf。

② *Transdisciplinarity*［M］. Hephaestus Books，2011：46.

学科研究中汲取养料；同时，各个学科又从超学科知识中获得新的可再生的研究方法。在这个意义上，超学科性和学科性并非对抗的，而是互补的。

从本质上看，超学科理念有这样一种预设：当代的社会问题和人类问题只能通过整体分析才能解决，而不能人为地分割成局限于学科内部的狭窄研究主题。学者们在斟酌超学科定义时进一步提出：除了跨越学科界限进行合作，还应与从业人员或非学术界的相关利益人员合作，这样才能真正解决真实世界的问题（Klein 等，2001；Burger 和 Kamber，2003）。在这个意义上，超学科可以理解为将学术世界与不同社会主体的需求相联系，解决真实世界的事务与问题。Pohl 和 Hadorn（2008）描绘了超学科研究在处理问题时的特点：（1）把握问题的复杂性；（2）充分考虑真实世界的多样化以及对于所出现问题的科学认识；（3）将抽象性与案例独特的知识联系到一起；（4）逐渐形成先进的知识与实践。Domik 和 Fischer（2010：90）指出，为了应对跨文化、跨学科的，非确定性、不断变化的信息时代，超学科的合作与协调是一种必需，而不是一种奢侈的时尚。

（二）"超学科"与"单学科"、"多学科"、"交叉学科"

在 CIRET 方法中，"超学科"完全不同于"交叉学科"。"交叉学科"类似于"多学科"，主要是将一个学科的方法转移到另一个学科，允许跨越学科界限的研究，但是仍然拘泥于本学科框架以内。而"超学科"这个词的前缀（trans）就意味着是学科间的、穿过不同学科的、超过每一个学科的[①]。依据 Meeth（1978）和 Moss 等（2003）等人的定义，可以根据学科融合的程度对超学科进行阐释：超学科处在学科融合的最高层次，从实际问题开始，综合众多学科知识对问题从整体的角度加以考察，在一定程度上代表一种新的知识价值观和教育观。联合国教科文组织将"超学科"描述为在不同学科之间，横跨或超越不同的学科，取代并超越这些学科，从而发现一种新视角和一种新的学习体验（UNESCO，2003）。图 1－1 区分了学科间融合的各种模式：

也就是说，从教育或研究的横向层面看，超学科是为特定而长期的社会问题寻找切实可行的解决办法，从问题本身的各个方面出发，而不是从

① *Transdisciplinarity*［M］. Hephaestus Books, 2011: 47.

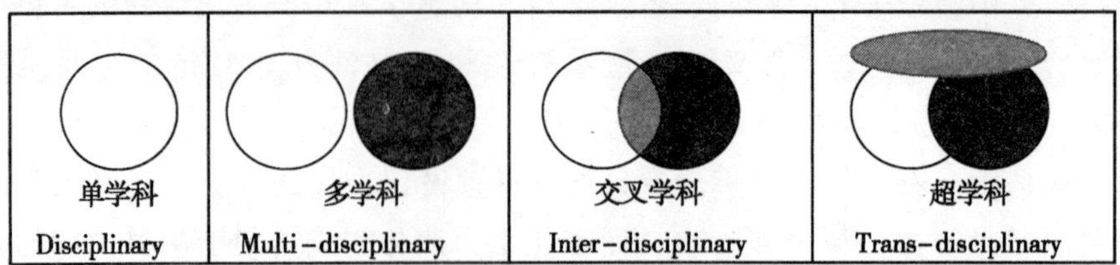

图1-1 学科间融合的模式（译自 Joy de Leo，2009：23）

学习的主题出发。因此，超学科有一种协同作用和整体效应，不是将各学科的信息进行简单地叠加或混合，也不仅仅是各部分的总和，而是会对真实世界的各种复杂问题提供新视野和创造性的解决方案（Somerville 和 Rapport，2000）。每门科目都会贡献自己的基础知识，各门科目之间也因此变得更加紧密，并产生了一种深度整合（弥漫或融合），从而产生崭新的整体效应。

那么，从纵向发展的系统性来看，在一个多层面多目标的超学科系统中，如果没有次一层面的活动，就无法达到较高层面的任何目标，所谓“超学科”就会像没有乐队可供指挥的指挥家（Jantsch，1970：415）。图1-2展示了从单学科到超学科逐步提高合作与协调的步骤：

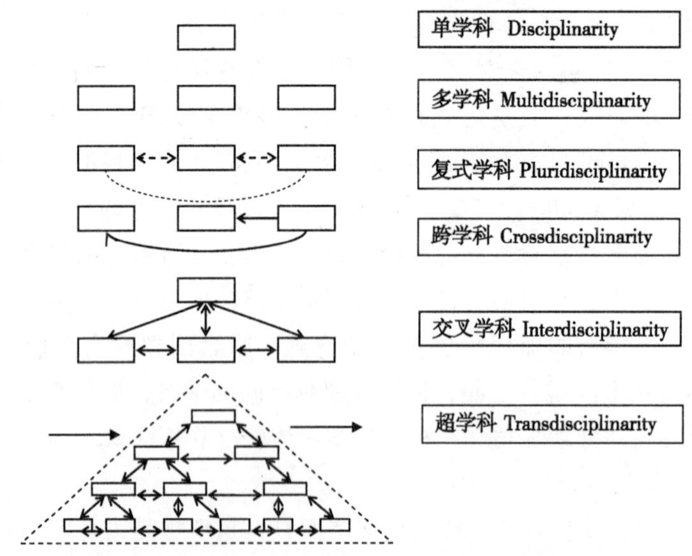

图1-2 教育系统逐步提高合作与协调的步骤（译自 Jantsch，1970：411）

如图1-2所示：“多学科”间没有直接的联系；“复式学科”又被称

为“多元学科”或“群学科”，是同一层面上（实证性或应用性）学科间的合作，但不作协调（图中用虚线显示）；“跨学科”是将某一学科的理念较严格地施加到同一层面的其他学科上，从而形成某学科的分化（图中为单向实线）；“交叉学科”是指一组相关的学科，基于某种目的而通过下层学科进行界定（图中为双向实线）；“超学科”则是基于普遍公理和认知范式的高等教育系统内所有学科和交叉学科的协调。

按照 Greckhamer 的观点，学科的结构决定了所产生的知识，“学科控制知识的产生并将知识的产生标准化”（Greckhamer 等，2008：312）。从 Pohl 和 Hadorn（2008）列出的25个核心关键词可以看出，“超学科”是一项应用型的、以分析与解决问题为导向的、复杂多元的学科间相互配合的研究与教育方法。Leavy（2011）以“恃强凌弱（bullying）”这一社会现象为例，阐释了单学科、多学科、交叉学科和超学科的研究方法。

1. 单学科研究

心理学家可能会采用一项小型研究计划，检测被欺负者在特定环境中所受到的心理影响。研究人员会运用心理学中常用的理论与方法，如认知访谈。

社会学家可能会通过一项小型研究计划，检测“恃强凌弱”现象中的同伴文化（peer culture）。研究人员会运用社会学中常用的理论与方法，如民族志或问卷调查。

2. 多学科研究

一位心理学家和一位社会学家一起对某校的“恃强凌弱”现象进行调研，他们分别制定自己的研究方案和规范，通常没有合作。例如，心理学家的范式重在认知访谈，以期发现被欺负者所受到的影响；社会学家可能对适龄学生进行深度访谈，为的是了解发生该现象的同伴文化。这两位研究人员通常会各自撰写一篇自身领域的研究报告，也可能会共同撰写一份研究报告，陈述各自的研究结果。

3. 交叉学科研究

心理学家和社会学家一起合作，希望能对此现象有一个全新的视角。他们首先尝试学习对方领域的理论和研究方法，进而共同商讨出一个共享的研究框架，例如“对恃强凌弱现象的社会心理学研究”。这样的研究会对某种同伴文化中的被欺负者进行心理解读，同时研究学校场景中被欺负者、欺负者和同伴（peers）/局外人（bystanders）这三者的动态关系。在运用这样的研究框架时，研究人员会采用混合研究的方法，如问卷调查和访谈。他们会一起分析数据，并阐释分析结果，进而合作发表学术论文，或者以系列论文的形式发表各自的论文。

4. 超学科研究

首先，组织一个由心理学家、社会学家、教育研究人员和政策研究人员有机组合的团队，还可以和非学术界的相关利益人员合作，例如学校教师或是课后托班的负责人、社会工作者和辅导员等。

其次，团队成员在一起充分讨论并制定研究方案：确定研究的关键主题；确定共享的定义和概念；建立不局限于任何一门学科的理论框架。继而，团队成员形成一项研究计划，旨在涵盖该主题的不同层面，例如：欺负者、被欺负者和同辈局外人（peer bystanders）之间的关系；欺负者、被欺负者和在职局外人（professional bystanders，例如教师和学校员工等）之间的关系；社会公共政策如何影响教师和其他相关人员作出反应？同伴文化结构如何推进“恃强凌弱”的发生？在“恃强凌弱”现象中，电脑文化（如社会网络）和其他科学技术（如带摄像头的手机）起了什么作用？有组织的娱乐活动（如团体体育项目和比赛）和独自度过休闲时间相比较，对于“恃强凌弱”现象的发生是否有差别？其他影响因素如：性别、社会阶层、门第、种族、宗教和性倾向等。

再次，团队成员进行分工。该研究必须保证团队成员（可以是全部成员，也可以是分组成员）有足够的时间聚在一起探讨前期的成果，重新讨论各种假设，并采取后续行动。

最后，为了促进社会进行积极的变化，团队会选择不同的研究场所，联络不同的利益相关人员，最后形成形式多样的研究成果。

诚然，超学科理念并不是在任何情况下都优于其他研究方法，所有学科都为他们所研究的社会现实提供了独特的视角，只是这些视角同样存在局限性。学者们首先是在学术造诣上培养这些专业的视野，继而从自身学科的局限中走出来，以适应日益变化的世界。各个学科共用一些新的资源，并由此生成一些新的视野和概念框架。超学科也可以被视为交叉学科的一种特殊思路（Giri，2002；Klein，2004；Austin 等，2008）。Giri（2002）和 Austin 等（2008）作了这样的描述：从交叉学科中的合作程序再往前走一步，就形成了超学科研究，而这样的发展通常是自发的，其起因是研究人员在交叉学科研究中，为了创设出更高水平的架构，陆续生成一些跨越学科界限的概念、术语和方法，进而使认识论发生了转向。Nicolescu（2002）指出，“超学科”与“多学科”或者“交叉学科”并没有绝对的界限，他们的目标是一致的，都是为了理解现有的世界，因为单一学科的研究无法完善整个世界。由于“多学科”和“交叉学科”都走出了单一学科的框架，这两者和“超学科”容易被混淆（事实上，前两者也经常被混为一谈），而这样的失误就削弱了超学科巨大的发展潜力。

综上所述，超学科研究的产生有两种契机：一是自下而上地产生，即在学科研究中发现问题，为了解决问题而涉及越来越多的学科；二是自上而下地产生，即针对已经存在的问题而去寻找相应的学科支持。在多学科和交叉学科研究方法中，知识的学科生产并未发生变化，而超学科性却对既有的学科性提出了认识论上的挑战（Klein，2000、2004；Wickson 等，2006）。超学科性的发展并非摒弃既有学科，研究者自身的学科就像“家”一样，是超学科研究项目的宝贵财富。Giri 这样描述：“超学科性需要具备非常高超的能力，真正植入原有的学科，就像我们现在站在地面上，跨越学科的界限并不是将这片地面割除，而是扩大我们的视野……其实，在每个学科领域都暗藏着超学科性。”（Giri，2002：108）在这个意义上，超学科性提供了一种新的视角，要求将知识的建构和传播纳入整体研究中，提出了创新性和灵活性的要求。

在高校教育中，首先要确定社会化和社会需求的基本主题，进而确定教育和研究的相关领域，Jantsch（1970：426）将这些相关领域分为两个方向：学科性（discipline - oriented）和功能性（function - oriented），前者主要是各学科的逻辑原理，即：know - why；后者主要是采取适当的策略将各种技术融入社会系统中，即：know - what。以这两个方向为基础，进行进一步的研究，以积极发展并开拓新的社科逻辑结构为目的，即：know - where - to。至关重要的是，这些步骤并非只能依次单向运行，而是同时互动发展的。Ernst（2008：129）指出，学术与科研都必须在社会里才能起作用。而研究人员必须培养自身的超学科视野并找到相应的方法，以便更好地为公共利益服务。

教育语言学（Educational Linguistics）就被视为一种典型的超学科研究领域。它不是语言学和教育学的学科交集，也不是语言学学科的子集（Halliday，2007：358）。它的核心原理是其“问题导向型”的本质（Hult，2008：16—20）。Halliday（1990：8）是这样解释的：“我愿意使用‘超学科’一词，来代替‘交叉学科’或者‘多学科’，因为后两者意味着研究者仍然将认知活动置于学科内，只是架起了桥梁，或者将他们置于一个集合内；而真正的抉择应该是取代这些学科，创造新的、主题式的行为模式，而不是以学科为中心。”第四章将对此作详细阐述。

（三）关于超学科的研究

对于超学科的研究，国际国内学者都有所贡献，但是尚未形成具有里程碑意义的阐释。陈寅恪先生在唐代文学研究中，运用了历史与文学的视角；西村迈（1981）探讨了米尔达尔的超学科方式和库恩范式等；吴宗杰（2008）在教师发展研究范式的层面强调，要以超学科的视角尽可能地接近社会现象本身；蒋逸民（2009）从知识生产模式论证了超学科的必然性。

2012 年，胡壮麟以“超学科研究与学科发展”为题，对“超学科”研究进行了系统的梳理。他也曾经和国内学术界的大多数学者一样，从“跨学科性”对学科间的关系进行讨论，在这篇文章中（胡壮麟，2012），他指出，当前从“跨学科性”进行研究还是比较肤浅的。此外，由于超学科研究是科学研究中的新路子，所研究的问题不受特定学科的制约，所涉及的知识存在于个人，因而不需要学科的界限。

Gibbons 等（1994）认为，超学科研究对相关的认知实践和社会实践的基础进行重新塑造，从一开始就考虑在塑造研究活动时应用的情境，而且是连续的、动态的。其次，由此获得的新知识，不一定以学科知识的形式出现，而可以被直接传送给研究团队的成员。鉴于人们对直接回答社会问题的科学知识的需求不断增加，单靠学科间研究已不能应对，而是需要社会代表人物的直接互动。我们所面临问题的复杂性有待于科学界、社会领域、经济和政治等各领域的代表人物共同努力。

1. 超学科的理论探讨

学科作为科学知识的社会组织，其建设和发展表现出科学发展的一般逻辑，从混沌到分化，再到整合。当今，科学在高度分化的同时也存在着高度综合的需求。学科内与学科之间的互涉、交融越来越成为相互补充和促进的动力，跨越学科边界所形成的整体性、联系性增强，单一学科的内在标准不再是唯一的检验标准。学科边界逐渐开放，讲究学科间的交叉和融合，新兴的交叉学科、边缘学科、综合学科等不断涌现。现代学科的研究对象大都是以周围环境为背景的复杂系统，任何一门学科的发展都需要从其他学科的理论、技术上获取发展动力。多学科间相互渗透的研究方法使知识的集合方式由单一线性走向多维非线性融合，形成立体网络的学科发展格局。

关于超学科研究的中心问题，Pohl 和 Hadorn（2007：36）提出了三个建议：

首先是关于某个问题的起源，或者是进一步发展的动态，也可以是对这个问题在真实世界里的演绎和诠释。这类问题可以创设为“系统知识”，回答的是有关人类世界产生、发展和解释的问题。

其次是决定并解释为什么需要变革，想要达到什么目标，怎样更好地实践，这类问题形成了“目标知识”，回答了有关政策、变化的需要、期望目标和更好实践的问题。

再次是关于技术、社会、合法性、文化和其他可能的行动方法，可以把现有的实践形式转换为所需要的实践形式。这类问题形成了“转型知识”，回答有关旨在改变现有实践并引入所期望实践的技术手段、社会手段、法律手段、文化手段及其他可能的行动手段的问题。

蒋逸民（2009：12）将这三类知识建构成一个相互依赖的三角形（见图 1－3）。

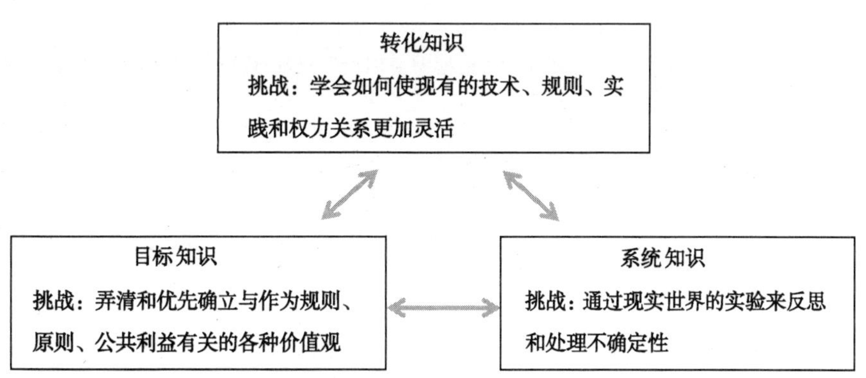

图 1－3 系统知识、目标知识和转变知识之间的相互依赖关系及其面临的挑战（蒋逸民，2009：12）

图 1－3 显示，对这三个问题的调查需要对其他两个问题做出明确的设定，也不把先后次序看成是解决问题的经典技术模型。“系统知识”涉及提出问题的经验过程并对问题的未来发展产生影响。“目标知识”涉及

对期望目标产生影响的价值观和规范；而“转化知识”涉及现有问题状况是否和如何能够现实地加以转变和改进。每一种知识形式都有各自需要面对的特殊挑战。当前社会科学研究也就面临着前所未有的挑战。通过接触和吸收社会参与者的经验知识，社会科学工作者可以探寻新的研究方法，获得新的研究发现。为此，需要有全新的知识生产的视角和观念。社会科学的挑战不仅在于要整合边缘行动者的知识，超越学科的界限开展研究工作，而且要找到一个切实可行的研究框架，融合各种知识，形成一个整体的视角。

2. 超学科研究的原则与特性

超学科研究没有标准的模板，也不存在标准的步骤，可以运用各种研究方法：定性研究、定量研究，或者混合研究等。

表 1－1　　超学科理念的原则（译自 Leavy，2011：30）

原则	实践
一、以事件/问题为中心	将问题置于研究的中心，意味着使用各学科的资源并指导研究方法
二、整体的/协作的研究方法	通过反复研究产生综合知识，整体考虑问题
三、超 越 性	以有效解决问题为目标，研究人员超越学科界限创设了概念框架
四、显 现 性	将问题置于研究的中心（而不是局限于学科之内），促使一些新的概念和方法框架逐渐显现
五、创 新 性	研究人员根据需要创设了新的概念框架、方法框架和理论框架
六、灵 活 性	反复的研究过程需要具备开放的思维，接受新思想，并愿意适应新的理解

国内学者就超学科研究也做过系统的综合和评述（蒋逸民，2009；胡壮麟，2012）：

（1）第二种知识生产方式。与以牛顿为代表的第一种知识生产方式比较，超学科研究是第二种知识生产方式，它是发明的、暂态的、折中的和与背景有关的（Gibbons 等，1994）。它以解决问题为导向，往往受到实际使用、社会政策、市场等因素的影响，而不是供应方面（Van de Kerkhof 和 Leroy，2000）。

（2）人本化。由于超学科研究以解决问题为导向，其解释框架要求科学家进行与社会利益相关者的对话和交流。有待解决的问题包括：反思、态度转变、个人能力提高和所有权的改变。正如 Nicolescu（2010）所提出的问题，“在学科之外的是主体。抓主体不能采取形式主义，因为主体是在客体中变化的”。超学科性研究正是回归到主体的知识，更具体地说，是主体和客体之间的互动。

（3）知识的统一与合作。超学科强调相互沟通的行动，要求科学知识与社会实践在各个研究阶段进行密切和持续的合作，在不同行动者及其观点的沟通中形成所要研究的问题。超学科性的“超”字表明，超学科性关注的知识不仅是“学科之间的，跨不同学科的”，而是“超越于所有学科之外”的知识（OECD，2009：8）。Nicolescu（2010）认为，从古典思想的角度看，人们争论的空间是空虚的，如同古典物理学的真空概念。即使不谈金字塔式的知识，古典思想认为学科爆炸生成的金字塔的每个部分就是整个金字塔；每个学科都声称这足以说明各自学科的内涵。从超学科研究的视角来看，古典思想不一定不合理，但是它的应用范围受一定的限制，而我们的目标是当今世界，因此最重要的是知识的统一。

（4）超学科也是行动导向的研究，不仅要整合不同的学科，而且要整合理论发展和专业实践，不仅要生产出解释社会问题的知识，而且要生产出有助于解决社会问题的知识。由于现实具有不同层次，各学科之间和学科之外的空间是充实的，如同量子真空充满潜势，从量子立体到星系，从夸克到决定宇宙生命出现的重元素都是如此。现实各层次的非连续结构决定了超学科空间的非连续结构，这转而可以解释为什么超学科研究完全不同于传统的学科研究。传统的学科研究最多关注现实的一个层次或同个层次，在许多情况下，它只是关注现实的一个部分。反之，超学科研究不是一门新的学科，但它从学科研究获得滋养。在新的富有想象力的情况下，学科研究可通过超学科研究澄清本学科的一些问题。在这个意义上，学科研究和超学科不是对立的，而是互补的。

（5）三个公理。Nicolescu（2010）提出，在确定超学科研究的公理时不必与现代科学的公理观念一致，这意味着我们不应从一门新学科的概念来界定超学科性，而要从新知识的概念来界定，这种新知识存在于学科之间、学科的跨越和学科之外。这种新知识需要如下三个公理：

第一个公理是现实存在不同层次。我们要界定现实分层次的意义。例如，量子物理学法则在整个连续中相当于现实的一个新层次。牛顿物理学或古典物理学适用于我们有关厘米和秒的尺度——延伸至星球，以至无限长和无限大的概念。量子物理学也可向另一个方向发展——无限短和无限小，但我们会发现它不能减缩为古典物理学的法则。从逻辑上说，量子物理学和现代理论是冲突的，但这并不意味着两者与事实是冲突的。或者说，两者各自在一定现实领域内是完整的。这就需要把这些领域界定清楚。

第二个公理关系到不同逻辑的存在和需要，以说明不同现实层次。对正常的大脑，我们不能同时说对和不对。如果有两个现实层次，你可以说对，也可以说不对。如果把我们的思维、我们的表达方式、我们的图像定位在某个层面上，我们可以发现我们习惯的形式化过程成了非此即彼的不同对立组合。但为了处理复杂现象，我们需要非古典逻辑，最理想的就是“内在居中逻辑”（included middle logic）。在亚里士多德逻辑中没有中间状态，然而这种中间状态是确实存在的，是现实世界的一部分。这个包含中间状态的逻辑在数学上已得到证明，可以解释各种复杂现象。

第三个公理就是“复杂性”（complexity）。有关复杂性的理论很多，不过许多理论对现有现实层次不适用。就超学科性来说，复杂性应理解为我们谈论每一个层次时，必然与现实的其他层次有联系。现实有复杂的结构，其复杂性恰恰是早已有之的普遍依赖性原则。新世纪面临前所未有的复杂性，依靠传统的方法很难处理和解决这些问题，这就要借助超学科研究来实现某种超越。

（6）超学科要有新的组织构架来保障，超学科知识生产的管理模式应该是松散的结构、扁平的科层制、开放的指挥链。早在 2002 年，Nicolescu 曾提到超学科性有 3 个特性，即客体性：通过“主体的客体性”了解；主体性：通过“客体的主体性”了解；超体性：客体和主体之间的相似性和交流。Montuori（2010）指出，①超学科研究是探究驱动的，不是学科驱动的。这并非拒绝学科知识，而是为了达到在世界中行动的目的，需要发展最有关的知识。②强调知识的构建是通过纯理聚合维度实现的。换言之，通过形成范式的底层假设，各学科和视角得以构建知识。③了解知识的构成在认知和结构层次上是同型的，了解简略和分离（指简单思维）的历史、情境化和联系（复杂思维）的重要性。④在探究过程中认知者的整合，这意味着与其试图消灭认知者，不如努力确定认知者的假设和认知者构建知识的过程，并使之透明。

3. 不同领域中超越学科的研究

虽然超学科理论尚未获得大多数人的认识和赞同，但是由于超学科理念不限于学科的特性，在很多领域都有学者涉足，进行了探讨。

王荣生（2002）从超学科性层面研究了美国的语文课程与教学目标，他注意到在构建语文课程与教学目标的分析框架时，有两个不同层面：一个是学科层面，具有语文专业性，研究在语言学和文学等知识状况下需要教学哪些知识技能；另一个是超学科层面，带有政策性，如应当采用是这样而不是那样的听说读写能力，以及相关的相适应的知识。魏书生的“超学科”语文教育是一个备受争议的话题，他的语文教育似乎行走于语文学科之外，但是他却将语文教育的内涵最大化，培养学生动态能力和自立人格。鲍艳华（2010）认为，如果语文教育只是停留在肤浅的知识和技能层面，如果无视学生人格系统之激发，那么语文教育是徒具形貌而缺失精华的。魏书生让学生投入体育锻炼，创设各种竞赛，不仅给学生以语言文学知识，更授以学习方法、持续精进的动态能力和自立完善的人格系统。

再以唐代文学为例，郭丽（2011）撰文总结了研究唐代文学的几种超越学科界限的视角：通过唐代政治研究唐代小说；通过佛教世界观和认识论对唐代文学、文学理论和作家的影响解释唐代文学现象；唐长安城作为唐代建筑艺术的美学典范和唐代诗歌的重要表现题材，其建筑对于唐代审美与文化内涵的丰富有着重要影响；甚至还有学者进行了唐代涉医文学的研究。

上述两例其实只是从本学科以外的视角回到该学科本身，解释该学科的现象或者解决该学科的问题。超学科代表不同领域的知识之间更高水平的互动和整合。又如，数码游戏在国民经济体系中同时隶属于信息产业和文化产业，发展兼综文理的超学科数码游戏研究，已经成为学术和产业的必需。挪威奥斯陆大学 Liestol（2003）指出，数码化的发展曾一直局限于计算机科学领域，被认为与多数人文学科无关。近年来这种现象大为改变，计算机已经成为意义交流和传播的重要工具。Espen（2009）认为虚拟环境中的游戏包含三个维度：一是游戏设置，如游戏的行动、策略与动机，可以从社会学、伦理学和心理学等视角进行研究；二是游戏结构，指游戏规则，可以从游戏设计、运营、游戏法则、游戏科学与人工智能等视角进行研究；三是游戏世界，指虚构内容、布局与水平设计、纹理贴图等，可以从艺术、美术、历史、文化与媒体研究、经济学等视角进行研究。这些学科间的综合优势都将数码游戏从单一的娱乐发展成为一个全球性的产业。

生物学研究中有四个中心问题：因果关系、个体发生、环境适应、发展史。Tinbergen（1963）和 Riedl（1984）在研究中用到了以下框架：

表 1－2 生物学研究的“生物—心理—社会”框架

	因果关系	个体发生	环境适应	发展史
分子				
细胞				
器官				
个体				
群体				
社会				

这个框架涵盖了人类学研究的所有领域，所有人类学的学科、问题和解答都互相缠结在一起，这也是系统有序研究所有人文科学的起点。如果要分学科，这就是一个“生物—心理—社会”框架，涉及人文科学的基础理论。

4. *超学科研究的评估*

Wickson 等在 2006 年时曾指出，要对超学科研究进行评估是一件相当棘手的事，因为当时还没有一个非常明确的行业群体。而学者们通过一系列的实践来证明超学科研究的信誉，有时候也采用一些传统的方法，例如信度、效度、可转化性、真实性或确定性等。Leavy（2011）尝试从超学科研究的原理来进行评估。首先，超学科研究是以事件/问题为中心的，所有的设计与实践都要围绕所面对的事件/问题。因此，对超学科研究的评估就可以依据：（1）是否切实针对该事件/问题？（2）是否有价值？

Pohl 和 Hadorn（2007：70）列出四项标准：（1）学科范式的跨越与融合；（2）参与性研究；（3）对真实社会问题的聚焦；（4）越过学科界限寻求知识的统一。Nicolescu（2002）曾经提出，超学科研究必须具有严密性、开放性和耐受性。据此，一个超学科项目是否遵从了这样的应对准则就可以作为对该项目评估的标准之一。这里的应对准则又可以理解为灵活性和适应性。因此，对超学科的评估也可以依据：（1）是否采用了应对策略？（2）是否在整个研究过程中都具备了灵活性和开放性？（3）是否适应各种新的变化？

鉴于超学科研究融合了多学科的知识与方法，学者们还提出了在学科间进行交叉评估。例如，某一学科的专家负责分析数据，然后将分析结果交由其他学科的合作伙伴进行检验，并且要循环往复地进行这样的交叉评估（Flinterman，2002；Tenni，Smith 和 Boucher，2003）。通过这些方法进行检验和评估，都可以形成一种“交叉客观性”，增强了研究数据的效度和确定性。对于超学科研究来说，这样的交叉客观性非常重要，因为这可以证明：该研究中的不同学科通过合作，用本学科以外的标准进行全面审视，并得到了相互的确认。

在评估超学科研究时最重要的一项是检验其是否有用。Leavy（2011）建议用两个标准对此项进行评估：研究结果的代表性和可传播性。因为超学科研究的初衷是服务于解决真实世界的问题，评估也就应该检验其是否被目标的社会群体运用。传统的研究方法也适用这两项标准，但是超学科研究可以在不同学科领域同步进行评估，也可以采用具有学科特色的方法进行传播。

二　超学科思想的历史渊源

桂诗春（2013）介绍了“视野”与“生存机会”之间关系的一个例子。诺贝尔奖获得者 Simon 曾经以一个有机体觅食为例来说明它与环境的关系：

1. 它必须在地面上随机寻找食物；

2. 当它发现食物后，就要前去吃掉；

3. 如果在寻找一顿食物和取食的平均时间内所消耗的能量低于所吸收的能量，它就可以在剩余的时间内休息，所以有机体在两顿饭之间的生存机会决定于以下 4 个参数：

参数 p：环境中食物的丰富程度

参数 d：环境中路径多少的参数

参数 H：有机体的储存容量

参数 v：有机体的视野

前两个参数和环境有关，后两个则和有机体本身有关。Simon 提出下列公式：

$Q = (1-p)^{(H-v)dv}$

Q 是不能生存的机会，表 1－3 是根据公式计算出来的 Q 值，我们设定 p、H、d 值不变，只更改视野的参数。

表 1 - 3　　有机体的存活与视野和路径的关系（桂诗春，2013：5）

Q（不能生存的机会）	p（食物丰富程度）	H（储存容量）	v（视野）	d（路径）
0. 892716583	0. 0001	103	1. 5	5
0. 28648689	0. 0001	103	3	5
0. 002054322	0. 0001	103	4	5
5. 00111E - 14	0. 0001	103	5	5

从表 1 - 3 看出，v（视野）和不能生存的机会（Q）之间关系密切：视野越小，其不能生存的机会就越大。也就是说，拓展视野是一个学科赖以生存和发展的必经途径。

Basarab Nicolescu 是一位罗马尼亚的理论物理学家，曾在国际顶尖的科学期刊上发表了 130 多篇论文。他创办了国际超学科研究中心 CIRET（The International Center for Transdisciplinary Research），极力主张将人文与科学进行超学科的调和。CIRET 的创始人之一 Stéphane Lupasco 提出了二象性定理（Duality Principle）以外的第三象：T 象——既非“真实”，也非“潜象”（在 Lupasco 系统里的“对”与“错”），而是在更高层次的现实与复杂性上为这两种矛盾因素提出解决。出生于 1921 年的 Edgar Morin（埃德加 · 莫兰）是法国当代著名思想家，曾任法国教育部顾问，他的研究领域涉及人文学科和自然学科的诸多领域：人类学、社会学、历史、哲学、政治和教育学等。他批判西方的传统思维模式，指出其学科割裂、简单化的弊病，他提出了“复杂性思维范式（Complexit）”，希望通过阐述现实的复杂性，寻求建立一种能将各种知识融会贯通的复杂思维模式，弥补各学科相互隔离、知识日益破碎化的弊端。复杂性的内涵包括：复杂的行为、复杂的机制、复杂的模拟、复杂的系统、数据中的复杂等。

教育界关于学科间融合的理念也是在分分合合的历史中逐渐提炼出来的。不仅在中国，高校学生被指缺乏科学素养，没有独立思考能力；以历史悠久的英国高等教育为例，它的科技教育和人文教育发展也曾经道路曲折。殷企平（1994、1995）曾就欧洲高等教育的科技教育和英国的两种文化进行了全面梳理，本章将在下文中回顾欧洲高等教育历史上的文、理科之争。

（一）欧洲高等教育的文理学科竞争

早期欧洲传统的宗教思想使许多国家的高等教育重视神学和宗教，统治阶级的价值观和世界观保守而复古。18 世纪工业革命对科技人才的要求并不高，只需要凭实际经验就能进行发明和创新，因此，高等教育历来不重视培养实际操作的技术人才。

早在 1794 年，巴黎多科技术学院（Ecole Polytechnique of Paris）以"科学的实际应用"为宗旨首倡了多科技术学院的观念，当时的德语国家借鉴其做法，发展了各自的多科技术学院。建于 1815 年的维也纳多科技术学院（Vienna's Polytechic Institute）是这类院校中较早的一个。另一个较早的学院是卡尔斯鲁厄多科技术学院（Karlsruhe Polytechnic School），它于 1825 年由两所科学院合并而成。

德国的多科技术学院（Technische Hochule）在培养各类企业主和经理方面花了很大的力气，收效显著。学院至少具有三个特点（Hennock，1991）：第一，他们具有名副其实的多科性质，所开设的科目包括工程学、农业学、力学、化学和建筑学，而且还有哲学和普通基础课程。第二，他们是德国承担高等技术教育的唯一力量。第三，他们不但为发展工业和整个经济服务，而且为国家政府部门输送人才。德国的多科技术学院还有一个在欧洲处于领先的举措：直接把机器搬进了校园。在 1890 年的芝加哥世界交易会上，德国的工程师们发现美国的机械工具工业远远超过了德国。在这之前，德国的工程师培养方式主要依靠数学和理论的学习，而美国的一些大学，如康奈尔大学则把机器搬进了学校实验室，使之成为研究的对象。德国人从芝加哥世界交易会回去后，立即办起了大量直接装备机器的新型实验室。在这方面起带头作用的有夏洛腾堡多科技术学院（Charlottenburg）。该校于 1879 年由两所柏林的专科学校合并而成，后来变成德国高等院校中实力最雄厚，也是最出名的院校之一。由于夏洛腾堡多科技术学院拥有良好的设备，大量的研究生纷纷从柏林大学转入该校学习。

英国虽然早期的科学成就辉煌，但是由于其特殊的岛国地形，与外界隔离的状况常常影响人们的思维方式，使他们的思路比较狭窄。19 世纪初，英国高等教育领域还是牛津、剑桥两校垄断的局面。从职能到结构，从课程到招生政策，这两所古老的大学都偏狭、保守、排外而封闭

(Rothblatt, 1968)。直到19世纪中叶第一届国际工业博览会时，英国才意识到欧洲其他国家已经在科技发展、高等教育、科技教育方面远远超过了自己。在此后的30年间，英国政府曾经多次组织皇家调查委员会进行调查，这些委员会的报告都承认“美国和德国制造工艺的优势和这些国家的先进教育有关”(Evans, 1975)。英国政府还通过立法来推动科技教育的发展，首先颁布了《1870年教育法》，其后在1889年颁布了《技术教育法》及其《1891年修正案》，1890年通过了《地方税收法》。

大约从1890年开始，英国开始对德国多科技术学院模式进行模仿和改造，主要体现在英国城市大学的形成和发展过程中。这里的“城市大学”以曼彻斯特的欧文斯学院诞生为开端，建立于1851年以后的大学，它们的课程比较现代化，涉及面也比较宽。英国当时在借鉴德国经验时，采用了加强大学内部应用科学的做法，或者说是在大学内部设立“多科技术学院”，这种措施获得了很大的成功。

英国著名的牛津和剑桥两校也在外部改革潮流的推动和国家的干预下进行了改革。以《1854年牛津大学法案》和《1856年剑桥大学法案》为开端，这两所大学经历了一系列立法变革，最终在19世纪70年代末促成了下面几个变化：

第一，大学的管理结构得到了调整，原来那种各个学院各自为政的局面基本上被打破。

第二，课程面进一步拓宽，教学法得到了改进。两校都建立了独立的历史学院，并且逐渐恢复了法律学院和医学院。尤其值得一提的是，牛津和剑桥分别在1868年和1873年建立了著名的克莱伦顿实验室（Clarendon Laboratory）和卡文迪希实验室（Cavendish Laboratory）。英国学者Evans (1975) 认为这两个实验室的建立标志着“传统大学进入了新纪元”，因为他们终于开始承认现代科技的重要性了。与此同时，教学法的改革也取得了明显的效果。一方面，学生们可以通过导师制和教员保持密切的联系；另一方面，随着教授制、讲师制的发展，学生们可以通过听大课的形式接触较多的学科领域（当然也包括新兴的科技领域）。牛津和剑桥已经开始接受比以前含义广得多的有关大学职能的概念。

第三，阶级等级和宗教派别等方面的限制也开始被打破。奖学金名额由此大大增加，原来那种只有名门望族或富人子弟才能入学的制度开始动摇。

随着以上的各种变化，尤其是克莱伦顿实验室和卡文迪希实验室的建立，科技教育终于在英国高校找到了自己的位置。

（二）高等教育思想界的两种文化之争

伴随着战后高等科技教育的迅速发展，英国高等教育思想界曾经发生过一场著名的争论，即“两种文化”之争。

英国是世界上率先进入产业革命时期的国家，在工业成就显赫的同时，在自然科学方面也有过辉煌的成就，并且曾在倡导科学思想、推广科学技术教育方面一度领先。弗朗西斯·培根有关科技教育的思想，不仅在17世纪影响了法国的笛卡尔、德国的安德烈和英国的洛克，而且还在18世纪影响了法国的伏尔泰、卢梭和狄德罗以及德国的弗兰克。英国还产生了17世纪科学革命的顶峰人物牛顿。牛顿的成就曾在17世纪末和18世纪初促进大学对课程作了一些改变，增加了一些学科内容，并设立了自然科学讲座。牛顿的思想还对其他国家的高等科技教育产生了深远的影响。例如，17世纪末和18世纪初的荷兰雷登大学（University of Leyden）涌现了一大批优秀的教师兼科学家。他们除了著书立说以外，还通过教学来传播实验科学的概念、理论和实践方法。以上叙述表明，英国在科学成就和推行科技教育方面曾经一度领先。但是到了18世纪末，它竟完全丧失了原先的优势，失去了昔日的光辉。

“两种文化”之争因著名小说家兼科学家查尔斯·珀西·思诺（Charles Percy Snow）的一篇演讲而起。这篇演讲题为《两种文化》（Two Cultures），因此“两种文化”往往被用作那场争论的代名词。由于思诺的主要论敌是弗·阿·李维斯（F. R. Leavis），这场争论又被叫作“思诺—李维斯之争”（Snow-Leavis Controversy），或者干脆被叫作“思诺之争”（Snow Conflict）。

1959年，思诺在剑桥大学发表了题为《两种文化》的长篇演说，其主题是：文理之间日趋扩大的鸿沟——学文科的和学理科的互相缺乏了解，甚至彼此怀有敌意，好像代表了“两种文化”似的；除非采取必要措施，否则这种现象将产生危险的后果（Snow，1959：3）。他在五年后又写了《对两种文化的回顾》（The Two Cultures：and A Second Look），其中，明确提出要向美国的一些大学学习（1964：69）：“在美国，这种鸿沟就不那么难以逾越……在耶鲁、普林斯顿、密歇根和加利福尼亚，世界级的科学家在向非理科学生授课；在麻省理工学院和加州理工学院，理科学生正在认真学习人文科学。”

思诺这种对理科和科学家的偏爱，激怒了当时英国文坛巨人之一——首屈一指的文学批评家弗·阿·李维斯。他在经过长达三年的充分准备之后，于1962年也在剑桥大学发表了演说，题目是“两种文化？查尔斯·珀西·思诺的意义”（Two Cultures? The Significance of C. P. Snow），他说：“《两种文化》反映了彻头彻尾的精神空虚；其风格之庸俗，实在令人难堪”；“思诺……是我们文明社会中的怪物”；“思诺其实是出奇的无知”（Leavis，1962）。事实上，李维斯和思诺都反对知识过分专门化，都赞成要加强不同知识领域之间的联系。李维斯认为大学应该成为人类意识的中心：洞察力、知识、判断力和责任感都构成了人类的意识（Leavis，1962：29）。

李维斯的演讲发表之后，立即在英国高教界掀起了一场轩然大波。于是，双方展开了一场英国历史上罕见的、旷日持久的大辩论。在众多支持思诺的人当中，Wollheim从理论上为他的观点作出了实质性的补充，他认为，思诺关于科技教育应该在高等学府中占主导地位的观点十分正确，但是要提供有力的理论依据：第一条依据和“平等”这一社会价值观有关，第二条理论依据和“文化的性质”有关（Wollheim，1959：168）。从思想源流上看，Wollheim和思诺跟赫胥黎等人有许多相通之处：他们都把科学看作文化的不可分割的一部分，而且是主要部分。不过，Wollheim强调科学代表着将来，而文科则往往代表着过去。

早在1913年，罗素就在《作为文化一要素的科学》（Science as an Element in Culture）中这样谈论文科的“缺陷”（Russell，1913：234）：在学习文学或艺术时，我们的注意力总是固定在过去：古希腊或文艺复兴时期的人比现在的任何人都强；昔日的成就根本没有促进我们自己这个时代的新成就，相反，它们实际上增加了创造新成就的难度——要独辟蹊径总是难上加难。罗素认为，学理科的不会像学文科的那样受到以往成就的羁绊，而是往往能够利用过去的成就创造出更高的成就，因此他们代表着未来。和思诺等人不同的是，罗素十分强调“科学的固有价值”。他认为科学知识有它的内在目的。根据罗素的观点，这种固有价值或内在目的是由科学的教育功能所决定的。他把“教育”界定为“通过教学的手段，形成某种思维习惯和某种对人生和世界的态度”，而这种思维习惯和人生观的形成"一定得有科学的贡献"（Russell，1913：203）。

对于高等科技教育来说，思诺—李维斯之争的真正意义在于：它使人们进一步认识到，科技教育若实施不当，就有产生文化鸿沟的危险。那么，应该如何正确地实施高等科技教育呢？如何才能在发展高等科技教育的同时避免文化鸿沟的产生呢？英国著名教育思想家阿什比（Eric Ashby）提出"把科学织入文化"的观点："科学的进步不仅有赖于对职业科学家的培训，而且有赖于科学在公众中的形象——它产生于把科学织入当代文化的机器，即科技新闻学、科幻小说以及传播科学思想的广播、电视和电影等"（Ashby，1974：11）。这种"把科学织入文化"的过程也就是填补文化鸿沟的过程。

另一名英国教育思想家 A. N. Whitehead 对如何实施科技教育，并防止文化鸿沟的出现有过更精彩的论述。他主张科技教育应该带有自由教育精神，必须用自由教育的精神来对待技术教育，而自由教育的本质是一种培养思想和美感的教育，任何教育既传授技术和方法，又培养思想和见识（Whitehead，1932：70－74）。也就是说，科技教育不应该导致思诺所说的文化鸿沟，而应该强调科技知识和其他知识的联系。正因为如此，Whitehead 提出了在科学课程或技术课程中包括其他课程的办法："一个全国性教育系统必须拥有三种主要的课程，即文学课程、科学课程和技术课程。然而，这些课程中的任何一类必须包括另外那两类。我的意思是，任何形式的教育应该教给学生技术、科学、一些基本思想原理和对美的鉴赏力；学生在接受任何一方面的培训时都应该借助来自其他方面的启示而达到豁然贯通的境界。"（Whitehead1932：75）Whitehead 有关科技教育的思想可以概括为一句话，即科技教育不能只把着眼点放在科技课程本身，而是要注意科技课程和诸如文学之类课程的互相结合。这种思想和思诺有关"跨越文化鸿沟"的思想是完全一致的。

（三）跨越"文、理"两种文化的案例研究

在前述两种文化之争的历史背景下，跨越"文、理"两种文化之间鸿沟的革新实验层出不穷。殷企平专门研究了英国的"自由教育科目"和苏赛克斯大学的"文理渗透项目"（详见殷企平，1995）。

1. 工科院校中的"自由教育科目"

在布雷德高级技术学院，"自由教育课程"被改称为"普通教育课

程”（General Studies），其中包括必修课和选修课两大类。整个大纲如下：

表 1-4 布雷德高级技术学院的自由教育课程大纲（Davies，1965：36）

必修课	选修课
第一年	
英语——会话与写作 经济发展	艺术欣赏 I 音乐欣赏 I 外语 I 科学史和科学哲学 I 经济学 I
第二年	
世界事务的地理背景 英国文学 I	延续第一年所选科目
第三年	
英国生活和制度 工业管理面面观	延续第二年所选科目
第四年	
国际关系 工业管理	延续第三年所选科目

在威尔士高级技术学院，还成立了一个专门负责自由教育的系，称作“英语和自由教育系”（Department of English and Liberal Studies）。它负责向全校提供非职业课程（工业管理归商业系负责，是个例外）。威尔士学院明确向学生表明自由教育课程有这样三个目的：（1）使学生力求在说与写方面措辞恰当、准确；（2）鼓励清晰的思维；（3）拓宽学生的兴趣，使之不局限于工科科目。该校的自由教育课程大纲如下：

表 1-5 威尔士高级技术学院的自由教育课程大纲（Davies，1965：36）

第一年	英国在国内外的问题。该课程纵论国内和国际的管理原则，并对一些影响政治结构和时事的主要组织进行分析
第二年	科学史和科学哲学。该课程研究从古至今的科学思想发展和科学成就，并包括一些对社会科学发展的描述
第三年	当代生活中的艺术。该课程以讲座和小组讨论的形式探讨艺术在社会中的地位，重点突出视觉艺术
第四年	管理交流。该课程旨在培养公共演讲的技能，提高阅读的效率，并帮助学生了解各种委员会的程序

20 世纪 60 年代，许多当时刚兴起的多科技术学院也开设了自由教育

课程。其中，波洛夫多科技术学院（Borough Polytechnic）的自由教育课程大纲被许多人认为比较合理。它所占课时的情况为：第一年为每周四小时，第二年和第三年每周三小时，第四年每周两小时。其内容如下：

表 1-6　波洛夫多科技术学院的自由教育课程大纲（Davies，1965：44）

第一年	技术和社会Ⅰ：西方文明史；英语语言学；经济学原理；选修科目
第二年	技术和社会Ⅱ：文化面面观；有效的口语；报告的撰写；选修科目
第三年	技术和社会Ⅲ：科学史和科学哲学；社会和政治哲学；现代英国的社会经济发展；选修科目
第四年	工业管理；工业组织；工业中的人际关系；选修科目

以上"选修科目"涉及更多的领域，包括考古学、社会人类学、人种学、教育学、社会心理学和工业设计等。

上面几个课程大纲都是前述跨越"文、理"文化鸿沟的尝试，它们显然有助于扩大学生的知识面。尤其是波洛夫多科技术学院的那几组系列，通过"技术和社会"这个主题把诸多课程结合在了一起。

殷企平（1995）认为这些课程大纲似乎有两个共同的问题。第一，它们在很大程度上是一种附加性的课程，即在原来的工科专业课程之外加上一些课程。它们本身的名称——"自由教育课程"——似乎有跟技术教育课程相对立之嫌。如前所述，正确进行的技术教育本身也应该是一种自由教育。因此，比较高明的办法似乎是让技术教育课程本身多开"窗户"，即教师在上课时尽可能多地借用其他学科的原理和方法来"照亮"本专业的课程，同时又尽可能地把学生的视野引向本专业之外的问题。当然，这已经超出了课程设置的范围。第二，以上大纲虽然体现了广度，但是由于学生的时间有限，很可能因广度而牺牲了深度。也就是说，专与博的关系究竟如何解决，这在以上大纲中并没有得到真正体现。

2. 苏赛克斯大学的文理渗透项目

苏赛克斯大学文理渗透项目始于 1963 年。起初，该项目适用于所有文理科的学生，即所有理科学生都必须修一门人文学科或社会学科的课程，而文科学生必须修一门理科课程。由于财政等原因，该项目从 1972 年起对文科生已不再适用，但是在理科学院中一直坚持着。该项目的具体课程经常有些变动，但是基本上大同小异。

文理渗透项目包含很多课程，但却不是一连串互不相干的课程，而是所有这些课程都着眼于把学生引向一些共同的问题。同时，这个项目还包括“跨学科”以及“以人为中心”的特点，都是从问题入手——都关心人类的问题，并且对解决这些问题的现有方法以及各种建议进行评论和批判。

文理渗透项目开设的课程涉及范围很广，大致可以分为八类，并包含具体课程，如下表所示：

表 1－7　　苏赛克斯大学文理渗透项目开设的课程

（University of Sussex, Arts/Science Programme, 1991—1992, p. 4.）

1. 技术/文化/社会学 Studies in Technology / Culture/Society	地球的自然资源：一种系统观；技术社会学；家庭技术：设计、表现和性别；动物的权利和科学实验；机器人的形象；电子计算机控制下的怪物机器和可怕的技术；科学革命；占星学
2. 管理学 Management Studies	管理你自己：个人成长计划； 管理要素
3. 政治/经济/历史学 Political / Economic / Historical Studies	撒哈拉沙漠附近的非洲国家政治经济发展概况；解释英国的基督教改革运动：早期近代英国的政治、社会和宗教；教育和英国文化；教育面面观
4. 哲学 Philosophical Studies	现代哲学概论； 哲学和文学：法律、真理和判断
5. 自我研究 Studies of the Self	无意识的探索；妇女和心理学；母爱和精神分析学；精神分析学和社会；自我和社会：社会心理学概论；咨询心理学
6. 文学 Studies in Literature	“侦探”；童话世界中的怪物、魔术和鲜血：儿童文学；怪物、幽灵、梦魇和疯狂：艺术和文学中的怪诞；科幻小说：现在就描写将来
7. 艺术/电影/音乐学 Studies in Art / Film / Music	眼见为实？科学和艺术中的幻象；传播媒介和性别：男人和女人在通俗文化中的形象；电影研究；金属声的其他妙处；当代社会的音乐
8. 外语 Language Studies	法语；德语；汉语；西班牙语；俄语；日语

除外语学习以外，以上大多数具体课程的题目本身就带有“跨学科”的性质。例如，“技术社会学”、“机器人的形象”和“科学革命”等题目都需要从多学科的角度来探讨，这样就自然地跨越了不同学科之间的“鸿沟”。

在以上所列课程中，学生只要选修一门即可。如果一个学生对所有课程都不太感兴趣，他可以另外建议一个题目，有关方面会尽量满足他的要求。

以1991—1992学年文理渗透项目为例，殷企平（1995）曾经对学生进行了抽样调查，在所有220个参加该项目的学生中，对其中40个进行了访谈。访谈中主要有四个问题：

表1－8 关于1991—1992学年文理渗透项目的访谈

问题1：你为什么修该项目的课程？	29个学生说他们修这些课是出于无奈——迫于学校的规定，但是其中有18人承认他们已经从“不喜欢”转变为“喜欢”这些课程，因为他们从中受益匪浅，尤其是拓宽了知识面；在其他11个人中，6个人声称本来就觉得有必要开阔自己的视野，这些课程有助于全面发展；而另外5个则说本来就无所谓，但是修课以后也觉得很有意思，有帮助；从以上情况看，认为自己在不同程度上得益于该项目的学生共有29人，占72.5%
问题2：你是否感到这门课程帮助你增强了知识的整体观，即对不同学科之间相互关系的认识？	25人（占62.5%）给了肯定的回答，11人（占27.5%）给了否定的回答；其余4人（占10%）似乎自己也不太清楚
问题3：你认为该项目能够帮助你成为一个更好的专家呢，还是分散了你的精力，使你不能集中时间学好专业？	28人（占70%）给了肯定的回答，11人（占27.5%）给了否定的回答；另外1人（占2.5%）认为既没有浪费时间，也没有感到“增加知识面”和“成为更好的专家”之间有必然的联系
问题4：除了上课以外，你和该课程老师的个别接触是否足够？你和老师的关系如何？	18人（占45%）表示有关教师跟自己的接触令人满意，22人（占55%）表示接触时间不足，师生关系不理想

从以上调查情况看，多数学生在不同程度上感到受益于文理渗透项目，尤其是62.5%的学生明确表示有关课程增强了自己对不同学科之间相互联系的认识，这说明该项目还是相当成功的。但是，从对第四个问题的回答情况来看，希望有关教师跟自己有更多接触的学生比例高达55%。由此可见，要完成课程目标，不仅是设置出理想的课程，还需要教师在跨越文化鸿沟方面作出努力。

（四）课程与思维的“辐射圈”

从根本上来说，超学科可以看作是一种态度或世界观，现实世界是多维而复杂的，事物的每个层面都有自身的规律和逻辑。日新月异的世界所面临问题的复杂性依靠传统的方法很难处理和解决。对于高等教育来说，如何掌握问题的复杂性？如何将人类世界的多样性和对相关问题的科学看法体现在教学中？学生、教师、课程、社会如何把抽象知识和具体案例相结合？在这种背景下，高校忽然发现单一学科、文理分科的教学结构无法满足这些要求。如前所述，超学科不是摒弃学科，也不是摒弃专业学习，以下将先从 Ashby 的“辐射圈”构想谈起。

为了既能跨越“文、理”分家的文化鸿沟，又不牺牲专业的深度，Ashby 在《技术与学术》（*Technology and the Academics*）一书中提出了以专业为核心，并且不断向外“辐射”的办法：“我认为可以把专业学习（无论什么专业：冶金学也好，牙科学也好，挪威语也好，全都一样）作为核心，在其周围团聚着与专业学习有关的自由教育课程。但是这些课程必须和专业有关；通向文化的道路应该贯穿一个人的专业，而不是绕过专业。”（Ashby，1966：84）Ashby 这里所说的“文化”也就是阿诺德当年所说的文化，即消除了鸿沟之后的文化整体。Ashby 是在谈论高等科技教育时提出以上办法的。他认为：这种办法能够帮助学生养成“在整体当中学习了解技术的习惯”；而这种习惯正是高等科技教育的关键，或者说是他所谓的“技术人文主义（technological humanism）”的关键（Ashby，1966：84）。简言之，他提出了以专业为核心，形成“辐射圈”的观点。

和前一节所介绍的几个教学大纲一样，Ashby 也为工科类院校开了一个“自由教育课程”的单子，其中包括：伦理学、法理学、工业社会史、政治理论和体制、工业心理学、工业社会学、技术史、交际语言学。不过，Ashby 强调每个学生只要挑选其中的一门就可以，而不是每个学生都要修所有课程。他认为，一个学生如果能在一段时间内（比如说两年）严谨地修习一门课程（包括写作和阅读的严格训练，而且考试也应该作为课程的要求），那比他在半瓶子醋的状态下涉猎好几门课程要强得多。

Ronald Barnett 在《高等教育思想》（*The Idea of Higher Education*）一书中进一步探讨了具体的实施。他也设计了一个以专业为核心的课程结构，称作“批判性交叉课程（Critical Interdisciplinarity）”。虽然 Barnett 的这一课程结构并不是单为理工科学生设计的，但是对理工科学生同样适用。

Barnett 首先为自己的课程结构设计了一套理论，其主要观点是：高等教育的一个基本思想和特征是培养学生的批判能力（Barnett，1990：162—165）——这种“批判”不但指学生的独立思考和判断，而且指用一学科对另一学科进行评价的方法和过程。Barnett 认为，任何专业学科既有它的长处和合理性，又有它的弱点和局限性。因此，“在高等教育中，我们希望学生们不是仅仅勤奋地攻读专业——如果只是局限于所选学科或职业，再勤奋的学习都是不够的。我们还希望，在课程结束时，学生们已经能够往后退一步，以便在更广阔的情境下审视他们的核心科目，了解它的发展过程以及它和其他科目的联系，并且基本认识它对世界的贡献”（同上：165）。Barnett 这里所说的“往后站”以及“在更广阔的情境下审视核心科目”就是一种“批判”。既然是批判，就要涉及批判的标准问题。Barnett 认为，应该把批判的标准分为两类：一类是“内部标准”（internal criteria），即学科内部传统的理论和观念等；另一类是“外部标准”（external criteria），即其他学科的原理和方法等。Barnett 说，人们在评论和判断某种理论、事物或人类的行为时，大部分用的是自己所在学科内的标准。Barnett 认为这是自然和正常的，但是仅仅有内部标准还不够，还需要有外部标准来帮助学生对自己的专业进行反思。进行这种反思的可以是土木工程学的学生，他可能会考虑一个新建筑的社会效应——换而言之，他会使用社会学的观点和方法；进行反思的也可以是英语专业的学生，他可能会问：“什么是文学？我们为什么认为它是一种好东西？”——这里就包含了伦理哲学的思想；进行反思的还可以是一个学习艺术的学生，他可能试图了解一种特定艺术传统是怎样形成的，以及为什么形成——这样就开始了文学研究；再以化学专业的学生为例，他可能被要求考虑工业或农业化学品对自然环境的影响——这样就多了一种从生物学角度研究化学的方法……

正是这种从外部对核心学科的批判，构成了 Barnett 心中高等教育的要旨——他把“教育”和“培训”作了这样的区别：“核心学科以及它们的内部评价形式构成了学生课程的大部分，这是可以理解的。但是，一个只让学生从内部探索一个或多个学科的课程不能算作是高等教育课程；它只能算是那些学科领域里的培训。不管是怎样高水平的培训，只有在学生具有下列能力以后才算是转化成了高等教育：他们必须能够对自己所学或所掌握的东西进行独立的评价，能够把它置入和其他事物的关系之中，能够既看到它的优点，又看到它的局限。”（Barnett，1990：165）Barnett 这种观点是非常正确的。对高等科技教育来说，如果它培养出来的学生只能用自己学科的内部标准去判断事物，那它就称不上教育。因此，名副其实的高等科技教育必须像 Barnett 所说的那样，着眼于培养能够同时用“外部标准”——即其他学科的原理和方法——来对自己学科进行“批判”

的理工科学生。

基于“批判”这一原则，Barnett 提出了他的“批判性交叉学科课程”，并且用图形来表示它的结构：

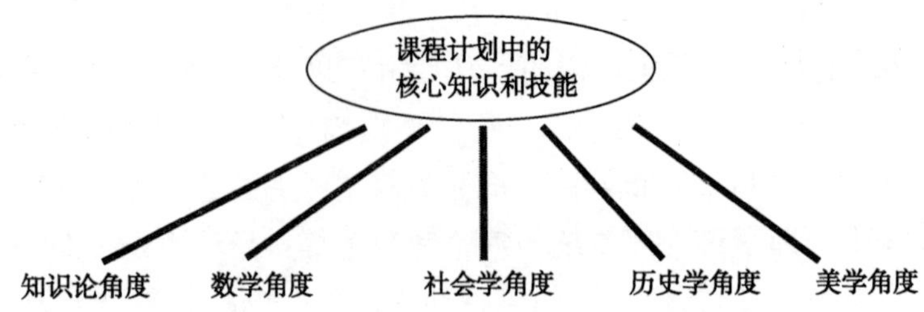

图 1－4　Barnett 的批判性交叉学科课程（Barnett，1990：185）

Barnett 认为该结构是一种开放型结构，它可以无止境地从知识的总体领域里吸收养料。由于它的开放性特点，“别的学科的光线可以射入这一结构”（Barnett，1990：186）。Barnett 还把这种“别的学科”——核心课程之外的学科——称为“审问者”（interrogators）：“这些学科就像审问者——历史学、美学、伦理学、经验科学、数学或任何学科——它们被选来做真正的批判工作或照明工作。它们的批判力量不是来自学科内部固有的特点，因为任何学科在原则上都可以被召来做这种工作。它们的力量来自这样一个事实，即作为批判的武器，它们显示了接受批判的学科的局限性；它们的力量来自批判本身。”

为了强调任何学科都可以作为批判武器，Barnett 举了音乐课程的例子：以音乐为例，它可以包括研究声波对视觉的作用，因而它可以导向物理和解剖学（即引进实验式的研究方法）。它也可以导向研究其他社会的其他音乐形式，或是探索它的社会联系——如赞助者和观众等（社会学方面）。它可以刺激对不同时期音乐形式的研究（历史学方面）。它可以研究音乐和声音在概念上的关系，而且还可以研究不同音乐风格跟同时代的其他艺术风格形式之间的关系（从而开始了美学研究）。它可以审视音乐作为一种语言所表达的意思，以及音乐知识所表达的意思（哲学和认识论方面）。它可以研究不同乐谱形式的意识形态基础：它们表现的是和谐还是冲突？它们是否有助于维持某种社会结构，而不利于其他社会结构？Barnett 这里虽然只以音乐课程为例，但是它所体现的精神和原则——即用不同学科作为批判武器——却同样适用于科技教育课程。就以物理学为例，如果我们把 Barnett 的例子反一反，就会发现它也能借助对声波的研究而导向对音乐的研究。

Barnett 和 Ashby 各自设计的课程代表了一种旨在提出跨越文理之间文化鸿沟的实际方案的努力。

三 超学科理念在研究和教育领域的主要应用

1996 年，国际 21 世纪教育委员会向联合国教科文组织提交了《德洛尔报告》，提出了建立终身教育体系的 4 个支柱，其中“学会求知”意在培养“学会学习”的能力。通过将某一门学科知识的不同发现应用于其他学科知识，解决各种社会问题（Joy de Leo，2009）。《联合国教育促进可持续发展十年国际实施计划》强调，可持续发展教育应该以一种学科间的、整体的方式嵌入课程中，而不是作为一门单独的学科。因此，各国政府要反思现有的课程，以一种超学科的方式理解社会、经济、环境和文化发展。1997 年在瑞士洛迦诺召开的 CIRETUNESCO 国际大会上通过了“宣言和建议”，提出每个学科要给超学科 10% 的教学时间。

早在 1979 年，美国成立了整合研究协会（Association of Integrative Studies，AIS），为了表彰在跨学科研究领域作出杰出贡献的学者，设置了“博尔丁奖”，不分学科、不论领域，推动跨学科教育和跨学科研究的发展。迄今颁奖四次，有六位学者获奖，他们分别在科学研究、教育理念、教师发展、跨学科理论、公共服务等领域作出了有益的尝试和杰出的贡献。其中，1993 年获此殊荣的是两位在教育理论方面作出重要贡献的学者——Ernest Boyer 和 Jerry Gaff。

1994 年成立的星球管理委员会（Planetary Collegium）是一个研究艺术、技术和意识的国际平台，总部在普利茅斯大学，在苏黎世和米兰设有联络站。该平台有艺术家、理论学家和多学科的专家，他们主要通过网络联络，也会定期在世界各地会面，主要研究信息技术和技术智能，旨在反映即将出现的星球化社会中的技术、社会和精神上的愿景，同时对阻碍社会与文化发展的恶劣因素保持警醒。

美国教育部长、卡内基教学促进基金会主席 Ernest Boyer 在 20 世纪后期提出了“教学学术”的概念，将高等教育的学术定位在四个不同但是相互联系的方面：探究的学术，即日常的科学研究；整合的学术，即建立各个学科间的联系，把专门知识放到更大的背景中去考察；应用的学术，即培养教师举一反三、理论与实践相结合的能力；教学的学术，把教学工作作为大学学术的重要内容之一，为平衡科研和教学的关系确立了坚实的理论基础。Jerry Gaff 领导了许多全美大学通识教育强化项目，提出了博雅教育思想。Gaff（1973：605）指出，大学发展的方向是博雅自由的教育，不只是传递知识，也不只关注某一个学术领域的内容，而须广泛地关注一个领域的知识与其他领域的关系，与社会现实、个人存在之间的关系。

2004 年美国国家科学院协会（由美国国家科学院、工程院、医学院、研究理事会等四家学术权威单位组成）经过全面系统调研，发表《促进跨学科研究》的研究报告。该报告把矩阵管理用于跨学科研究管理结构探索①。该报告认为，旧的大学管理结构是一种由彼及此的因素（或“孤岛”）组成的结构，彼此间的联系很弱。美国有的大学开始探索与传统不同的新的组织管理结构。新的结构更像一个矩阵，在这种结构中，学院、各系组成纵向一维，跨学科研究中心、研究所则组成横向一维，人们可以在不同院系间自由流动，这些院系由跨学科的中心、办公室、计划、课程或科目沟通和联系起来。院系和中心之间的联系存在多种可能的形式，包括任用、工资标准、间接成本收益分配、教学安排和授课荣誉、课程及学位授予等。如图 1－5 所示：

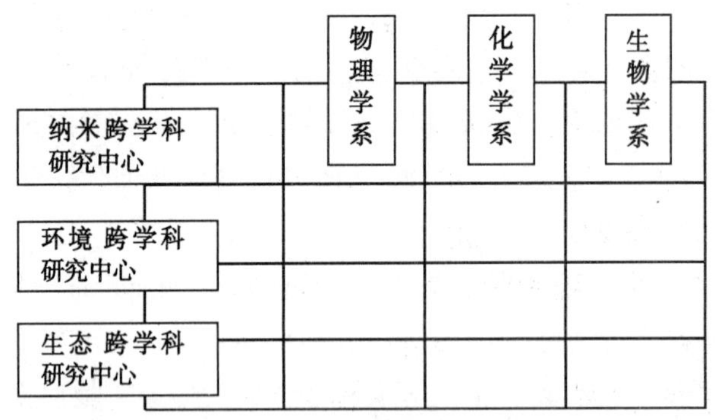

图 1－5　大学组织管理矩阵结构示意图

在图 1－5 所示矩阵的基础上，还需要建设务实的交叉科学学术平台，

---

① Committee on Facilitating Interdisciplinary Research, National Academy of Sciences, National Academy of Engineering, Institute of Medicine. *Facilitating Interdisciplinary Research* [R], Washington, DC: National Academies Press, 2004.

如：创办跨学科研究的学会协会、评估评审机构、超越学科界限的专门期刊、交叉科学专业网站、超学科实验平台、建立科研机构或基地的学科交叉状态等级评价系统和评价方法。

超学科研究是以问题为中心的，也就是说，所有的设计都围绕着所要解决的问题，每个学科都将自己的假设带入团队，而同时也必须开放地接受其他相关专业知识。每个项目都会因问题的不同而有不同的研究方案，但是所有超学科研究都必须具备全盘考虑的理念。因此，在设计时就有必要回答以下这些问题：在这个设计方案中还有什么被排除了？还有什么被我们错过了/没能想到的/没有预见到？还可以从哪些视角来审视问题？是否还有其他方法可以解决这些问题？我们是否把相关学科知识都用到了研究中？那些关键性的概念是否都根据不同学科进行了阐释？

（一）欧美高校的超学科研究

Snow（1959）认为，由于人文与科学两种文化之间的沟通存在着障碍，使得世界上的各种问题很难得到解决。超学科研究就是一种恢复到整体的、相关学科有机融合以及相互依存的求知方法。超学科的理念通过批判性、系统性和整体性的思维，帮助人们构建一种不同知识领域之间相互联系的认识。Brewer（1999）这样描述当时大学教育的状况："The world has problems, universities have departments"（p. 328），意指大学分散的各个院系把知识和问题割裂成狭小的区块，世界的问题也将一直无法得以解决。

国外的高等教育部门已承担起培养能从事超学科研究的人才的任务。McGregor 和 Volckmann（2012）报道，罗马尼亚 Babes - Bolyai 大学以 Nicolescu 为首的教师队伍在学校开设超学科性的课程，帮助大学生掌握将超学科研究应用于精密学科和人文学科的方法。具体目标为：学生能运用围绕学科之间、学科交叉和超越任何学科的信息资源。具体内容不仅源自量子物理学和量子宇宙学，也来自宗教、心理分析、法学、经济学、社会学、艺术和文学，还涉及这些内容在不同知识领域的应用前景。该课程有利于学生对当前世界具备整体理解，提高他们适应未来不可避免的各项任务的能力。通过该课程还可以培养如下能力：从一个学科的表征进入另一个学科表征，从而能检测到一个特定表征中的隐蔽假设；变革和创新的能力；对自然法则和人类发展之间联系的敏感性；在高度复杂情况下作出理性和现实决策的能力。

西方有一些著名大学较早设置了超学科课程、超学科研究机构和院系。例如：法国早在1968年颁布的《高等教育方向法》就要求高校将文学艺术与科学技术相结合，开展以多学科融合和交叉为特征的教学与科研。

华盛顿大学“城市生态学”博士项目主要研究人类居住区的社会、经济、地球物理和政治等方面因素的相互作用，对人类居住的变革模式进行量化研究。该项目使博士生从习惯于单打独斗向注重团队协作转变，在学习过程中不仅接触老师和同学，还与校内外的城市生态学相关专家保持紧密联系（胡甲刚，2009）。该项目具备了超学科研究的几个特点：核心教师队伍有来自不同领域的研究人员；每一门课程都对城市生态学有关学科的理论基础和技术手段进行了有效的整合，并采用了以问题为基础的课程组教学模式；一些地方城市规划专家和城市管理官员参与课题讨论，到校为学生做讲座，为课题研究提出建设性意见。

布朗大学1969年推出“思考的方式”课程，把重点放在理解某个领域具体问题、主题或事项所必需的方法、概念和价值体系上。1974年，密歇根大学开设“获取知识的方法”课程①，作为通识教育的一部分。该课程提出四种方法：分析方法、实证主义方法、道德方法、审美方法。美国杜克大学“2000课程计划”规定所有学生应学习文学艺术、社会文明、社会科学、自然科学与数学四个领域中每个领域的三门课程。目前，开展超学科研究项目的美国高校还有北加州大学、伍德伯里大学、纽约大学等。美国Claremont研究生大学是美国授予最多“信息管理”博士学位的学校，该校设置了超学科学位课程。

英国Lancaster大学的高级研究院，集中了哲学、语言学、社会学、管理学、政治学等学科的教授和博士，从事超学科的社会科学课题研究。另有一些大学广泛开设传播系（Department of Communication），通常由语言学（包括外语教学）、管理学、经济学、文化学、政治学、计算机学和媒体学等学科融合而成。瑞士苏黎世联邦理工学院（ETH）在2002年创设了“国际超学科网”，瑞士、瑞典、奥地利、德国、美国、意大利等国各有数所高校加盟该网站，聚集了来自这些高校的专家，共同发展由ETH

---

① *Carnegie Foundation for the Advancement of Teaching*, *Missions of the College Curriculum*: *A Contemporary Review with Suggestions* [M], San Francisco: Jossey - Bass, 1977, pp. 171 - 172.

开创的超学科研究法。目前比较著名的超学科网站还有“CIRET”①、“td - net”②，等等。

瑞典 Linkoping 大学物理系，有一个名为 Forum Scientum 的研究与人才培养计划。该计划是由自然科学、技术与生物医学方面的专家联合设立的，并得到战略研究基金会的支持，目的是建立一个 4 年半毕业的博士课程。其运行模式已经具备了超学科研究的特性：招生要求来自不同的学科背景，并组成混合研究小组，每组 3 名学生，1 名来自工程技术，1 名来自自然科学，1 名来自生物医学，并配以 1—2 名博士后与辅导教师。该培养计划严格要求学生按进度在四年半完成课程及研究工作。其中有半年从事教学工作，毕业后继续留在计划内从事两年的博士后研究。

（二）哈佛大学与苏黎世联邦理工学院的超学科案例法

哈佛大学是美国高等教育的旗舰，校长洛威尔曾强调，大学水平的高低取决于本科生教育的质量。综观哈佛大学课程演变的历史，她的动力来自学术的责任，来自校内外环境的变化，而不是生存的危机。每一次课程改革不仅在美国高等教育历史上产生巨大影响，而且还为世界各国高等教育的发展提供颇有价值的借鉴。

哈佛的主要策略是教会学生自己走路，不是领着学生走路。通过学科教育，一个人有可能成为称职的律师，但是超越学科的训练可以使他成为富有哲理的律师，他们会主动地去寻求（并有能力理解）原则，而不仅仅是在自己的记忆里填满具体细节。经过训练养成的思维习惯，能够让一个人持续且准确地思考。

哈佛的教育不把知识的宽度限制为掌握一些名著，或消化吸收一定数量的信息，或浏览当代某些领域的知识。而是寻求在本科生教育不可分割的领域里向学生介绍获得知识的主要方法。目标是展示在这些领域存在的知识类型、探索方法、获得知识的分析方法，等等。简而言之，就是使学生掌握学科间的联系，掌握与人类休戚相关的事物间的联系。在 21 世纪，哈佛大学的教育改革将通识教育分列成 8 个领域：审美和诠释、文化和信仰、实证与数学推理、伦理推理、生命系统科学、物理世界科学、世界上

---

① http：//basarab. nicolescu. perso. sfr. fr/ciret/indexen. html.

② http：//www. transdisciplinarity. ch/e/index. php.

的各种社会、作为世界成员的美国。各个领域的课程设计均偏向于重大的社会主题，而不是学术学科。哈佛教育要求为学生对变革作出批判性和建设性反应做好准备，让学生熟悉科技领域的重要概念和难题，思考科学技术对社会、个人和伦理的意义。强调宽度、背景、关联性，强调学生现在所学和未来生活的联系。建立这些联系是一种有效的方式，能让学生在心灵深处养成对所学学科的终身兴趣。

苏黎世联邦理工学院，也译作瑞士联邦理工学院（Eidgenossische Technische Hochschule Zürich，ETH），享有欧洲大陆第一理工大学的美誉。居世界排名前二十位的大学只有两所不是出自英美，苏黎世联邦理工学院就是其中之一。爱因斯坦在1896年至1900年期间就曾就读于ETH。相媲美于哈佛出产的33位诺贝尔奖得主，ETH也是21位诺贝尔奖得主的摇篮。

Steiner和Laws（2006）曾经比较了哈佛与ETH两种典型的超学科研究法。哈佛以案例为中心的研究方法与哈佛商学院（Harvard Business School，HBS）密切相关，HBS首创案例教学法，架设了学术与实践的桥梁；ETH则走得更远，将学生直接暴露于真实世界中，让他们直面问题的多层面性和复杂性。二者都试图在高等教育的平台上解决现实世界的实际问题，着重于培养能力的过程，即如何在案例研究和学习过程中引导学生。但他们的做法也存在很大的区别：

（1）HBS的案例法历史悠久，在学术界最负盛名，主要是在教室场景中以书面材料形式供学生反思和探讨。

（2）相比较而言，ETH的案例法属于创新，在操作方法上更复杂，直接将学生置于真实问题中。在教师的指导下，学生与社会相关人员一起分析并处理相关案例。

显然，这两种“案例”代表了两种截然不同的案例法：

（1）HBS使用的是由教师和案例专家设计的书面材料。“案例”一词意味着在一定体系中设置一种场景，需要一些人在此场景中进行实践。在这些书面案例中，设计者并不描述解决问题可以使用的步骤，他们只是提出问题，让学生以这些问题为起点进行研讨。

（2）ETH则没有预先成文的描述性材料，研究和学习的方式是直接对项目进行调研。此方法最主要的特色是学生在教师和研究人员的督导下，通过一系列的步骤和程序，自己开发出案例。

1. 哈佛商学院的材料式案例法

哈佛的案例法与HBS有着密不可分的渊源，其第一任院长Edwin F. Gay在1908年学院成立时就预想了“在教室里以讨论的方式思考并解决商务管理中出现的问题”。自从1921年第一个案例出现后，平均每年都会创作出约350项案例，涵盖了商务领域几乎每一个层面的问题。这些书面材料式的案例植根于这样一种教学理念：“要让学生介入一种需要分析和行动的场景中，而不是让他们讨论别人的理论或评价。”（Towl，1969）采用案例的目的就是要让学生直接面对真实世界中与管理相关的场景，让他们熟悉作为领袖所要面对的挑战，他们必须基于一些不确定的信息做出具有远见的决策，同时也让他们习惯于直面管理方面存在的各种两难局面。

在HBS案例法中，学生们使用的“真实商务案例”来源于案例设计人员。通常，教师以案例研究人员的身份带领一个团队入驻某个公司，在几个星期内约见不同的经理，探寻该案例的背景、发现的问题、关于分析问题的不同视角、可选择的行动。这些调研过程都被编入案例中，意在创设尽可能接近生活的场景，学生们要面对的是不完整的信息和模糊的证据，而在紧迫的时间内他们又必须采取有效行动。这些管理案例的特征是没有“对—错”或者“是—非”的必然答案。

哈佛案例法的另一个特征是突显各个阶段、各个层面团队合作的重要性。哈佛商学院按照多样性原则挑选80至90名学生，每个学生都被分配在某一“部门”。在这些“部门”内，一年级的课程都是在类似古罗马竞技场的圆形教室里。在整整一年时间里，每天有大约四个小时的课程，这样的安排有利于教师和学生间密切互动。在课程开始时通常有“cold calls”，激励学生们在走进课堂前要做好充分的准备。“cold calls”即“冷点名”，或者称为“冷叫”，教师在开始上课时，不预先通知就让一位学生回答第一个问题。该问题和这位学生的回答将作为大家继续深入广泛讨论的始发点。而这些用作“cold calls”的问题都和所给的案例相关，需要在短时间内进行分析，找到相应的解决办法，学生的陈述与分析就是用自身的背景、观点和主张与同学一起探讨。除了这些“部门”之外，学生们还组成四至六人的“学习小组”，小组的成型不仅是基于“友谊”、“团队合作所需的能力”，还必须考虑各自背景的多元化以及职业经历的多样性。在学生各自研究了案例之后，“学习小组”会让他们先在一个合作组中讨论他们的观点。

学生对于材料式案例的研究仅限于这些小组内以及教室内的互动，以求为各小组的成员提供不同学科间的视角交叉。例如，来自金融背景（或者对金融有兴趣）的学生可能会接触到来自营销和产品开发领域的学生。但是他们无法直接接触来自社会的相关利益人员（stakeholders）和那些人所具备的超学科视野。在这种关系网中，教师及其助手就充当了社会与学生间的媒介，他们会将最初案例研究中的经历传递给学生。在极少数情况下，如果学生数量不多，时间也不受限制，他们会有机会开展实地案例研究。

哈佛的行动式学习方法有一大优点，就是所准备的案例可以保证其广度。在哈佛就读 MBA 的学生在一年中会接触大约 250 种不同的案例，平均每周超过 14 种；班级里来自不同背景的成员各自提供跟他人截然不同的视角。学生通过如此大量的案例来熟悉案例法，以团队合作的形式处理商业管理中的相关问题。同时，他们也获得了“与问题相关联”的知识，积累了非常广泛的管理经验。

在此，有必要考虑获得这些广泛经验所支出的成本。以体育活动来作类比：学习者可以观看滑雪的机械原理，观看滑雪比赛，分析每一个滑雪运动员的状况，并且和经验丰富的滑雪者探讨他们的训练和经历，该学习者甚至可以参加一些模拟训练。通过这样的方式，可以获得相当丰富的二手经验，但是并不能使他成为成功的滑雪手。这项运动需要直接参与真实的演练，没有亲身经历的学习都只能算是外围的理解。如果只在教室里模拟解决问题，而没能真正置身于真实世界中，就使学生失去了经历整个过程的机会。真实世界中发生的复杂问题通常都不是书面记录下来的，而是一种被发现并建构起来的过程，在这个过程中，学生/研究人员必然会与相关利益人员进行交流和沟通。

在现实层面上，学生直接投入研究会遭遇瓶颈，首先，由于要先确认和分析相关利益人员，再研发获取所需信息的行动计划，而这些交流沟通的过程都需要时间，用以进行访谈、讨论或开展工作坊等；同时还需要搜索和组织一些额外的数据，这些都是解决复杂问题的先决条件。一位哈佛 MBA 的学生一周接触到 14 个案例，那么他们如何有时间真正了解社会的特征呢？

按照杜威的观点，对思维和反思的开拓、与之相关的教育人员、互动与学习环境，这些都具有高度相关性，并且为解决复杂的真实社会问题奠定坚实的教育基础。这里，具体经历、观察与反思、抽象概念的成形、新环境测试等都以经验为基础，体现在学习环境中（Kolb，1984）。

综上所述，哈佛的材料式案例法在案例研究人员与社会案例之间体现了部分的超学科性，在学生和社会相关利益人员之间则还没有建立起直接的关系。

2. 苏黎世联邦理工学院的超学科案例法

苏黎世联邦理工学院（ETH）的案例法起源于该学院的环境科学系，由系主任 Roland Scholz 和他的团队创设。首次比较完整的运用是在 1993 年，其后每年都有两项关于环境问题的案例研究由 ETH 学生完成，涉及农业、工业、城市发展、企业行为的生态效能等方面。每个项目每年会提交一份合作报告，来陈述案例研究的整个过程。至此，学生算是完成了学习任务，但是通常这些课题还会有后续项目。

ETH 有一个超学科实验室，简称 TdLab（ETH－NSSI Transdisciplinarity Laboratory），其教学目标定位为：（1）超学科性；（2）解决复杂问题；（3）团队合作。其师生与相关利益人员的关系如图 1－6 所示①：

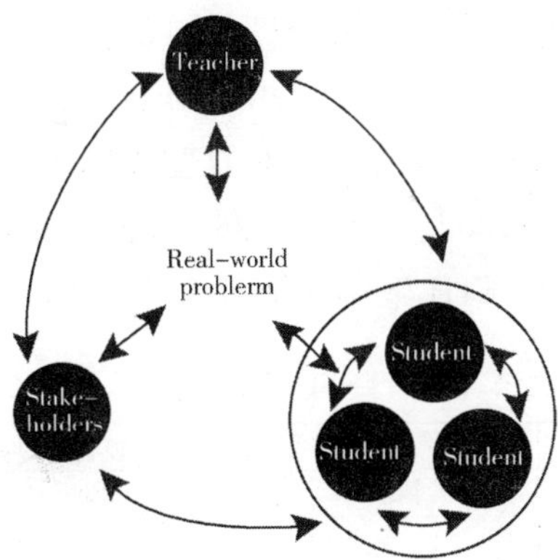

图 1－6　TdLab 的团队运作图

TdLab 主要的研究和学习方法为“案例法”，融合了量化和质化的知识：

- 不同的学科
- 不同的系统
- 不同的思维模式
- 不同的社会成员间的利益融合和调停

Stauffacher & Scholz（2004：55－59）评价 ETH 的案例法：通过融合

① 来源于 ETH Zurich 网站：http：//www. uns. ethz. ch/translab/cs。

研究、学习和应用的超学科场景，让学生有机会在应用科学领域获得竞争力。该超学科案例法结合了学习、研究和应用能力的训练，使学生在研究并解决可持续发展问题时具备必要的技巧。TdLab 目前最为关注的就是将知识、技巧和经验运用到真实、复杂、社会化的问题上，例如处理放射性废弃物形成的环境问题。

ETH 以“方法导向（method - driven）”为特色，同时采用定性和定量分析，以培养解决复杂问题的能力和整合知识的能力，包括团队进程的知识和基本管理技能（Stauffacher 和 Scholz，2004：59）。在案例方面，解决复杂问题的全过程包括：（1）系统理解，即在案例的背后正在按照什么机制运行；（2）凭直觉对未来的场景进行格式化的描述，即未来该案例可能会怎样；（3）对这些场景进行评估，即根据一整套相关参数评价每一种场景的优劣方面。

ETH 案例法体现了复杂性、嵌入式、学科间和超学科的属性，相应地要求有各种形式知识的融合，包括来自不同领域的知识整合、分析案例中不同子系统所得到的信息、各个领域相关利益人员的不同利益、在案例分析中展示出来的不同思维，以及在思维的直觉与分析模式方面表现出来的差异（Scholz 和 Tietje，2002）。Scholz 和 Tietje 将案例法的知识整合分为四类，表 1 - 9 据此分析 ETH 案例法的整合形式：

表 1 - 9　　ETH 案例法（转译自 Steiner 和 Laws，2006：334）

案例法	知识整合的种类			
	学科领域	系统	思维模式	利益
格式化场景分析	XX	X	X	
系统维度	XX	X		
多属性效用理论	X	X		X
综合风险管理	X	X		
媒介作用：区域发展协商		X	X	XX
未来工作坊			XX	X
经验性案例			XX	X
合成慢化			X	X
材料融合分析	X	XX		
动态循环评估	X	XX		
生物—生态预期分析		XX	X	

（1）学科领域：综合不同领域（如自然科学和社会科学等）的交叉学科方法；

（2）系统：整合不同系统中（如水、土壤、空气和人类生命层等相关）知识的全局方法；

（3）思维模式：这些模式整合了不同的认知表现；

（4）利益：这些方法整合了各利益方的不同利益，有利于社会整合，起到了媒介作用。

ETH 所采用的案例法还有一个嵌入式的特点，也就是说，考虑到存在大量的证据，调查是基于案例中多个单位的不同层面，因此，公式化的假设、量化数据的取样和数据分析在案例的发展中同样重要。

正是由于 ETH 案例法的复杂性和及时更新的特点，Ronstadt（1993：17—18）将之评价为开创性的。其最显著的特征就是，没法提前准备案例并呈现给学生。相反，学生必须亲身参与，自己构建起案例。他们首先要系统地阐明理论框架，选择正确的方式，才能解决超学科的现实问题。从社会文化建构主义的视角来看，同时结合自我调节式学习（self - regulated learning）的基本原理，学生必须积极应对各种要求、制订计划，并独自执行项目工作。通过这样的方式，"问题驱动型"的学习成为 ETH 案例法的关键特征，学生们通过辩论，探讨各自的想法，制订计划并执行研究程序，最后对研究成果进行集体讨论（Stauffacher 和 Scholz，2004：59）。

与哈佛案例法相比，ETH 案例研究的独特之处在于它的超学科本质以及相关的内部组织。一个简单的案例通常能持续整个学期，每周 18 课时，并且只针对第九学期的高年级学生开设。参与的学生被分为 10 至 15 人一组，由一组指导人员在内容和程序方面进行培训。指导人员只在必要时进行控制，并且尽可能地站在学生这边承担责任。哈佛案例法对学生的问题分析能力有相当高的要求，ETH 则更深入地要求直接参与真实世界，与真实环境中的相关利益人员一起解决现实问题，这就产生了巨大的超学科效应。Yin（1986）的定义正好说明了 ETH 的要求：案例法是在真实生活环境中调查一种当代的现象，当现象与环境的界线并不明显时，需要使用各种来源的证据。

通过比较，ETH 体现了较高的超学科性，通过与相关利益人员合作解决复杂的真实问题，为学生创造机会培养一整套广泛全面的能力，例如实地知识、方法、社会能力和关键素质。

3. 两者在培养学生能力方面的比较

如上所述，哈佛的书面材料式和 ETH 超学科式的案例法最重要的区别之一是在学生能力成形方面的差异。哈佛和 ETH 方法的比较见表 1－10。

表 1－10　　哈佛案例法与 ETH 案例法特征的比较
（转译自 Steiner & Laws，2006：336）

特征	哈佛材料式案例法	ETH 超学科案例法
超学科性	－	＋＋＋
案例的及时更新	＋	＋＋＋
以问题为导向	＋＋＋	＋＋＋
所需时间	＋＋＋	＋
维度	＋	＋＋＋
处理复杂问题的能力	＋	＋＋＋
关于社会能力的培养	＋	＋＋＋
学生人数的有效性	＋＋＋	＋
排除研究人员/教师的预评估	＋＋＋	＋＋＋
实际结论的重要性	＋＋＋	＋＋＋
对可持续学习的意义	＋＋	＋＋＋
不同案例的多样性	＋＋＋	－
“真实世界”团队合作的氛围	＋＋	＋＋＋
解决真实问题的实时经历	－	＋＋＋

在 ETH 案例法中，学生与相关利益人员的互动使得社会能力的发展得到较好的保证。但是与传统的仅关注单一学科内容的非互动式教学方法相比较，不论是哈佛还是 ETH，以案例为基础的教学法都涵盖了解决问题所需要的复杂交流与沟通过程。

哈佛的案例法历史悠久，在全世界高等教育，特别是在管理界，传播甚广。ETH 的超学科案例法则具有创新性，为学生创造机会培养其全面解决复杂问题的能力。

（三）哈佛大学研究生教育学院的 Project Zero

Project Zero 是哈佛大学研究生学院的教育研究团队，其使命是在艺术、人文、科学领域中，理解个人层面和团队层面的学习能力、思辨能力与创新能力，并使之提高这些能力。

1967 年，哲学家 Nelson Goodman 在哈佛大学研究生教育学院建立了一个由学者和教育家组成的 Project Zero 团队，目的是研究并改进艺术教育。他认为应该把艺术学习作为一种严肃的认知活动来进行研究。在发展过程中，该项目已经研究了儿童、成人和组织机构的学习过程。如今，基于上述研究，Project Zero 创设了具备反思能力的独立学习者社群，并提高了学科内的深层次理解，促进批判性和创造性思维。

所有 Project Zero 的研究项目都把学习者放在教育过程的中心地位，尊重个体在生命不同阶段的不同学习方法，以及不同个体间世界观的差异和表达思想的差异。合作主要通过研讨会、项目和暑期讲习班等形式开展。近年来，Project Zero 将研究领域从艺术扩展到所有学科领域的教育，不仅关注个体学习，也关注学校和其他教育团体和文化组织。例如，"全球化、数码革命和大脑/思维研究等势力如何重塑学习的本质和教学实践?"大多数研究项目都是由美国及其他国家的中小学、高校、博物馆等机构合作完成，参与的教师达数千人。各项研究也加强了全世界的联络："可视思维（Visible Thinking)"联结了格拉斯哥和非洲马拉维的教育工作者；"Studio Habits of Mind"促成了奥克兰和印度班加罗尔的远程合作学习。

最初，Project Zero 是以艺术为基础，但是远远超出了艺术学科本身。例如，"思维"和许多主题紧密联系，但是 Project Zero 选择了艺术作为思维的起点，从两个方面入手：艺术如何让我们思考？艺术让我们思考什么？就前者而言，先回顾当我们教"思维"时脑海中出现了什么？我们希望学生学会提出有思想深度的问题，精心地进行解释，开拓新观点，发现他们所研究问题的复杂度和多维度，寻找值得研究的难题，等等。当人们注视着艺术作品时，这些思维的形式自然而然地就出现了。艺术作品承载着意义，艺术作品是具有隐喻性的，通常是多层面且含混的。这些作品都表现了艺术家的意图和非意图，浓缩了很多意义与目的。通常，艺术作品的创作意在吸引人们的注意。简言之，艺术的复杂性和吸引力教会我们思考：它们很自然地激发并鼓励深层的拓展思考。因此，艺术作品用独特的方式提出问题、唤起对各种关联的关注。当学生开始直接深入地思考一项艺术作品时，艺术性思维有助于在任何学科间建立联系，促使他们学会创造性地提问，多元化地观察，多层次地探索并寻找人与人之间的联系。

近年来，Project Zero 已经将研究领域扩展到了社会、教育发展的很多方面。他们认为，许多问题是不可能在一个学科内得到解决的，知识产出的决定性转移是 21 世纪转向的特征。例如，医生、工程师、计算机科学家和分子生物学家通过协作研制出了伤害度最低的手术设备，在医药护理方面实现了一次飞跃。再如贫穷这样紧迫的社会问题，向科学家、历史学家、心理学家和艺术家提出挑战，需要他们以超越学科界限的眼光，通过合作寻求解决问题的措施。学科间互相理解（也就是说，将两个或者两个以上学科的知识融合在一起，以创造新产品，解决问题，或是进行诠释）是当代发现并解决问题的一个特色，也是当今教育的一个主要目标。

在前期研究和评估框架的基础上，Project Zero 与美国先进科学委员会合作，联合了科学界最主要的政策制定人员、管理人员、研究人员和学科间研究项目的基金资助方，共同对学科间合作的创新性进行检验和评估。这些学科间的研究项目检测了研究人员、学院教职工、中学教师，以及不同教育研究领域的学生间进行跨学科合作时所经历的挑战和机遇。他们完成了九项声誉较好的合作项目来揭示成功背后的社会、认知与制度的动态发展。他们从访谈中发现，专家们在学科间的交换过程中，情感和个性居于中心地位，于是他们进一步创设了全新的整体框架来检测成功的学科间合作：“社会—情感—认知”分享平台。他们与师生的访谈揭示了：超越学科界限进行教学的目的，学科与学科间教育的压力和持续性，一些常见的误解。

Project Zero 曾经用两年时间，与 12 位教师合作，复制“Teaching for Understanding”项目来构建超越学科界限的教学与理解，评估学生的成果，支持专业化发展，最终成功地将超学科理解的一些教育因素予以定型。目前，他们开始关注全球意识，探索如何在具有全球/本土意义的事件方面从事超越学科界限的研究，让学生感受全球发展，促使他们具备学科间的深度理解能力，同时使他们在全球与本土的角色转换中感受自我。

Project Zero 有一个与上述苏黎世联邦理工学院（ETH）类似的实验室，即学习创新实验室（Learning Innovations Laboratory，LILA）。该机构有 25 至 30 位在各自领域具有领袖地位的研究人员和从业人员。在一年的合作中，他们一起探讨问题，互相贡献计划，并且构思最佳操作方案。他们通过探究公众面临的人类变化和创新来进行深层调查，进而推动自身的思维和实践。

自从 1999 年以来，LILA 一直致力于对学习机构进行研究，而其本身也成为学习机构的一个典范。LILA 定期举办社群会议，设计并完善集体学习方法，制作研究简报，撰写研究论文，主持研究项目，等等。通常，会议的形式为两天的“实验室”。在会议期间，研究人员和主要的从业人员按照预先选定的话题进行刺激性陈述，随后，所有的参加人员将讨论这些新的成果如何应对他们在学习和创新时面临的挑战，团队成员会在安全而保密的环境中畅所欲言。

作为一个实践性的学习社群，团队本身就是一个在改革进程中学习的典范，具备一整套标准、惯例和激励成员自身学习的机构。最近一批 LILA 的成员包括：3M 公司（明尼苏达矿物及制造业公司），ConAgra（美国最大食品制造商），Covidien（柯惠医疗设备公司），EMC（美国电器公司），Federal Reserve Bank（美国联邦储蓄银行），FedEx Ground（联邦快递地面服务），Gannett（今日美国的网站），GE（美国通用电气公司），Humana（德国乳品集团），IDEO（商业创新咨询机构），Lockheed Marin（世界著名武器供应商），McKinsey（麦肯锡策略咨询公司），Novartis（诺华制药），Qualcomm（美国高通无线电通信技术研发公司），Sun Microsystems（IT 及互联网技术服务公司），Unicredit（意大利裕信银行），U. S. Army（美国陆军），Whirlpool（惠而浦电器商）。目前正在进行的研究主题包括：未来在组织机构中的学习；跨行协作学习；在非确定和复杂条件下的学习；决策动态；创造美好生活：工作中最佳经验对个人、机构和社会的寓意；超越“人才之战”：当代劳动力之争；在不确定的世界中培养领导能力；在机构中引领终身学习。从上述成员结构和研究话题来看，这些项目都围绕着某一个大主题，世界著名的多个行业成员从各自的视角出发，贡献自己的设想，共同解决问题。

按照 Project Zero 的理念，处理世界上许多棘手的问题都需要具备较高的理解能力，需要对一些复杂的因果关系进行推理。例如，要理解全球变暖就需要对一些不外显的原因进行推理，如空间间隙、时间迟滞、循环因果，以及当某些行为的介质和意图与另一些突发结果处于不同层面时进行调配的因果关系。在过去十年中，越来越多的研究致力于儿童如何推论因果关系的本质，结果表明：儿童有能力理解复杂的因果关系，但是不相称的是，学生在学习科学时的困难却在于他们如何对复杂的因果关系进行推理。不论是“日常科学”，还是复杂的科学，理解因果关系的本质对于学生理解一系列科学理念有至关重要的作用。

自 1998 年以来，Project Zero 的“理解因果关系”项目一直都在研究学生对因果关系的思考，例如让他们回答下列问题：“我的行为如何影响地球另一端的人们？当我在接近一个病人时，为什么有时候我会生病，但是有时候却不会？为什么有些人不相信气候正在发生变化？”这些问题都要求对可能的因果形式进行推理，而且这些推理必然跨越不同的时间和空间距离。早期的研究结果表明，学生对于因果关系的本质都有一些默认的假设，例如，原因和结果之间是单纯线性的先后关系，原因通常在空间和时间上接近其结果，原因往往是显性的，等等。这些假设其实阻碍了科学的学习。

项目组与哈佛 Smithsonian 天体物理学中心的一个科技媒体小组合作，建设一个互动的多媒体职业发展网站，主要是指导中学的物理和生物教师评估学生科学解释的结构，协助他们使用现有的课程并开发新课程，调整学生的理解以适应那些在科学意义上被接受的解释。采用的形式包括：课堂纪录片的胶片；对教师们的访谈，了解他们在引介新课程时遇到的挑战和阻碍，他们如何克服这些困难，他们使用这些新材料时获益如何，等等。来自学生的评论涉及的范围很广，例如，学生对于一些隐含在科学理念中因果关系的最初想法；学生的书面作品和日志样本等。

Project Zero 还有一些合作项目辅助中学生对环境科学中的复杂因果关系进行推理，鉴于目前生态系统问题的某些空间和现实本质，在课堂中探讨生态系统理念是一种挑战。

（四）浙江大学外国语学院的超学科、研究型外语教育课程体系实验

早在21世纪初，浙江大学外语学院（以下简称浙大外院）曾经在课程改革中尝试实践了超学科、融合式的课程理念。课程采用超学科视角，重构外语教育的专业方向，在文学、语言、教育、哲学、社会、政治、经济等领域创建跨学科、有多元文化内涵和国际视野的专业特色。吴宗杰、殷企平（2006：1—23）详细描述了这一本科课程体系的构建。

1. 课程整合

首先，浙大外院调整了本科生的培养目标：

> 本专业为国家培养具有国际视野、交叉专业背景、有未来领导者发展潜质和优秀人文素养的复合型外语人才，能在文化教育、大众传媒、对外交流、经济贸易、科技军事、公共事业、政府机关等部门从事具体事务、管理和研究等工作。

为此，学院对课程进行多种形式的整合。教师依据对自己学科的理解，部分仍保留学科之间的界线，但力求加强学科之间的联系，有些则希望打破原有学科的界线。从整体上来说，就是逐渐朝着超学科的方向演变，由此确立新的学科定位，概括如下：

（1）将不同学科，尤其是社会科学和人文科学的各个分支学科集中于一体；

（2）这一集中不是简单的学科组合和交叉，而是学科融合，使各学科的界线逐渐淡化；

（3）形成独特的、带有外语学院自身特色的新学科，这一学科的特色体现为以下3点：

a. 语言作为学科融合的媒介；

b. 东西方文化视角；

c. 研究问题作为学科融合的支点，通过学生关注的生活与社会话题组织课程。

超学科课程的一个重要契机是课程整合。不是把不同的学科放在一起教学，而是要以学生关注的社会问题作为课程的组织机制，通过学生对问题的研究，使课程进入不同的学科，但又不离开学生的专业视野。

2. *以课程模块为形式的课程体系*

浙大外院将本科教学的目标定位在培养具有跨学科人文素质和跨文化交际能力的综合型高级人才。学生在具备综合运用外语语言能力的基础之上，全面发展与语言有关的社会文化、政治经济、哲学艺术、新闻教育等领域的知识、素质和研究能力。由此，浙大外院以课程模块的方式来建构课程体系。

具体来说，该课程建设中不提出具体的内容，而是设定一个能够协调各种学术资源的课程框架。这一框架是以学科群为核心、以教师群体发展为契机的课程模块。每一个课程模块代表一定的学术导向和领域，并根据专业方案设计的需要和谐地嵌入学院的整体课程安排之中。这些模块包括：文学模块、语言学模块、外语教学模块、文化学模块、翻译模块、经济与管理模块以及各学科群共享的英语语言技能模块。这些模块是学科建设的产物，由不同模块的课程组合而成不同专业方案。以文化学模块为例：

表 1－11　文化学模块课程资源（吴宗杰、殷企平，2006：10—11）

课程名称	开课时间	学分	课型	备注
文化话语学研究	2	2	导入课（必修）	该课程设计需认证。可以两位老师一起开
文化学与当代中国	3	2	定位课程（必修）	社会语言学与批判话语分析
东西方语言哲学	3	2	定位课程（必修）	面向人文学科的大类课程
跨文化交际	2	2	定位课程	面向学校的通识课
中国文化与东西方交流	3	2	高级研究选修课	
媒体与文化研究	4	2	高级研究选修课	
交际与组织	4	2	高级研究选修课	
社会科学与文化权势	4	2	高级研究选修课	
批判教育学	4	2	高级研究选修课	
大众传播与国际政治经济	4	2	高级研究选修课	
批判话语学	4	2	高级研究选修课	
中国文明	3	2	跨学科课程	其他学院提供的通识课或大类课
社会学或政治学	2	2	跨学科课程	其他学院提供的通识课或大类课
话语学发展趋势	2	1	高级讲座	面向全院学生，由学科带头人主讲，人数不限，无作业

这一课程模块主要由 4 类课程构成：

（1）代表该领域基本内容的导论课；

（2）确立该领域专业方向的核心课（定位课）；

（3）反映该领域教师研究兴趣的选修课；

（4）由学科群推荐的，反映本模块需要的由其他学院开设的大类和通识课程。

模块课程的具体操作如下：先由教师提出课程，再由研究所根据学术发展导向和学生需要集体论证后，报学院统一安排。各学科群大胆提出超出传统领域的新课程，各研究所提供专业模块方向描述，告知学生这一方向的培养目标、学习内容、课程特色和就业导向。

3. 课程进阶机制

吴宗杰、殷企平（2006）认为，学生四年的学习不仅是逐步积累知识的过程，而且是在研究能力、专业定位和思维发展上逐步深入和调整的过程。每门课的名称表达了明确的知识范围，而学生的研究深度就由课程类型反映出来。浙大外院当时的课程分为 6 种类型：

跨学院课程　是以学校通识课程和大类课程构成，反映学校跨学科和超学科的课程设置思想，是学校在本科教学中为培养“宽”、“专”、“交”复合型人才而做出的安排，学校对此类课程有学分比例要求。虽然这是选修课，并且由其他学院开设，但是要纳入外语学院整体课程结构中，并与学院自己的课程展开对话。因此这类课并不是任由学生盲目自选，而是要纳入专业模块方向设计并加以引导。每一专业培养方案的设计都需要其他学院的课程作补充，比如社会文化方向需要新闻学、社会学等学科课程的支持，文学需要中文系的支持。有些专业这类课程占相当大的比例，如经贸专业。

方向性导入必修课　为所有学生的必修课，目的是让学生对各个课程的方向有大致的了解，为学习整合型课程打下基础。每个研究领域只有一门导入课，放在一、二年级，为学生的个性化专业定位提供窗口。从学科群的角度来看，它还有吸引学生今后到该领域来选课的作用。此类课程在必要时可以由两位教师主讲，其教学方法为讲座和讨论交叉进行。一般情况是每次讲座后，配合组织 15—20 人规模的讨论会，由学生主导，可以隔周进行。

专业核心课程　在三年级开设，是为学生建立专业方向的课程。通常会侧重于某一领域，如文学、语言学。但为了某一方向发展的需要，也会在其他模块里组合一些课，比如文学需要语言学的课程来配合。某方向专业核心课程对那些把自己定位在该方向的学生而言是必修课，但对其他学生则是选修课，比如语言学方向的学生可以把翻译理论当作选修课，而这门课对文学方向的学生来说则可能是必修课。专业核心课程的教学方法与导入课接近，但更突出讨论和研究作业。

高级研究专题选修课　是一种超学科的研究型课程，反映教师和学生的研究兴趣，是让学生在自己选定的领域里深入发展的重要课程。学生带着研究问题选课，并在学习过程中发展超学科的研究能力和基本素质。学生的选课紧密结合自己的毕业论文选题。学生可能会在不同领域同时选修多门高级研究型课程，其目的是拓展多学科的研究视角。高级选修课每学年更新一次，及时反映教师的研究成果和学科发展动态。这类课程开设与否由选修该课的学生人数来决定，以小班和讨论型授课方式为主。

高级讲座　是学科带头人面向全体学生开设的讲座。这些讲座应反映该领域学科研究的前沿，并且是本院研究的重要方向，通常由学科带头人讲授。高级讲座人数不限制，无作业，不考试，学分也有限。

语言技能训练课 目的是训练语言技能，在一、二年级开设。不把语言课看作专业方向，而看作把学生带入研究和专业兴趣的途径。语言技能训练课也反映从语言到思想，从知识到研究过渡的特点。每一个系列的单项技能（听、说、读、写）训练课都必须过渡到一种综合式的研究型课程。所谓综合式就是把四项语言技能与专业知识和研究整合在一起。比如一、二年级英语专业听力课的研究进阶为：基础听力→电影、戏剧欣赏→媒体英语→西方媒体研究。这样，四项语言技能课被分为四个系列，每一系列都从传统的相互分割走向相互融合，从一开始的单纯语言训练逐步发展到与专业知识（如文化、媒体、艺术、商贸等）和研究的综合训练。在教学方法上，从单一的语言操练转变到通过研究问题持续推动进一步的语言学习，例如听力系列就是从单纯有声材料过渡到活的媒体，再到电影等艺术欣赏，直至最后发展为能对英语媒体进行研究。整个过程虽然始终没有离开听力训练，但学生的兴趣则逐步从语言进入思想和研究，而且最后让听、说、读、写都融合在一起。这样每个系列课程都同时投射 3 个目标的逐渐融合：语言、专业知识和研究活动。

学生在 4 年学习中有以下侧重：一、二年级以语言基础课程为主，并将语言学习推向研究型方向，同时学习专业方向导入课。在此阶段，学生通过通识课和大类课不断拓宽自己的专业视野，为三、四年级的专业化方向发展打下基础。三年级在自己选择的专业领域里有系统地学习理论与研究方法，培养学术兴趣，这是整体素质的全面深化。四年级学习高级研究课程，主要通过反映自己学术兴趣的研究项目来推动学习，在研究过程中实现超学科的创新与学术能力培养。

4. 学生个性化学习方案与研究型学科群

以模块方式推出课程体系在某种意义上就取消了传统的以系为单位的学科定向，学生就面临专业设计的问题。学生在入学后很长的一段时间内应仔细研究各个专业方向课程的价值，注意发展自己的专业兴趣，设计好课程学习计划。而整个教学计划所提供的空间和自由度恰恰是能帮助学生理解课程和自己未来发展的一种手段。学院在学生入学时便提供学生专业设计表、课程指导和论文指导手册。学生在三年级期末上交学院，最后确立自己的专业方向。

各个课程模块的建设依靠的是在一定程度上具有共同的学术方向和自由组合、相互合作的教师群。教师在现有专业领域和传统课程的基础上，逐渐调整并构建选修课。例如："报刊选读"逐渐朝"英语新闻分析与写作"过渡，并在适当的时候开设学术性更强的课程——"西方媒体研究"；"泛读"向"社会话题研究（西方社会问题研究）"过渡；"高级视听"向"电视媒体分析"过渡。这类课程转型后并不是成为纯粹的理论课，而是在一定理论指导下的语言分析和研究课。

第二章

全英语教学模式（EMI）研究概述

本研究中的“英语教学模式”将涉及两个关键词：“双语教学”（Bilingual Education）和“全英语教学”（English Medium Instruction，EMI）。从使用的普及程度来看，大多数学者以“双语教学”一词为主，用以涵盖中英两种语言授课以及全英语授课（如胡壮麟，2004；韩建侠、俞理明，2007；等）。“EMI”一词在国内多用于特指给留学生开设的课程，部分海外学者，如新加坡南洋理工大学 Hu（2009：115）则将中国当前的双语教学称为 EMI。《双语教学示范课程建设项目评审指标体系》中，双语教学是指“将母语外的另一种外国语言直接应用于非语言类课程教学，并使外语与学科知识同步获取的一种教学模式”。而《朗曼应用语言学词典》（1986 年）是这样定义的：“the use of foreign language in school for teaching of content subjects”，即“在学科教学中使用外语作为教学语言”。由此可知，中国实行的双语教学与国际普遍接受的内涵还有一定的差别，前者更加注重外语的应用与学科知识的获取同步协调，侧重于两者的共同学习。

本书为了避免在陈述过程中产生概念混淆，将 EMI 视为教学中使用英语比率最高的一种教学模式，与非全英语模式的双语教学进行区分。在文献综述中，为尊重原文，仍使用他们原来的措辞。

一　各国的 EMI 实践

从 20 世纪 90 年代开始，全球重新掀起了教学媒介语言政策研究的热潮，因为教学媒介语言不仅影响了师生的校园学习与生活，也同样在社会经济等多方面产生了一些争议性的影响。特别是一些多语种国家更重视教学媒介语言变化的得失。

世界语言的多样性决定了不同的语言价值观，美国语言学者瑞兹曾经总结了三种不同的语言观（何家蓉、李桂山，2010）：“作为问题的语言”观，即将语言多样性归结为引发各种不同社会问题的根源。持这种语言观的主要是保守的新闻工作者、政客、联邦政府官员、英语主流群体、学校行政管理者等。他们排斥并歧视少数语种，反对多元文化，在他们看来，少数语种是贫乏而落后的，语言多样性会减少社会凝聚力，增强不同族群之间的敌对和冲突。因此，在外语教学方面，他们提倡培养少数语种的学生英语母语的能力。“作为权利的语言”观，即认为语言权是公民权利的基本体现。语言权利是指任何语言都有不受歧视的权利以及任何民族都享有在社会生活中使用自己语言的权利。持这种语言观的主要包括语言学家、公民权利运动的倡导者、少数民族语言群体、有识之士、专业教育工作者、教师和学生等。他们在外语教学理念上，保护英语以外的语言。“作为资源的语言”观，即认为语言是一个人或国家的资源。他们认为，少数语种是社会和文化的资源，是经济建设的潜在生产力，为了经济、商业和政治利益以及文化、精神、教育的发展，他们强调保存和发展少数语种的社会价值。“英语 + 母语”计划正是基于这种观点，例如 1985 年，西班牙裔美国人反语言歧视联盟组织提出了“英语 + 母语”计划，旨在让学习者掌握多种语言，更有利于经济的发展。

（一）全球推进 EMI 模式

语言学家们在 20 世纪有一项重要的探究，他们揭示了人脑的超常语言能力。研究发现双语和多语现象是人类的正常状态，世界上约半数甚至 2/3 的人具有双语能力。从语言学习的视角来分析，研究证明，双语儿童在认知能力和策略各方面均比单语同龄人强（Bialystok 等，2005，2009，2012），例如在学习注意力调配（selective attention）、跨语言意识（metal-inguistic awareness）、有意识的专注（inhibitory control）和执行控制（executive control）等方面，双语学生均占明显优势，而这些方面的能力都有助于学习和专业知识成长。最新的大脑神经学研究显示，婴儿出世时，大脑还只是半成品，其成长完善过程是在出生后的十几到二十年中完成（Doidge，2007），而且大脑神经结构最终的组成与环境和学刺激相关（LeDoux，2003；Kandel，2007），而学习双语对大脑神经系统有明显的益处。

课堂中已越来越普遍地采用以内容为基础的语言教学模式（Content –

Based Language Teaching，CBLT）。这种模式的理论来源是Krashen（1983，2008）的“自然教学法”（Natural Approach），就是把语言教学和学科内容学习相结合，使得学生在学习学科内容的同时也习得了语言。Krashen一直认为，学习（learning）和习得（acquiring）是不同的，他认为语言学习的最佳方法是让学生在不知不觉中“习得”。因此，“自然方法论”就是把语言学习置于“自然环境”中，比如在学校学习科目就是语言教学的最佳办法。以内容为基础的语言教学模式已广泛地被美国大学院校（特别是在以英语为二外的课程中）所采纳。Crandall（1987/1995）的《以学科为内容的二语教学理论与实践》一直是CBLT的指导性文件。研究表明，这种模式能促进学生的认知、语言习得能力和学术成就（Krueger和Ryan，1993；Kasper，1994；Grabe和Stoller，1997；Stryker和Leaver，1997）；提高学生听说读写的语言技能（Ready和Wesche，1992；Burger和Chretien，2001）；促使他们更好地掌握学科内容（Andrade和Makaafi，2001；Babbitt，2001；Winter，2004）。

欧洲的相关研究主要通过一些大规模、全方位的调查来描绘欧洲大陆EMI课程的实施状况（Maiworm和Wächter，2002；Wächter和Maiworm，2008）。根据他们的研究，EMI课程主要适用于那些本国语在国际上接受程度不高的国家，如荷兰、德国、芬兰和瑞典等。2007年，欧洲EMI课程的数量是2001年的3倍多，亚洲地区也相继出现了EMI课程。Tsuneyoshi（2005）和Jiang（2010）的研究表明，亚洲地区开设EMI课程的背景与欧洲稍有不同：首先是在南亚的印度、马来西亚、新加坡等曾经是英属殖民地的地方，开设EMI课程非常普遍；其次是在东亚的中国、韩国和日本，开设EMI课程作为应对国际化的有效策略而逐渐普及化。

在韩国，政府大力推进EMI模式，将英语融入高校的教学，形成一种“英语化”（Englishization）的教学与科研氛围。高校在招聘教师时，把应聘者的英语能力作为相当重要的标准之一。EMI课程的数量迅速增加，参与EMI课程的国际师资、国际学生的数量也迅速增长。有些高校还将一定数量的EMI课程作为学生获得毕业资格的必修课程之一。Byun等（2010）认为，在过去的十年之中，韩国高校最具有深远教育意义的就是使用全英语作为授课媒介。再以荷兰为例，荷兰制定了以学校外语教育为基础、以职业应用为导向的全国性外语学习制度，这在欧洲也很普遍。大部分欧洲国家为各行各业的工人开设了公办性质或者私有性质的语言培训机构。

Lewis（1972）深入分析了苏联的语言政策，以及这些政策对教育的影响。他对中亚地区的调查主要关注中学范围的语言政策及执行，包括：单一教学用语的本国学校；混合教学用语的学校（老师会用学生的母语对目的语进行解释）；平行教学用语的学校（两个或两个以上的单一教学用语学校建在一起）。在中亚地区的国际学校，通常会采用双语甚至三语教学，例如，塔吉克斯坦的 Aga Khan Lycee 学校就同时使用英语、塔吉克语和俄语。一些土耳其双语项目会使用全英语教授科学，使用土耳其语教授人文课程，同时开设土库曼语和俄语课程；而一些三语项目就会用土库曼语教授本土历史地理课程，用土耳其语教授其他人文课程，用全英语教授科学。Demir 等（2000）的研究表明，土耳其双语学校的表现要优于政府举办的单一语言学校。

（二）各国 EMI 探索中出现的问题

即使很多研究承认 EMI 授课的优势，可是他们同时也指出，所有 EMI 的优点并不是百分之百可以确保实现的，至少在某些国家和/或某些院校中是有例外的。

1. 欧洲的 EMI 模式探索

在欧洲，一些非英语母语国家的教师用 EMI 模式授课时，教师和学生间的互动与熟悉程度减少了（Airey 和 Linder，2006，2007）；学生和教师的工作量增加了（Prophet 和 Dow，1994；Sercu，2004）；教师授课时的临场发挥能力降低了，教师传授学科内容的清晰度和精确度降低了（Olsen 和 Huckin，1990；Vinke 等，1998）。Sert（2008）在三所土耳其大学进行 EMI 有效度的考察后指出，EMI 对于语言技能的发展有效，但是对于学术知识的习得却不能胜任，其有效度不高。Smith（2004）甚至坚称，虽然 EMI 模式利大于弊，但确实存在母语的损耗和母族文化特性的遗失。Vinke（1995）在荷兰 Delft 大学工程学院进行调研后指出，当教师用非母语进行授课时，能讲完的教学材料要比那些用母语授课的教师少。Klaassen 和 Graaff（2001）认为，教师存在发音、方言音、流利度、声调的问题，并且有非语言行为方面的缺失。同时，教师在思考措辞时影响了教学技能的发挥，在传递教学材料内容时的灵活性降低了，这样就导致了较长时间的独白，损失了和学生间的和谐关系，损失了一些幽默和互动。而从学生方面来说，用非母语授课时，他们也需要更长时间的关注，而他们的语言水平和关注时长通常无法契合这些课程的较高要求。Ferris（1998）认为，要使非母语的学生学好所教授的内容，教师必须具备有效的授课行为技巧，以及二语习得的一些基本知识和跨文化交际的能力。

虽然 EMI 模式已经被证实存在上述问题，但是在欧洲的众多大学中，并没有因教师或者学生的语言能力跟不上而放弃实施 EMI 模式，他们为部分教师和学生提供了合适的外语课程以提高他们的外语水平。Erling & Hilgendorf（2006）研究了 EMI 对一所德国大学（The Freie Universitat Berlin，FUB）的影响。在 FUB，EMI 实施过程中最主要的问题有两点：学生和部分教师的语言技能不足；缺少适合的外语培训。而这两个问题的根本原因应归咎于德国大学紧张的财政预算。

2. 韩国与日本的 EMI 模式探索

作为亚洲的重要国家——韩国和日本，他们都是国际留学生的输出大国，外语是了解外国文化的媒介，也是进行国际交流的基本要素。国际教育协会（Institute of International Education，IIE，成立于 1919 年）① 的数据表明，2009 年，韩国和日本向美国输出留学生数量分别排名第三和第五。但是，韩国接收国际留学生的数量在发达国家中排名最后，赴日本留学的国际学生数量也是近几年才开始逐步增长的。这两个东亚国家也在大力建设全英语课程以迎接全球国际化的趋势。

在韩国，一方面，政府鼓励大学引进国际师资，另一方面，很多高校规定新聘任的教师必须有能力用英语教学。由于 EMI 课程是评估高校国际化的一项指标，各高校也采取措施增加 EMI 课程，例如高丽大学（Korea University）在 2008 年就规定本科生必须修满 5 门 EMI 课程才可以毕业，到 2011 年时，每个专业都有韩语和英语授课，但是不同学科的英语使用比例不同。

韩国的实证研究较少，但是也发现了与欧洲类似的缺憾，例如，教师和学生在 EMI 课堂中几乎没有互动，学生也没有从教师那里得到任何关于英语使用方面的反馈（Kang 和 Park，2004；Kang 等，2007）。Jon 和 Kim（2011）对韩国和日本的 EMI 课程现状进行了调研。韩国 23 所大学的教职工和首尔一家私立大学暑期班的韩国学生接受了访谈。参与访谈的

① Institute of International Education，http：//opendoors. iienetwork. org.

教职工包括教务管理人员和学院的教师，而暑期班是全程英语授课，为期六周，大多数教师为全球聘用。访谈发现，其中最大的问题是缺少有能力进行英语授课的教师，韩国很多大学现在只聘用那些有能力用英语授课的教师。受访的学生意见也很尖锐，有些学生认为他们没有得到优秀的成绩，仅仅因为别人的英语水平比他们高；还有些学生认为，一些老一辈的教师根本没有能力用英语授课，即使是在美国拿到学位也不一定会用英语讲授学校的课程。

诚然，韩国高校学生的总体英语水平提高了，但是专业术语、抽象概念和学术理论等对英语的要求更高，而学生在大学期间的 GPA（Grade Point Avage）又和他们日后的深造与就业密切相关，所以他们会去选择一些学术挑战较小的课程。有学生表示：“如果让我去选修 EMI 课程，我想我根本不会去。我如果听不懂，是不可能取得进步的。别人也告诉我，要是想多学点专业知识，还是去选修韩语开设的课程吧。”而 EMI 课程的教师们通常最终采用英语和韩语混合授课的方式以便学生理解学科内容。高校方面认为，开设 EMI 课程有助于吸引国际留学生，增加他们来韩国高校的可选择性，也有利于韩国学生更多接触不同的学习资料，有助于学生与不同国家的学生一起上课，感受不同的文化氛围。

从师资方面分析，韩国国内的教师对 EMI 授课有争论，例如，开设 EMI 课程是否应该提高收入。某高校教学管理人员也对那些反对开设 EMI 课程的教师提出了批评：“我们希望有更多的老师来开设 EMI 课程，因此对开设这些课程的教师有经济上的鼓励措施。最初，老师们不愿意开课，逐渐地，终于有些老师接下任务开设了 EMI 课程，又有老师说这样的经济鼓励措施不公平。”（Jon 和 Kim，2011：157）在传统的韩国教育界，同一层次并具有相似经历的教师没有经济待遇方面的区分，为 EMI 教师提供经济上的补助似乎对这样的传统提出了挑战。更为严重的是，有些教师提出质疑，用经济补助来鼓励开设 EMI 课程与韩国高校的组织与管理文化相违背，一位老教授说：“如果给 EMI 课程的老师提供经济上的补助，就侮辱了教育工作者，就好像是用金钱购买这些教师的权威与权利。”（Jon 和 Kim，2011：157）

从整个调查来看，也有很多学生在选修了 EMI 课程之后持支持的态度，例如，有位学生提到，在她的学科领域，EMI 课程会涉及很多专业术语，但是她认为她能很好地应对这些课程。另一位学生提到一门由韩国教师开设的关于原子能的EMI课程，他认为自己很幸运可以接触到“国际级”的学习材料，了解了很多即便是通过各种媒介都很难了解的内容。他说这位韩国教授上课能将韩国以外的案例很好地融入课程，让他的视野更广。还有很多学生开始意识到自己在英语方面的不足，他们开始注重将英语作为一种有用的工具，而不仅仅是一门必修的课程。

对日本EMI课程的调研数据主要来自研究性论文，特别是那些关注日本高等教育国际化和EMI授课的学术论文，论文的作者既包括日本本土学者也包括国际师资。Tsuneyoshi（2005）的数据表明，她所在学校的EMI课程和短期国外学习项目中有50%的学生来自亚洲，另外50%来自西方国家。她认为，这些短期课程可能会吸引更多的国际留学生，也吸引那些无法长期离开工作地的学习者。她在研究中也发现，亚洲学生与欧洲学生对EMI课程中的教与学风格并不相同，亚洲学生认为这些课程是基于课堂讨论的，而来自欧洲国家和英语国家的学生却认为这些课程的讨论不够，或认为这些课程缺少美式风格的综合性教学大纲。

日本学生认为他们从紧张的入学考试中拼杀出来，希望在高校能经历一些社会性的生活，而不是继续像中学那么紧张的学习生活，而学校也有责任为他们提供帮助，让他们逐渐适应EMI课程。日本高校聘用有能力用英语授课的教师同样困难重重，大多数高校缺少国际教育专家协助实施国际化的教学策略。日本东京大学在EMI实施过程中也有类似的问题：（1）很难找到既具备语言能力又愿意进行EMI授课的教师；（2）缺乏EMI教师的奖励机制；（3）在学生的复杂国际背景情况下，授课中很难统一学生的不同需求；（4）很难找到协助开设EMI课程的行政助理（Tsuneyoshi，2005）。

二　我国高校EMI模式的动因概述

随着世界格局的不断变化，创新型、实用型、复合型人才必须具有世界眼光、了解国际经济、了解国际社会，并能随时把握各学科的最新动态。《国家中长期教育改革和发展规划纲要（2010—2020）》（以下简称《规划纲要（2010—2020）》对国际化人才提出了要求：适应国家经济社会对外开放的要求，培养大批具有国际视野、通晓国际规则、能够参与国际事务与国际竞争的人才。因此，高校毕业生的语言能力和专业能力将是他们竞争力的表现，如何有效地将语言学习融入专业学习成为高校教学改革的热点话题之一。但是从目前培养的人才来看，很多学生知识领域狭窄，缺乏分析、综合、判断、推理、思考、辨析能力，即“思辨缺席”。黄源深（2009）指出，培养创新型人才是我国教育的首要任务。《中华人民共和国高等教育法》总则中规定：“高等教育的任务是培养具有创新精神和实践能力的高级专门人才。”胡锦涛在中国科学院第十三次院士大会和中国工程院院士大会上强调“要把培养造就创新科技人才作为建设新型国家的战略举措”，而且“首先要从教育这个源头抓起，努力建设有利于创新型科技人才生成的教育培养体系”①。

EMI 课程就是定位在为中国高等教育国际化服务上面，帮助学生适应全英语授课、英语学术交流的需要；为学生学好专业、参与国际事务与国际竞争服务。

（一）语言与科学

在当前全球化的世界，语言就是权力，外语是学习科学的媒介，如果我们掌握外语的人才和机构参与的国际交流越多，我们就能有越多的途径获益。换一个角度来说，科学——人类最伟大的“知识之塔”——可以成为全人类共同的语言。

《规划纲要（2010—2020）》指出：“微观与宏观的统一，还原论与整体论的结合，多学科的相互交叉，数学等基础科学向各领域的渗透，先进技术和手段的运用，是当代科学发展前沿的主要特征，孕育着科学上的重大突破，使人类对客观世界的认识不断地超越和深化”；“基础学科之间、基础学科与应用学科、科学与技术、自然科学与人文社会科学的交叉与融合，往往导致重大科学发现和新兴学科的产生，是科学研究中最活跃的部分之一，要给予高度关注和重点部署”。因此，我们有必要关注语言与科学的关系。早在《圣经·旧约·创世纪》第十一章的故事里，人类就梦想建造一座通往天堂的巴别塔，但是上帝为了阻止人类的计划，让人类说不同的语言，使人类相互之间不能沟通，该计划因此失败。如果是现在，我们给这个故事加上新的章节，会有什么样的情节呢？我们的目的地也许不仅是天堂，还有更遥远的银河系，也可以是细微的原子内部。答案可以

① 新华社北京 2006 年 6 月 5 日电。

很顺利地从科学中找到，所以我们说科学就是全人类共用的语言。今天，全世界有超过120个国家的20亿人口会说英语或至少懂一点英语。在自然科学界、医药领域和工程界的大部分领域，英语是国际交流中占绝对优势的语言。到20世纪末的时候，当人们的预期受众为国际社群时，不论是纸质还是网上资料，不论是正式还是非正式场合，几乎所有的文字材料都使用了英语。在国际会议、研讨会、座谈会、讲座、工作坊、访谈等场合也都使用英语。主要研究机构、社会组织的网站都使用英语，与此同时，多种重要的数据库资料、搜索的关键词等也转而使用英语。

Montgomery 曾经访谈了150多位在美国和加拿大求学的研究生与博士后，还有50多位在公司部门的研究人员。超过90%的被访者将“提高英语技能”或“用英语发表论文”作为他们的主要学术目标（2013：6）。

杭州师范大学的钱教授在美国高校任教数十年，在很多学校开过文化类的课程，另外还开设了 Asian Literature 课程，选修的学生中占很大比例的是非英语专业的学生，而且到学期结束时，学得最好、收获最大的通常不是英语专业的学生，这在美国和中国都是类似的情形。他是这样总结的：

首先，很多理科学生会有志于今后出国继续学习相关专业，很大的可能性是用英语作为授课语言，那么他们先要适应英语教学。钱老师会照顾到学生的英语水平，放慢讲话的速度，提高清晰度，如果学生听不懂钱老师的 EMI 课程，那到了国外显然更难适应。

其次，中国人在科学领域表现出色，但是没有人获得诺贝尔奖。

最后，为什么非英语专业的很多理科生最后学得非常出色？因为在他看来，国内非常优秀的理科学生去了清华、北大或者复旦、浙大，这些学生并不是因为英语水平差而没有选择英语专业，而是各科成绩都非常优异，所以他们的思辨能力也表现得非常突出。

笔者旁听了钱老师的课，数学专业的某女生就对中国古代的历史文化非常熟悉，熟知西方哲学家的代表理论。又如，当很多文科生，甚至英语专业的学生一片沉默，不知道“隐喻”一词该如何用英语来表达时，一位化学专业的学生出乎意料地正确说出了“metaphor”。

钱教授的第一点总结始终是他此后授课的标准，他经常切换用词的难度和陈述的语速，让学生们既能听懂，又能增加一些原先不知道的词汇。

关于第二点，他提到了科学领域学生的外语能力。中国人参加各类奥林匹克竞赛成绩卓著。例如，中国从1985年参加国际奥林匹克数学竞赛（始创于1959年），到2011年第52届国际奥林匹克数学竞赛时，累计获得17次总分冠军（同一历史时间段中，即1985年到2010年间，罗马尼亚为3次，苏联3次，俄罗斯2次，美国2次）。2010年，参加竞赛的1200名选手来自105个国家和地区，有一位中国队员是该届比赛中唯一一个获得满分的选手。国际奥林匹克物理竞赛始于1967年，工作语言是英文、法文、德文和俄文。中国于1986年首次参赛，2008年取得总分第一的优异成绩。国际奥林匹克化学竞赛，导师负责把英文版的试题翻译成他们的母语，这样学生的考题就是用他们的母语写成的。

但是中国人离诺贝尔奖却很遥远。始于1901年的诺贝尔物理学奖，至2010年为止，美国人遥遥领先，德国和英国紧随其后，其他国家远远落后于这三个国家。美籍华人三次获奖，1957年（李政道、杨振宁）；1976年（丁肇中）；1997年（朱棣文）。李政道和杨振宁在1956年共同在美国物理评论上发表了论文《对弱交互作用中宇称守恒的质疑》（Question of Parity Conservation in Weak Interactions）。杨振宁在获得诺贝尔奖以前，和另一位物理学家米尔斯共同提出“同位旋守恒和同位旋规范不变”理论，以及据此发展出来的一般所称的“杨—米尔斯规范场论”。这些都是国际专家之间密切沟通与合作的成果，是语言与思维磨合的成功。杨振宁自身在学习过程中，也要深入研究前人的研究成果，例如爱因斯坦、狄拉克和费米等，他对这些相关的论著了如指掌。他认为物理学不只是累积知识，累积知识确实是物理学的一部分，但是最重要的是对这些累积起来的知识进行连接，得到一个准确而简单的了解，而要达到这种准确而简单的了解，没有永远不变的法则，在不同的时代，由于已有的知识不同，会有不同解决的方法。

杨振宁回忆他在普林斯顿第一次与爱因斯坦的近距离接触时说，当时交流了1个多小时，由于爱因斯坦的英语中混杂着不少德语，加上当时见到了自己仰慕的大物理学家，非常紧张，所以爱因斯坦说的很多话都没能听懂，但这样的会面是人生一个重要的经验。

2012年，当中国作家莫言登上诺贝尔文学奖的颁奖台时，文坛、媒体、社会开始重新审视他和他的作品。国内有不少著名的作家，但是却沾不到国际奖项的边，《光明日报》在12月18日以“莫言的国际影响及对中国文学的一点启示”为题，对此作了报道：

> 他的这次获奖，引发了世界文坛乃至国际社会的普遍关注，有的称赞他是实至名归，有的质疑他的获奖资格。然而，相较于此前某些少有他国读者问津、获“诺奖”后方才引发国际关注的作家来说，莫言早就是海外颇为熟知的中国作家。他在国际文坛享有很高的声誉，并曾荣获法兰西文学与艺术骑士勋章、意大利诺尼诺国际文学奖以及美国纽约话语文学奖等国际奖项。此外，由其作品改编的影片也屡次受到国际奖项的青睐……据不完全统计，目前莫言的部分作品已经被译为英文、法文、德文、意大利文、西班牙文、葡萄牙、瑞典文、挪威文、荷兰文、波兰文、塞尔维亚文、罗马尼亚文、希伯来文、日文、韩文以及越南文等多种文字……莫言已经成为中国当代文坛作品外文译本种类最全、数量最多且质量最高的作家之一。

在国内，和莫言一样内外多元、与他国文学阅读活动合力作用的作家为数甚少。目前，国内每年能翻译成外语的小说不到10部，而翻译水平高的作品则更为短缺。同样，国内不乏各个领域的研究成果，学者和科学家们可以在国内获得盛赞，他们的科研团队也能获得学术界大奖，但是在国际上却总也听不到他们的声音，语言羁绊了他们在国际领域独占鳌头的步伐。

与学术前沿领域失之交臂的也不止中国，国际上非英语国家都面临着这样的遗憾。Dudel（2010）曾有一例，德国最著名大学之一的德累斯顿工业大学（Technische Universitat Dresden）一位植物学教授 E. Munch，他在1930年发表了关于《植物中的营养物质转移》的著作，书中所阐述的原理在当时艰深晦涩，但是从20世纪90年代中期开始成为植物科学领域的时髦话题。由于该书是德语写成，至今都流传不广。

Shanahan 和 Shanahan（2008：44）曾经分析了语言识读能力与学科的关系（见图2-1）。

基础识读能力：诸如译解，或者所有阅读任务中都存在的高频词汇知识等识读技巧。

中级识读能力：较多阅读任务中涉及的识读技巧，如发生学理解策略，常用词汇含义，和基础流利度等。

学科识读能力：特别针对各个学科的识读技巧。

位于金字塔顶端的学科识读能力通常很难学，因为需要阅读或者书写

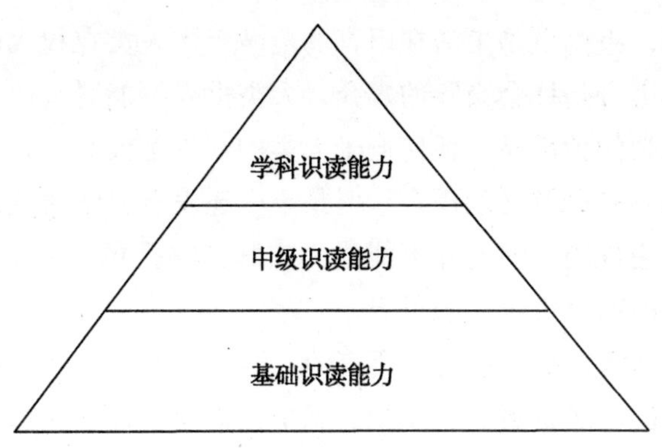

图 2－1　识读能力（转译自 Shanahan 和 Shanahan，2008：44）

的文本中有很多专业场景，同时，这些与专业相关的内容又很难出现在面向大众的阅读材料中。例如，擅长英语文学作品阅读的英语教师很难引导学生阅读学术期刊上的生物学论文。与科学相关的阅读与写作通常需要有分析能力、形象思维能力，需要解读各种图表和数据。

钱教授的第三点总结是学术界的一种择业趋势。数学领域虽然没有诺贝尔奖，但也有一种世界性的奖励，这就是四年颁发一次的菲尔兹奖，是 40 岁以下数学家的最高荣誉。在各国数学家的眼里，菲尔兹奖所带来的荣誉可与诺贝尔奖媲美。《中国青年报》2011 年 11 月 4 日刊登了题为“中国奥数第一，为何没有菲尔兹奖”的文章。中国不乏数学天才，为什么一直没有产生本土的菲尔兹奖得主？文章指出，当今有个不好的风气，最好的学生往往读大学时报考法学院、经济学院或管理学院，这是个世界性的问题。

综上所述，首先，基于出国后用英语学习各专业知识的目的，高校开设 EMI 课程是为学生的留学深造奠定基础；其次是基于学术交流的目的，即使是在常人眼中不需要语言、只需要实验的科学家也会因为语言能力有别而出现成就高低之别。科学家除了要会做实验，搞科研，还要会及时将所研究的内容、过程和成果用准确的语言文字表述出来，要让全世界理解并接受这些“完美和优美”的论证。这些是 EMI 模式的外显目的，事实上，在选择使用某一种语言的同时，人们也就选择了一种思维方式。

（二）语言与思维

人类并不只是生活在客观世界里，也不是通常所认为的只生活在社会活动的世界里，人类更是生活在语言的范畴里。人类在很大程度上受制于特定的语言，语言是社会交际的媒介，人类世界不能脱离语言的范畴而存在；语言是人类的独享品，任何低于人类的动物是没有语言的。虽然有些动物可以发出一些有意义的声音，但是至今还没有科学研究证明这些声音有音节或有语法规则，因此并不能成为实际意义上的“语言”。人类在有语言之前已经能通过思维认识世界。

人际沟通有语言的，也有非语言的。语言沟通是靠言语在表达者与接受者之间进行的，表达者有了思想、感情，需要传递、交流时，就通过思维活动进行语言编码，即经过加工、处理，外化为言语形式，成为符合表达习惯的话语；接受者根据言语形式对大脑的刺激，再经过思维活动进行梳理、取舍、分析、整合，转化或者还原为对方所要表达的思想、情感，最终达到交流的目的。当然，这种转化或者还原，离不开共同了解的社会、文化、心理等背景信息，因为离开它，就不会有共同认可的思维材料；没有共同认可的思维材料，就容易使思维活动发生差异，出现不同的思维结果，导致言语交际失败。因此，如果研究语言运用，离开研究思维活动、思维材料与语言的关系，是很难成功的。

什么是思维？“思维有二义：广义上是相对于物质而与意识同义的范畴；狭义上是相对于感性认识而与理性认识同义的范畴。”① 也就是说，广义的“思维”，与“意识”对等；狭义的“思维”，与“理性认识”对等。思维是人脑的机能和对客观存在的反映，是人脑的接受、加工、存储和输出信息以指导人的行为的活动过程（曾杰、张树相，1996），思维是人类所共有的，其中的客观世界就包括了自然界和社会现象。

语言的记忆就是意义与语言符号（语音的或书面的）间神经联系的建立。对于掌握两种语言的人来说，一个思维信息同时和两种语言符号相联系。根据记忆的近接律和相似律（laws of contiguity and similarity）原理，经过学习，外语词句是和汉语相应词句结合在一起，固定在记忆中的。当这些外语词句的记忆不十分牢固时，回想不能依靠直接联想，只好求助于间接联想。间接联想是通过另一个信息的出现，勾起对某一信息的联想，也可以叫作“追忆”。心理学告诉我们，在间接回忆中，中介联想因素不是什么干扰因素，而是促进回忆实现的枢纽。要想不借助于间接回忆而实

① 《中国大百科全书 哲学卷》第二册，中国大百科全书出版社 1987 年版，第 828 页。

现直接回忆，要靠提高记忆的牢固程度。也就是说，要熟练地“用外语思维”，依靠提高对外语词句等内容的记忆熟练程度。

语言是思维的一种符号，思维和一两种甚至更多种符号相匹配都有可能。不仅如此，储存的信息和将要储入的信息常是相得益彰的。

这里不妨提一下许国璋教授的观点，许老认为，美国以培养口语人才为最终目的的陆军教学法未尝不好，日本侧重培养训练有素的典籍翻译人才亦有可取之处。关键是国情国策，是培养的目的①。

1. 英、汉思维和语言的差异

语言的文化系统能在个体思维的进化过程中起到指导和引导作用，这些都是一种民族记忆。汉语言所形成的文化圈吸收了各类社会信息，反映了中华民族的哲学与科学，而各类社会信息也在无意识间反映了汉语的文化底蕴，这两者是相辅相成的。英汉语言分属印欧语系和汉藏语系，英语是表音文字，汉语是表意字占多数。北宋时郑樵在《通志·六书略·论华梵下》中指出：“梵人别音，在音不在字。华人别字，在字不在音。故梵书甚简，只是数个屈曲耳，差别不多，亦不成文理，而有无穷之音焉。华人苦不别音……华书制字极密，点划极多，梵书比之，实相辽邈。故梵有无穷之音，而华有无穷之字。”英语的优势在于可依照书写规则将发音拼写出来，因此西方人历来识字、阅读的普及率很高。而汉语文字是视觉符号，和发音缺乏规则的联系，所以在中国历史上，人人都会说话，但是只有少数人会写汉字，“识字”的人才算是“有文化”的。

不同的民族有不同的思维和表达方式。中国人偏重综合思维，重视悟性，汉语只要具备一定的语境，许多话可以由读者或听者自己领会，属于意合结构。潘文国形象地描述说：“汉语句子一般简短明快，很少长句，恰似一根春竹，一节之后又生一节，中间掐断无伤大雅。”英语偏重分析思维，重理性，多见复杂长句，属于形合结构，要运用逻辑思维透彻地解开原句中的层叠关系才能把握整句的主体；其在时间和空间的顺序表达方面也和汉语不同。

汉语中没有性、数、格的变化与一致，也不需要时态、语态等方面的转换与配合。英语等西方语言则不同，他们在说话时必须掌握词形、句型的变化规律和配合原则，否则连正确地说话都难以完成。他们注重推理和

① 参见许国璋《论外语教学的方针与任务》，《外语教学与研究》1978 年第 2 期。

解决问题的过程，语篇呈直线推导式。西方儿童在掌握复杂语言规则的过程中，潜移默化地习得了系统性、严谨性的思维模式和行为模式（卡西尔，2004：185）。也就是说，在可能是无意识的过程中，语言规则与认知和行为规则就形成了一种关联。

英、汉思维和语言的差别甚至可以影响到人的法律意识，林语堂曾说，在历史上，法治在中国是失败的。因为中国人主张中庸，所以恶趋极端，因为恶趋极端，所以不信一切机械式的法律制度。……所以儒家倡尚贤之道，而易以人治。此评论值得商榷，但是从历史的角度看，中西方不同法系与法律制度确实反映了思维和语言的关联。

2. 语言——思维论

在巴别塔的传说中，语言被视为交流思想的工具。到 18 世纪末 19 世纪初，洪堡特（W. Humboldt）指出：人类在很大程度上必须通过语言世界来认识自然世界：语言如果不同，世界观就自然不同。一个人的世界观是由他的语言所决定的，各个民族生活的每个时代的思想与智慧总是与那个时代的语言相一致，反映了那个时代语言的特点，语言包含着可能出现的世界观的组成成分和可能的组合形式（洪堡特，1997）。此后，不论是沃尔夫等的“语言决定论”，还是皮亚杰等的“思维决定论”都不否认语言和思维之间的映现与依存关系。

英国哲学家约翰·洛克（John Locke）1690 年出版了《人类理解论》（*An Essay Concerning Human Understanding*）（Locke，1993），讨论了人类理解（或知识）的本质并试图诠释其可能性。他认为一般术语的产生意味着可以应用概括的字眼，使每一个字来标记无数特殊的存在。另一位英国哲学家密尔（Mill）于 1843 年撰写了《逻辑体系》（*A System of Logic: Ratiocinative and Inductive*），他提出语言是科学和逻辑分析的必要工具（Mill，2002）。罗素是 20 世纪最有影响力的哲学家之一，他的主要贡献首先是在数理逻辑方面，但他能采用分析性方法对语言进行解析，进而对意义，特别是人类知识体系与理解的相关语言意义进行逻辑研究，这显然得益于他超越学科界限的思维。

思维虽然也可以通过符号（如手势、形象、色彩等）得以实现，但是语言毕竟是思维的主要方式之一，在此意义上，语言是思维的一种物质外壳和体现形式。王寅（2011：22）指出，思维是一种心理活动，决定着语言的表达形式，语言是这种心理活动的终极产品的表达形式。张隆溪

（2006）在《道与逻各斯》（*The Tao and the Logos*）一书中强调：由于语言有其固有的局限和不足，语言的使用者也有其主观上的局限和不足，因此，人类的思维和语言的表达之间永远都不可能有完全的一致性。英汉两种语言的基本词汇有许多相似之处，但也有差异，存在“词汇空缺”（Lexical Gap）现象，这些空缺可能是由于两个民族对范畴的认知方式、概括层次、社会背景、构词功能等方面的差异所致（同上：45）。Fauconnier（2010）分析了英语时态、西班牙语和法语的语气（直陈、虚拟和祈愿等），这些中文所没有的内容都可以用来标识心理空间架构。

这里不妨再借鉴口译研究中 Seleskovitch 和 Lederer 等的释意理论来描述全英语教学。释意理论的核心思想是：脱离原语语言的外壳（deverbalization）来表达原语的思想。口译思维有一个中间过程：听话人通过对讲话人传输出来的语音，进行认知加工而得到意义。语音会消失，但意义会作为意识状态保存在记忆中（高彬、柴明颎，2009：72）。因此，释意的主张是：要记忆实质内容，而不是表面形式。在全英语授课的课堂上，教师的英语可以被看作是学科认知诠释的外壳，学生的关键任务是听懂实质内容，而不是记忆那些英语词句。但是，和口译思维不同的是，学生不能最终“忘记”那些字、语段和语篇，因为这些放置在语境中的字、词、句会帮助学生在课后阅读原版教材时，还原课堂上所理解的意义和内容。

（三）语言与认知

当学习者开始学习第二种语言时，或者当他们使用第二种语言学习专业知识时，母语对他们的影响不可避免，很多早期的语言学家将学习者的错误归咎于母语的影响，他们围绕母语对外语学习者的影响与迁移理论做了很多研究，如 Weinreich（1953）和 Odlin（1989）论述了迁移与借用理论；Corder（1974，1981），LoCoco（1975）和 Ellis（1985）等讨论了对比分析假设与错误分析理论。这些研究对于语言之间的相似性或差异性分析为二语和外语的教与学提供了借鉴。然而，语言并非独立的自然现象，语言意义与人类的一般认知能力和方式具有密切的关系，语言单位及其相互关系、语言运作机制的研究都离不开人和人的世界这一重要维度（束定芳，2005；李洪儒，2006）；因此，哲学开始关注语言层面和概念层面上的现实。语言本身和世界上某一事物的关系不可能是直接的，必须通过语言使用者的思维来建立（Talmy，2000：12）。也就是说，外语学习涉及复杂的认知因素，受到社会、心理制约和构念等因素的综合影响。

本研究的重点是高校全英语教学模式的实施，但是不能否认，高校教师和学生的母语都会对全英语授课的各个方面产生影响。本节将尝试从语言本身、语言与语言之间相互影响的实证调研来对学习者接受全英语授课进行认知与思维形态分析。

1. 语言的认知分析

认知方式是人们理解、记忆和解决问题的方式与方法（Messick，1976；Brown，1994）。人类有多种认知方式和高度发达的思维能力，学习者的认知方式涉及感官、社会、文化、情感、认知和智力等因素（Hill，1972；Nunan，1991）。龚嵘（2007）认为中国大学生在处理语言信息时偏重自下而上、以文本为中心的方式。显然，不同民族在认知的方式和侧重等方面各不相同，从而导致了语言表达形式的不同，导致了不同语言的相似度及相似方式的不同（王寅，2002）。Albertazzi（2000：14）指出，语言是在各个层次对人类经验进行概念化和表达的一种工具。对于英汉两种语言的分析证明它们既有相同也有不同的句法结构，体现了英汉两个民族的认知概念结构的异同，也反映出英汉两种语言的像似方式具有异同。例如，王寅（2002：366）分析了汉语词汇层及句法层所体现的“先上后下、先尊后卑”的观念；而英语的时间和空间语序、语言单位的排列顺序反映了英语言民族文化重视“自我精神”，体现了“由近及远、由小到大”的思维方式。

在思维形态分析方面，聂亚宁（2009）将认知过程描述为：空间—时间—虚拟空间。人们首先通过空间认知时间，然后把时间域里的语义特征隐喻性地映射到隐喻思维的推理过程中，英语祈使语气和虚拟语气的语义特征就隐含了抽象、复杂的虚拟空间关系，如人际距离、心理距离和现实距离等。Langacker（1991，1993）在物理参照点的基础上概念化出认知参照点（cognitive reference，CRP），用它来解释若干语言现象（如时态、语态等）的认知成因。Fauconnier（2010）以英语、西班牙语和法语为例说明语气（直陈、虚拟、祈愿等）和时态一样，都是用来表示心理空间架构和可及路径的有力手段。梅德明、韩巍峰（2009）基于原型论、突显观及交际力等理论来解释汉语宾语前置句中主语的确定。由此可见，对于语言的不同表现形式都可以进行更本质的理解和诠释。

笔者对浙江省一所普通大学的英语专科学生进行了案例分析。首先，探究当英语的结构/用法与汉语接近（或截然不同）时，随着学习者外语水平和认知能力的动态发展，汉语对于其英语书面语运用的影响程度。其次，研究以英语中的时态为例，尝试从认知与思维形态的视角重新审视英语教学的思路。

2. 研究方法

本研究采用三角法收集定量数据和定性数据。定量数据来源于一份书面测试，定性数据来源于一对一的访谈。

（1）测试

书面测试的时间为一个小时，参加者为109名大学专科英语专业二年级学生，受测时他们已学习一年半的综合英语。

测试题型以英语语法结构的单项选择题为主，每题设置了可能的“干扰项”来检测汉语思维对于英语学习的影响。测试题型还包括一篇小作文。本节重点分析选择题的数据。按照汉语与英语的差异程度，选择题分为3类：GS（a Group of exercises based on Similarity between Chinse and English）、GM（a Group of exercises containing a Mixture of similarity and difference between Chinese and English）和GD（a Group of exercises based on Difference between Chinese and English），具体见表2－1。

表2－1　英语语法与结构单项选择题分类

选择题类别	包括的题型	题量
GS	英语的结构/用法与汉语基本相似的题组 （a Group of exercises based on Similarity between Chinese and English）	6
GM	英语的结构/用法与汉语有相似也有不同的题组 （a Group of exercises containing a Mixture of similarity and difference between Chinese and English）	12
GD	英语的结构/用法与汉语截然不同的题组 （a Group of exercises based on Difference between Chinese and English）	15

（2）访谈

有8位学生先后接受了一对一访谈。根据选择题答题错误量从少到多依次排定所有109位学生的名次，参与访谈的8名学生的成绩分布在第1至第109位的范围内。其中，3名是得分前3位的学生，1名是得分最低的学生。然后，根据GS、GM和GD题组中的错误情况选择了其余4名学生。例如，其中一名学生答对了错误率最高的4个题目，却答错了错误率最低的一题，通过对他的访谈可以较清晰地了解错误发生的非规律性因素。

访谈在互联网上进行，双方根据事先约定的时间登录网络聊天室进行即时文字访谈。每次访谈持续 45 分钟。在网络访谈的氛围中，学生要即时回答提问，但是没有当面访谈的非语言信号等环境因素。双方都是在家庭电脑上进行自由宽松的问答，避免了因不熟悉操作或情绪紧张所造成的数据误差。访谈允许学生随时思考或参阅他们的书面测试卷，然后再将他们的意思用中文正确无误地呈现在屏幕上。文字访谈的形式也使笔者能随时确认学生所表达的意思，并将其毫无遗漏地用于研究。

3. 数据分析

首先，整体数据显示了每一类选择题的平均错误率：GM 组的错误率最高，为 58.6%；GS 组的错误率最小，仅为 32.0%。以下分别对各组数据进行分析。

（1）GM 组数据分析

GM 组是英语的结构/用法与汉语有相似也有不同的选择题题组。题目中最高的出错率为 74.0%，出错率第 2 的是 73.0%，即 109 名学生中有 80 名学生没有选对正确的选项。下面以出错率第 2 的题目为例进行分析。

By the time you get to New York, I __________for London.

A）would be leaving　B）am leaving

C）have already left　D）shall have left

该题正确选项为 D。25 名学生选择了 A，19 名学生选择了 B，36 名学生选择了 C，只有 29 名学生选择了正确选项 D。

在访谈中，有 3 名学生认为该句主句的英语表达方式和汉语有所不同。汉语表达可以是：“我已经去伦敦了。”还有另外 3 名学生认为该结构在汉语中也有类似的表达方式，可以表达为：“那时，我将已经去伦敦了。”如果学生比较熟悉前一种表达方式，他们可能选择 C。数据显示，36 名学生选择了 C，也就证明母语的影响确实存在。

出错率第 3、第 4 的分别是 72.0% 和 70.0%。从 3 类选择题错误的总比率和错误率前 4 的题目可以看出，学生在回答 GM 组的题目时确实最容易产生错误。

（2）GS 组数据分析

出错率排在最后 3 位的题目全部属于 GS 组：题 32 的出错率仅为 10.0%，题 31 的出错率为 13.0%，题 1 的出错率为 21.0%。

但是 GS 组第 26 题的错误率高达 64.0%，也就是说 109 名学生中有 70 名都选错。下面以该题为例进行分析。

Reading ________ the lines, I would say that the Government are more worried than they will admit.

A) behind　B) between

C) along　D) among

该题正确选项为 B，有 40 位学生选择了 D。

该题选项 B 介词“between”在句中其实与汉语的表达方式基本一致，用中文可以表达为：“字里行间”。但选项 D 既不是正确的英语表达方式，也不是源于汉语的影响。在访谈中，出错的学生表示，他们在答题时考虑到“between”和“among”之间的区别：“between”用于两个项目间，而“among”用于三个或三个以上的项目间，因此他们决定使用“among”。所有的被访学生都认为该题与中文表达方式相似。有的学生特别强调他们已经意识到中英文表达结构的相似性，但是他们刻意避开。根据学生的陈述和笔者的分析，学生对于中英文相似结构非常警觉，他们没有信心将中文结构运用于英语表达。

（3）GD 组数据分析

GD 组的题目考察虚拟语气、定语从句、分词、动名词和不定式等语法点，这些语法点都和学生的母语汉语不同。回答该组题时，学生无法依赖中文来寻找正确选项，只能根据自己的英语语法知识做出选择。

数据显示，分词（53.7%）、动名词（53.0%）和虚拟语气（52.7%）语法点的错误率非常接近，不定式的错误率稍低（49.5%），而定语从句的错误率最少（45.0%），但是 45.0% 的错误率也表明这一语法知识并不容易掌握。

在访谈中，学生被要求列举出学习的难点，有 3 名学生提到定语从句，2 名提到虚拟语气，2 名提到分词，只有 1 名认为动名词的用法有难度。他们也反映在平时的英语语法练习中较多地注意了定语从句，这确实使他们在测试中减少了错误；但他们平时很少留意动名词，因而在测试中就出现了较高的出错率。由此可见，平时的练习和测试中的错误率有着密不可分的联系。

（4）GS、GD 和 GM 组综合分析

为了进一步了解出错题目与学生总成绩的关联，笔者按照语法结构选择题的出错率对学生的成绩进行了排序，出错率相同的学生按照学号顺序排列。排列第 1 的学生只有两题出错，第 2 的学生有 4 题出错，而第 109 位的学生有 23 题出错。

图 2－2 显示了 109 名学生 GS、GD 和 GM 组的出错数。排列第 1 的学生仅在 GD 组错 2 题，排列第 109 的学生在 GS 组错 4 题，GD 组错 10 题，GM 组错 9 题。

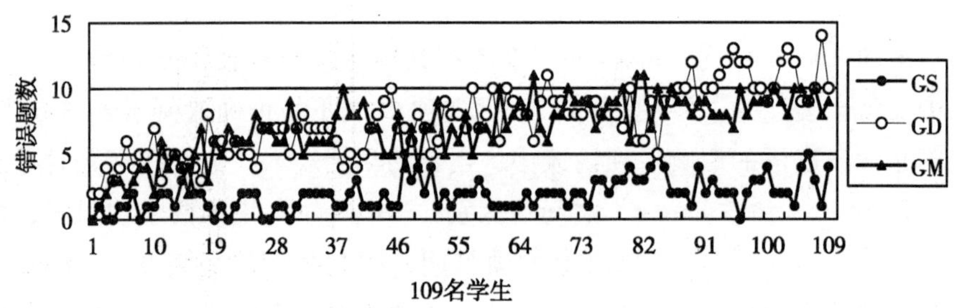

图 2－2　109 名学生在 GS、GD 和 GM 组的错误

从图 2－2 可以发现 GD 和 GM 组的错误趋势：如果某学生的错误比其他学生多，那么他/她也许就是在 GD 和 GM 组出错更多。GS 组则没有这样明显的趋势，即出错多的学生和出错少的学生在 GS 组题目中的表现区别不大。由此可知，在大学英语的阶段，英语水平高的学生和英语水平低的学生在 GS 组的出错率接近。

研究进一步观察了学生英语水平与其语法结构错误类型的关系。笔者根据学生的测试成绩来划分他们的英语水平。109 名学生按照成绩排序被分为 5 组，每组 22 名学生（第 5 组是 21 位学生）。图 2－3 呈现了按照英语水平从高到低依次排列的 5 个小组的错误率，第 1 组是英语水平最高的一组，第 5 组是水平最低的一组。从图 2－2 中可以看出，GS、GD 和 GM 组的错误率基本上是水平高的学生比水平低的学生少（除第 4 组的 GS 错误率略比第 5 组多）。

图 2－3 的数据显示 GM 组的错误率在所有 5 组学生中都是最高的，

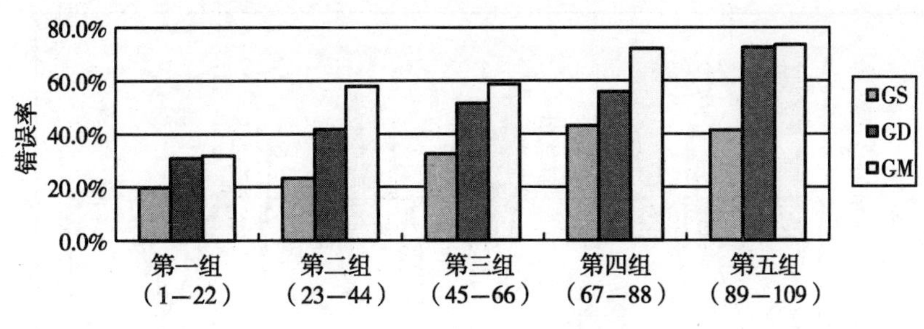

图 2－3　5 组学生的错误比较

也就是说，所有水平层次的学生在 GM 组出错最多。但是在第 1 组和第 5 组学生中，GD 和 GM 组的错误率十分接近，几乎相同。而在第 2 组、第 3 组和第 4 组学生中，GM 组的错误相对而言明显多于 GD。由此可以推断，在大学生的英语水平较低时，他们在做 GM 组和 GD 组语法题时的错误率相差无几；随着他们英语水平的提高，认知能力发生变化，英语与中文的相似性所产生的影响越来越多；而在他们进入英语高水平阶段之后，GM 组和 GD 组的出错率又会出现英语低水平时的状况，只是这一阶段的错误总量明显减少了。

研究随后比较了每名学生在 GM 和 GD 组的错误情况。图 2－4 是错误分析的数据图：

图中显示了 GM 组的错误数减去 GD 组的错误数所得到的差别数。正数“1”表示学生在 GM 组的错误比在 GD 组的错误多 1 个，“2”表示学生在 GM 组的错误比在 GD 组的错误多 2 个，依此类推。最大值为“6”，也就是说，学生在 GM 组的错误比在 GD 组的错误多 6 个。而负数“－1”表示学生在 GM 组的错误比在 GD 组的错误少 1 个，“－2”表示学生在 GM 组的错误比在 GD 组的错误少 2 个，依此类推。最大值为“－6”，也就是说，学生在 GM 组的错误比在 GD 组的错误少 6 个。

从图 2－4 可以看出，并不是每名学生的 GM 组错误都比 GD 组错误多。尤其是成绩前 10 位的学生和后 19 位的学生（除 1 名学生以外）都是 GD 组的错误多于 GM 组。这个结果和图 2－3 数据有所不同，图 2－3 的结果是 5 组学生 GM 组和 GD 组的错误率接近且 GM 组略高。图 2－4 的数据更直接地反映了学生英语学习进程中的动态学习情况：在大学阶段，当英语词汇与学生的母语汉语相似而用法或结构又不同时，最容易导致学生的语法错误，但是对于英语知识有限的学生来说，英语和汉语相似或截然

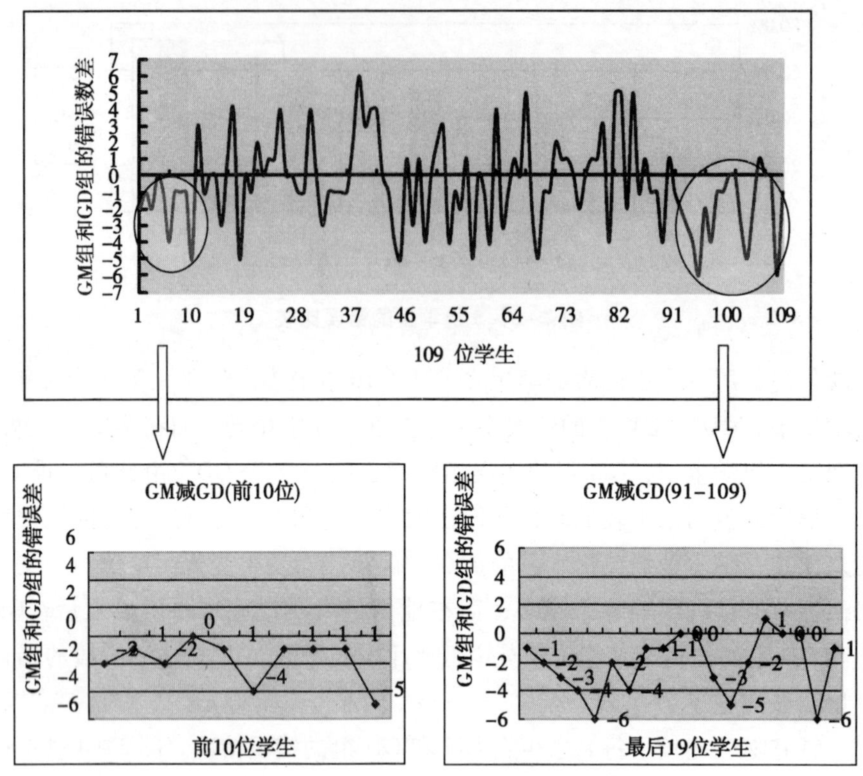

图 2-4　GM 和 GD 组错误数比较

不同对他们学习不会产生明显的影响；汉语的影响随着英语水平的提高有所增加，而当学生在英语方面的认知水平最终发展到较高时，汉语的影响又随之减弱。

4. 认知与思维形态分析

维特根斯坦（2003：172）指出，要从本质上把握某一问题，就涉及以一种新的方式来思考这些问题。因此，如果仅从语言到语言进行“迁移”或“错误”方面的分析，只是从表面解决问题，学习者也只能进行机械的对比和记忆。Kellerman（1977）提出用心理距离来表示学习者对语言距离的感知，并指出正是这种心理距离引起或限制了语言迁移。他还认为心理距离并不是一成不变的，会随着学习者第二语言知识的积累而改变。对于某个语言点，当学习者所感知的心理距离较远时，它就不会发生迁移，会被正确地习得或较少出现在中介语中，这种被减少使用的现象会导致“回避”。而当学习者感知某个语言点的心理距离较近时，这个语言点就有可能发生迁移。

（1）英语学习的认知分析

首先，在大学英语学习阶段，英语错误的发生率会因语言结构的不同而不同，也会因学习阶段的不同而不同。在最初阶段，学生不熟悉与汉语截然不同的英语结构，他们会逐渐发现自己在 GM 类题目中容易出错，就会努力提高英语水平以避免这类错误的产生，由此相应减少 GM 类题目的出错率。从认知语言学的视角来分析就能发现，学生只有通过学习英语，在汉语和英语两者之间不断接近英语认知概念结构，调节心理距离，提高自己的英语语法能力，才能解决英语问题。

第二，如果英语词汇的结构、用法与汉语截然不同，学生没有可以依赖的汉语知识储备，传统的迁移理论也很难解释学生的错误。学生说，在英语学习过程中意识到了来自汉语的影响；其中有些学生甚至发现了产生这些影响的原因和语言背景。当他们发现某英语结构和汉语有相似之处时，如果掌握了英语的相关语法，他们就会完全依靠英语语法；反之，他们必须决定是否沿用汉语的表达习惯。但是在中英文词汇的意义、结构、用法相似时，仍然可能发生错误，因为学生对于母语汉语的影响非常警觉，会刻意避免看上去和汉语类似的英语用法。由于英语的认知程度有限，他们对于 GM 组的题目没有把握，在中英文相似时不知是否该参照汉语里的结构和用法。

第三，学生的英语水平越高，在 GM 和 GD 组的错误就越少，但是回答 GS 组的题目时没有呈现这样的趋势。也就是说，在大学英语学习阶段，英语成绩较好的学生在 GS 组出错情况与英语成绩较差的学生差不多。这可能揭示了学生平时更注重与汉语不同的英语结构和用法，而在整个认知过程中，对于和汉语结构、用法类似的英语语法的掌握程度并没有随着学习的深入而有明显的提高。

认知语言学强调从体验和认知角度解释语言的形成和运作机制，尝试通过诸如互动体验、认知模型、识解等认知方式来为语言层面提供一个全新而又统一的解释（王寅，2009：30）。根据以上的分析，母语并不是引起语法错误的主要原因，更不是唯一原因；在学习者意识到不同语言间的不同相似度及相似方式时，有时反而会因过度警觉而刻意回避，导致错误产生。

（2）英语学习的思维形态分析

我们也可以尝试从语言哲学的视角，以更深形态理解思维和语言之间的映现。Fauconnier（2010：2，5）指出，认知科学建立在间接研究的基础上。就人类的大脑/思维而言，大脑本身在物理空间上是封闭的，但是可以通过语言获得深层的信息，洞察认知域的组构情况，从而使思维成为可以触及的领域。认知语义学和心理空间研究发现，与基础语义和语用领域相比，所谓“高级推理”的映现机制和原理是相同的。赵秀凤、刘辰诞（2009）研究了心理空间理论视角下的“投射”。以“时态和语气”为例，Fauconnier（2010：72）认为人类思维和经验很重要的两种维度便是时间和认识距离（epistemic distance）；在空间转换中，时态和语气帮助我们搞清楚空间之间的时间转换和距离转换。

时间顺序是人类认知的一种基本形式，汉语通常用语序来传递现实的时序，而英语具有丰富的时态，可以用不同的动词形式来表达在不同时间发生的动作。英汉民族思维与表达的差异含有值得英语学习者注意的深层规律。以上文 GM 组中错误率为73.0%的试题为例，可以将时态置于心理空间结构中来分析英语的思维。

图2－5中，以言说的起点作为基础空间（base space），也就是最初的视角和焦点空间。假设以“you are in New York”为新的基本空间（foundation space），那么“by the time”引出的就是扩展空间（expansion space），意指将来的时间点。显然，“you get to New York”的时间晚于基础空间，也晚于事件空间（event space）中的“left for London”，这里的事件空间（event space）相对于正被考虑的事件或状态而言，也可归属于焦点空间（focus space）。“shall have left for London”就清晰地显示了时间路径（time path）：从“get to New York”（将来）回到早于该行为的另一时间点（过去）。因此，通过这个时间路径就可以比较直观地阐释英语思维在“将来完成时”这一语法现象上的映现。不同的语言有不同的时间路径，所表征的语篇动态展开过程也不同，使用类似的分析方法，就能有效地厘清英语中对于时间的表现形式。

在上述分析中，对英语时态的理解所依据的维度是时间，此外，另一项重要维度是认识距离。再以上文 GD 组数据分析中提及的错误率达52.7%的虚拟语气为例，来分析以下3个句子：

①If you go shopping tomorrow, we will have gifts for our parents.

②If you went shopping tomorrow, we would have gifts for our parents.

③If you had arrived earlier, and if you had come to my home, you could

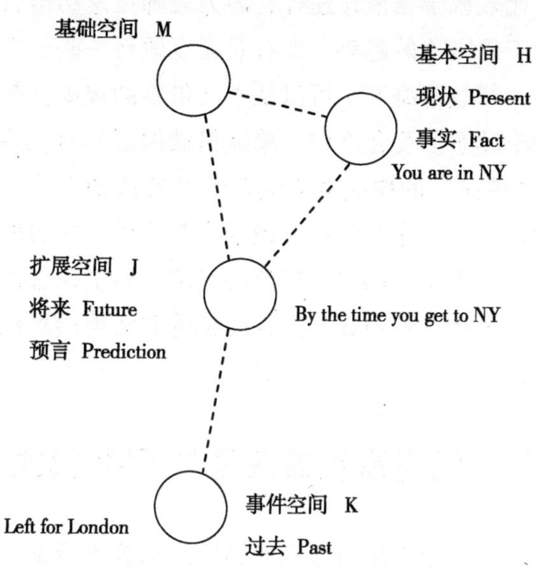

图 2－5 时态的心理空间建构分析

have seen him.

前两句中事件发生的时间是相同的，差别在于“go shopping”这个假设前提的状况：例 1 对此是中立的，不知道对方是否去购物；例 2 对此是否定的，而且即使知道对方不去购物，还是可以用这个句型，该句被诠释为“违实句”。显然，这里的时态词所标示的不是时间关系而是认识距离。例 3 中每一小句都有两个“过去”形式的词，其一用于标示较早的时间，其二标示的就是认识距离，强烈地表明了句子的“违实”状态，即事实上你并没有“早一些到达”。因此，在“if you had arrived earlier”小句中，时态词的作用既表明事件发生在较早时间，也标示了句子的否定内涵。

上述对于将来完成时和虚拟语气的分析都没有单纯采用语法思路进行解释，而是融入了关于时间路径和认识距离的理念，这样学习者可以根据推理而不仅仅是通过语法规则或语言模板来运用英语。

5. 结语

本节通过学习者的英语错误分析探究了汉语影响其英语书面语运用的动态发展趋势。母语和目的语之间的异同要素需要学习者去觉察和领悟，这就要求学习者具备知觉力。在教学实践中，教师通过分析学生的错误，可以清晰地了解学生的学习状况，从而调整教学内容和方式。但这并不意味着中英文直接比较教学是最佳途径，因为教师在总结语言规律时，有可能使学生形成过于规则化的趋势，即有意无意地将一些语言规则运用到所有类似的语境中，却故意绕开了可以从中文借鉴的规则。英语学习者的认知与思维总是处于动态的变化之中，单纯机械地语际对比并不利于他们语言能力的发展。“错误”的构成也会随着学习者认知方式、心理距离等的发展而发生变化，因此，全英语教学模式中涉及语言内容时，应当摆脱传统的以词法、句法等为中心的语法框架的束缚，对更深层次、更本质的认知与思维形态进行分析，从而让学生自己推论并将英语思维和语言表现形式进行恰当的匹配。

三　我国高校的双语与 EMI 模式

教师和学生在英语综合能力方面能够适应用英语授课是 EMI 模式最理想化的形式，但是对于大多数国内高校的师生来说，目前显然远没有达到全面进行 EMI 授课的程度；对于很多高校来说，甚至不具备实力进行任何实质性课程的 EMI 模式授课。

（一）现状概述

早在 2001 年，教育部在《关于加强高等教育本科教学工作，提高教学质量的若干意见》（教高〔2001〕4 号文）中提出，按照“教育面向现代化、面向世界、面向未来”的要求，为适应经济全球化和科技革命的挑战，本科教育要创造条件使用英语等外语进行公共课和专业课教学。对高新技术领域的生物技术、信息技术等专业，以及为适应我国加入 WTO 后需要的金融、法律等专业，更要先行一步，力争三年内，外语教学课程达到所开课程的 5%—10%。暂不具备直接用外语教授条件的学校、专业，可以对部分课程先实行外语教材、双语授课，分步到位。

2005 年，教育部《关于进一步加强高等教育本科教学工作的若干意见》中强调，提高双语教学课程的质量，继续扩大双语课程的数量。教育部领导在第二次全国普通高等学校本科教学工作会议上的讲话支持英语教学一定要有很大的突破。英语的重要性是不言而喻的，要加大大学英语教学改革的力度，整体提高大学英语教学质量。由于英语的应用性、实践性很强，英语教学改革的方向是：第一，着力提高学生的英语综合应用能力；第二，改进大学英语教学模式和方法，提高教学效率，使英语学习能够事半功倍。作为高等学校一门重要的公共基础课程，大学英语教学改革可以作为高校教学改革的突破口。

2010年初，教育部发布了2010—2020年《国家中长期教育改革和发展规划纲要》意见稿，在第十六章整章中提出进一步扩大教育开放，广泛开展国际合作与教育服务。

2012年，教育部提出了《关于全面提高高等教育质量的若干意见》（提高质量30条），把促进人的全面发展和适应社会需要作为衡量人才培养水平的根本标准（第三条）；提出实施卓越人才的教育培养计划，以提高实践能力为重点，探索与有关部门、科研院所、行业企业联合培养人才模式（第五条）。

如何有效地将语言学习融入专业学习？我们要创建国际一流高校，要吸引国际学生，也要让更多的中国学生不出国门也能就读国际化高校，我们缺什么？束定芳（2011）把"国际化的课程"和"国际化的师资"放在首位。显然，EMI学位课程可以促进那些享有国际声誉的国内高校突破语言的阻碍，吸引更多留学生来华学习。

开设EMI学位课程是高等教育国际化的一个方向，但是真正实现留学生和国内学生能共享的EMI课程必然受到师资、学生、教材、教学方式、教学环境等多重因素制约。

2001年至今，很多高校相继开设了英语模式授课（双语或EMI）课程，双语教学从无到有，在政策制度、师资培养、课程建设、教材建设和教学方法等方面都有了一定的发展。可是十多年后，英语模式授课依然处于探索阶段，教学目标模糊，尝试性、随意性较大，通常由教师自己决定开设哪些课，何时开设以及开设多少课时等。课程设置目标与定位模糊不明确，没有系统性，缺乏有效的评估手段，学生语言综合能力和专业能力培养依然游离。在学生层面上，他们缺乏用英语学习专业知识的内在动力和外在助力，一旦离开课堂，就不能自主地进行拓展；即使在课堂上也只是消极应付，甚至回避英语，这些都阻碍了EMI课程的顺利进行。胡文仲（2009）从教育规划的视角总结了国内外语教育在以下几方面的缺失：外语教育整体规划缺失；外语教育理论研究和创新意识缺失；统计资料缺失；高水平外语人才培养规划缺失。

高校 EMI 是一个系统工程，根本目的是全方位提高各个专业学生的英语应用能力，不是凭一两门课程能够解决的，要通过整个课程体系的设计、师资配备和学生的自主提高等几个方面有机结合，同时，管理部门的协调作用也至关重要。

（二）我国“双语教学”的特点和问题

教育部提出的双语教学主要是针对高等院校的本科教育，相较于加拿大、新加坡等国，我国的双语教学起步晚、环境差、师资贫乏、缺乏连贯性、学生运用外语能力低、对双语理论的解读缺少创新视角。

我国目前大多数高校的双语课堂教学为英汉混杂型，但是 Swain（1983）指出，在混合使用两种语言进行教学时，学生上课较容易忽视他们不懂或懂得较少的语言。Fillmore（1980）有类似的观点，如果两种语言同时给出相同或类似的信息，学生就不愿听二语（或外语）传递的信息。因此，从长远角度来看，我国的高校应当是全英语的教学，而目前的英汉混杂型应该是一种过渡。但是，高校双语教学还存在很多未成熟因素（包天仁，2002；陆效用，2002a/b；胡壮麟，2004；韩建侠、俞理明，2007）：对双语教学的认识不足、教师和学生的外语水平欠缺、教材的选择以及资金投入不到位等都是目前的主要障碍。从学生接受课程的可行性来看，双语/EMI 教学对学生的要求是相当高的：扎实的英语知识；较好的专业知识接受能力；精通专业内部的英语写作。各大高校在实践中的理解各不相同，操作中也没有统一的标准可循，在评审指标、课程设置、教学效果等内部和外部的制动性因素方面都没有系统的范式，而学生的内部因素（认知、情感等）和外部因素（语言环境、社会背景等）也都对双语/EMI 课程的理解与内化产生直接或间接的影响。

首先，从语言教学的角度来看，语言的产生和运用在很大程度上取决于语境。学生的主观因素（身份、性格、修养、心情等）和社会的外在因素（时间、地点、对象、场合等）都是语言使用的真实环境，直接影响学生的语言活动，而国内目前英语教学环境欠佳，如学校环境、家庭环境和社区环境，以及这三层环境的相互衔接方面，尤其是家庭环境和社区英语环境极度匮乏。虽然有了学校这个学习环境，但是学生的英语输入量也是严重不足的；仅仅凭课堂上的有限输入，想解决英语习得的大问题无疑是捉襟见肘。

其次，是双语教学的师资，这是双语/EMI顺利实施的关键，但是目前优秀的双语师资严重匮乏，成为导致EMI难以全面实施的关键因素。即使开设了双语教学，也举步维艰。关于国际化背景下的双语/EMI师资，将在第三章进行详述。

第三，教材改革是双语/EMI教学中必不可少的一个环节。根据教学要求编写高质量的教材自然是很好的办法，但许多高校，尤其是地方高校，要编写专业英语教材，在资金、人才、资源等各方面，都存在很大的困难。目前，双语教材建设还没有形成一个完整的体系。部分课程的教材也正处于探索阶段，在很多方面还存在不足。有些学校选用外语原版教材，认为这些原汁原味的英语教材可以一开始就为学生奠定基础，创造出一个“不是学英语而是用英语”的好环境，可以避免学校自编自选教材而造成学科上的随意性与语言表达上的偏差。但是，在实际操作中也出现了一系列问题，主要是任课教师选择外语原版教材的信息渠道狭窄，教师本身对教材的理解也有难度，学生在使用这些教材时也会觉得艰深。而从国外引进教材在内容编排、教学要求、思维方式等多方面与国内教学差异较大，可能还需要根据学生的不同情况进行适当选录或者改编。

从总体来看，我国英语模式授课的质量较差，国内多数双语课程的开设并非以需求为依据，或者说没有能力按需开设，而是以教师申报为基础，即有什么教师就先开设什么课程。相关教学管理松散，缺乏有效的双语或EMI教师评估机制；教师单打独斗，整体教学缺乏系统性，没有保障；有些冠以“双语教学”的课程一旦教师离岗，就立刻恢复了“中文教学”；而教师的个人资质、申报目的各不相同，导致课程的效果良莠不齐，制约了学科发展。似是而非的专业英语以及因语言障碍而损失的专业知识导致学生在课程结束时非但没有得到语言和知识“1+1>2”的效果，还有些是失败的“1+1<1”，既没有在专业英语方面受益，又损失了原本中文授课可以获得的专业知识，甚至使学生对“双语课”产生了抗拒的心理。

从地区分布来看，北京、上海、广东、辽宁等省市开展双语教学较早，主要定位于“用英语讲授非英语学科的内容”、“英语只是教学语言和工具，讲授内容必须是相应的学科知识”。从原有办学基础看，高校间存在明显差距，取得较好成效的是“985”和“211”等重点高校，因为他们拥有较为优质的教学资源，师生在自主能力、外语基础方面都能达到双语教学的要求。从学科分布来看，基本上符合教育部文件规定的学科，主要集中在信息技术、生物技术、金融、法学和医学等方面。在课程设置方面，不同类型的高校依据不同的人才培养目标，所设置的基础课程和专业课程存在很大的差异，各自制定出适合自身学科发展的双语教学课程标准。我们认为，这样做是符合实际情况的。例如：浙江大学设定“外语为主课程”和“双语课程”两种级别的课程，分级的主要依据是外语授课的比例和考核试卷的外语出题比例，并且以外语授课比例是否达到70%作为分水岭，达70%以上为“外语为主课程”，30%—70%则为“双语教学”。复旦大学的双语课程将外语授课的课时比例定在50%以上，期末考试试卷必须以全外语命题。武汉大学对授课没有明确的指标，只要根据实际情况外语与汉语并用即可，考试需用外语命题，答题时除了论述题中有20%可用中文答题外，其余均需用外语作答。

高校自定的标准对于该高校来说虽然是有依据的，但是从全国范围来看，双语课的品质还很难以统一的标准来衡量，国家教育系统推行双语教学的目标也就存在着模糊性。教育部在2010年2月颁布了一套《双语教学示范课程建设项目评审指标体系》，主要从教学水平（教学经验丰富）、学术水平（学术造诣高）、外语水平（有一定国外学习经历；外语水平高）、双语教学经验（双语教学经验丰富）等项目加以框定，但是在实际操作中，这些指标又很难量化，同时，各高校之间由于地域以及经济等状况的差异，也必然存在量化标准的不可测性。

（三）我国学术界关于EMI的研究

从大量文献资料归类的结果来看，各类专著和论文集里明确论述EMI的为数不多，如戴炜栋、胡文仲（2009）；曹德明（2010）；陈贵昌、谢练高（2010）；束定芳、陈素燕（2010）等。国内主要外语类期刊较少刊登以EMI为研究对象的学术论著，而对“双语教学”的研究相对较多。关于EMI的学术论文多出现在非外语类期刊上，特别是专业方向期刊，如《电气电子教学学报》《国际经贸探索》《医学教育探索》等；其他如《学位与研究生教育》《中国大学教学》和《高教探索》等期刊有少量关于EMI的学术论文。这些论文主要是关于理工、医学等课程以及一些针对留学生的课程，如李敏超等（2008）、高艾等（2010）、颜世军等（2010）。从内容上来看，侧重于教材的选用或初步尝试的总结，如尉至武等（2001）、李望国等（2003）、王小鸥（2005）。但是，在所涉猎的文献中，鲜见对EMI课程进行全方位详细具体的研究。

在韩建侠、俞理明（2007）的研究中，我国高校经过两年的大学英语教学后，大部分学生（普通高校为五分之四，重点高校为四分之三）的英语水平还未达到参加全英语授课课程的要求。包天仁（2002）认为中国缺乏鼓励学生听说外语的动力。陆效用（2002b）认为在我国用外语讲授知识课程会影响学生对知识课程的理解和掌握。胡壮麟（2004）还指出许多学校不仅缺乏合格的师资，而且不具备教学大纲、授课标准、课时、有效而具体的班级组织形式和教材等。同时，中国缺乏社会和家庭的语言环境。康淑敏（2008）从教学语言运用视角构建了多层次渐进式双语教学模式，确实能对不同程度的学生和不同的学习阶段进行有针对性的调整。但是，目前国内多数高校的双语教学没有建立完善的课程体系，看似开设了很多双语课，其实专业分散、呈点状分布，很难保证后续课程的教学。

除了中国内地高校以外，香港有其英国式统治和管理的历史背景，在回归中国后，由于他在语言上的特殊性，吸引了很多专家学者对其双语教学进行研究和评价（Pennington 和 Balla，1996；Marsh，Hau 和 Kong，2000；顾永琦、董连忠，2005；曹隽、杨中华，2010）。香港的大学和中学使用英语进行教学时，同样存在师资薄弱、学生英语基础差等难题，学科知识教学的有效性也因此难以得到保证。

香港在1998年前，除中文大学外，所有高校都使用英语作为唯一的教学语言。即使在官方教学语言为中英双语的香港中文大学，英语也是主要的教学语言，但是香港的大学生英语水平却不容乐观。许多毕业生既不能有效地运用与其所受教育相配的英文，也不能有效使用中文进行交流（顾永琦、董连忠，2005）。他们认为，内地一直都缺乏一个连贯的外语政策，而制定一套连贯、统一的外语政策必不可少。Flowerdew，Miller 和 Li（2000）通过对香港城市大学的调查发现，所有授课教师都抱怨学生的英语水平差。而中学生在接受双语教学（英语教学语言）时，由于英语水平有限，把过多的注意力放在语言形式上，使其非语言类课程的学习受到了教学语言的负面影响，因而无法应付学科内容的复杂性，无法吃透课文（Marsh，Hau 和 Kong，2000）。可以想象，国内高校的英语模式授课实践效果可能还会低于香港，它给我们的教训和启示包括社会背景、政策等多方面。

“双语/EMI”课程能否获得成功，学生的自主学习能力至关重要。课堂教学只是学生接触知识的一个界面，更大量的认知与学习应该发生在课后。“双语/EMI”课程对语言与学科知识有双重要求，厚重的原版教材不可能只在课堂上完成，如果没有足够的自主学习时间作为支撑，就无法保证学生的有效获益。我国从 2003 年开始提出“基于网络平台的自主学习”理念，此后全国开始了大规模的网络平台建设，各高校也尝试进行“自主学习”改革。笔者曾经对浙江省大学英语教学改革的两位负责人进行访谈，她们提到：

首先，以网络为平台的自主学习一是为了解决师资力量薄弱的问题；二是希望提高学生的学习效率和学习兴趣，提高听说能力。但是全国大多数高校目前仍在进行四、六级考试，在课时安排或教学重点方面并没有很高的自由度，很难做到真正的“自主学习”；

其次，素质不同的学生在自律性和主动性方面存在差异，部分学生有能力也愿意自己安排英语学习的方向和重点；而部分学生则依赖教师的引导；

最后，社会需求推动了教学改革，但是要真正实现网络上的学习，必然是个漫长的过程，影响的因素很多，阻力也非常大。

笔者在一所普通高校 S 的自主学习中心进行观察和随访，对 227 名非英语专业的本科生和 20 位教师进行问卷和访谈调查（详见李颖，2009）。本节仅以学生的课外预习、复习为例：很少非英语专业的学生会将课外时间花在英语学习上，而教学改革中一再强调的听说练习也仅占极小比例：

表 2－2　　学生在课外进行预习/复习的英语科目及比例

	听力	精读	快速阅读	阅读	写作	口语
课外预习的人数比例	7%	24%	11%	21%	2%	3%
课外复习的人数比例	7%	24%	19%	27%	4%	4%

问卷中只有 10% 的学生自认为有能力管理自己的英语学习，49% 不确定是否具备这样的能力，另有 19% 的学生明确表示不会主动学习英语。访谈中所有学生都感到已经习惯了“填鸭式”教学，希望还是由老师布置任务和安排进程；而课外的网上学习仅仅是为了完成作业。事实上，该校的教师对学生在英语学习方面的“自主性”也并没有很高的期望。开

始实施“自主学习”以来，学生课堂学习的时间少了，课后学习的时间在表面上是增加了，但实质性的效果却一点都没有体现。

显然，我国高校非英语专业的学生英语学习能力薄弱，缺乏动力和积极的态度。从外部条件看，学习者缺乏目标语的学习和浸润环境；从学习者的主观原因看，学习者对未来外语的实际需要并不是很清晰，认为英语不是必不可少的谋生工具。上举高校 S 的学生认为学英语是为了便于找工作（57%），或是为了通过 CET 考试（30%）。即便是以工作为目的，大多数学生也并未打算毕业后从事与英语有关的工作，因此学习英语是“不得已而为之”。这样的“无动力”大环境必然对学习者提出了更高的要求，他们必须用有意识的学习行为来取代自然语言环境中的习得行为。

四　我国高校开展“双语/EMI”教学的形式

（一）各高校的“双语/EMI”模式

笔者走访了国内的一些高校，从开设 EMI 课程的院系来看，外语系/学院参与的份额并不大，各高校的情况也不尽相同。首先，普通高校的在职外语教师通常都毕业于外语专业，而没有其他专业的学习和从业经验，不具备开设 EMI 专业课程的条件。在这些高校中，外语系/学院的教师通常只开设大学英语基础课程和一些面向全校的通识课，例如英美文化等。

其次，有实力的高校和相关院系聘请了较多数量的外籍专家和在海外获得学位的专业教师，他们在自己的研究领域直接用自己熟悉的语言（通常是英语）进行授课。在这些高校中，外语系/学院无须参与 EMI 专业课程，但是为了让学生适应全英语的专业课程学习，会配合各个院系的专业教学。主要有两种形式，其一是开设大口径学术英语课程，例如复旦大学，根据学校的特点和学生的需求，开设了“学术英语——管理”、“学术英语——社科”、“学术英语——医学”、“学术英语——人文”和“学术英语——理科”五大类。第二种形式是根据各个院系的要求，为学生量体裁衣。例如北京交通大学，有部分院系的学生可以不修“大学英语”课程而换成别的课程，例如软件学院和经管学院，外国语学院特别开设“听力强化”或“口语强化”课，满足不同专业学生的特殊需求。

第三，高校外语学院的教师正朝着跨学科方向发展。很多外语教师分别在不同学科获得硕士和博士学位，这为他们从事跨系跨学科教学提供了优越的条件，北京大学、武汉大学等都有获得跨学科博士学位的教师。例如，北大的一位教师既有外语学位，又有历史学学位，研究方向是中国历史文化，相较于中文专业的教师，她的优势就在于有能力用英语对中西方历史文化进行全面而有深度的阐述和比较。目前越来越多的高校都鼓励外语教师选修其他专业的学位，但是所修的专业以人文类居多，例如法律、经济等。

第四，有些高校的 EMI 课程比较有特色，通过多师合作教学的模式，弥补了各自为战的语言教学和学科认知脱节的缺憾。温州大学在尝试学术英语教学时采用“嵌入式专题教学”，学生在专业教师的指导下进行任务型学习，他们进行的相关调研、数据分析和成果展示都和专业相关，外语教学的“嵌入”时间是在每一项任务的总结阶段。学生必须用英语进行总结性陈述，这就要求学生具有使用英语进行专业分析的能力。

第五，有实力的高校拥有较多的外教资源，很多普通高校虽然没有能力聘请数量众多的外教，但是与外教合作的方式却可以多层面、多模态开展。

第一种比较直接的方式是让外教为全校学生授课、做讲座。周边高校可以共享外教资源，例如，学校开设校际合作的项目，让学生有机会参与周边高校的外教课程。像北京高校众多，外教云集，同一个外教可以在不同高校让不同专业的学生获益。

第二种方式，越来越多的外教已经不局限于为学生开设口语课，他们直接服务于一些高校的全英语学位课程。更为重要的是，很多高校意识到本校教师的职业发展和全球国际化趋势，鼓励教师随班全程听课，争取通过观摩外教的专业课程，自己开设类似的课程。这是本土教师不出国门与国际接轨最快捷的方式之一。

第三种方式，有些高校专门聘请外教来中国为教师培训。例如苏州大学，他们在写作教学模式的改革中，聘请专家对教师进行系统性培训，并引入“网改作文”，这一做法使师生的写作能力得到显著提高。

第四种与外教合作的方式也值得借鉴。中山大学每年开设 14 门 EMI 课程，以“英语传媒与文化”为例，他们每年 7 月聘请英国高校传媒专业的教师来华直接授课，共 12 次课程，授课对象是本校开设此课程的教师团队及其部分学生。每次授课都进行全程录像，在 9 月开学后，这些录像都将配合教师的上课进程，全部展示给学生。这样的合作方式充分利用了外教的假期，不需要非常高昂的成本，却能让本校师生接触到最新的学科发展动向。

第五种方式是受惠于高科技的发展，让外教直接进行远程授课。例如杭州师范大学开设了远程视频越洋同步课程“国际研究”，该课程始于2009年与美国印第安纳州立大学的合作。印第安纳州立大学的International Program与杭州师范大学外国语学院首先确立了双方技术人员和联系教师的沟通渠道；随后，双方建立互动视频课程平台，并就师资、学生互访交流等合作课题进行商谈，取得了实质性的进展。在课程设置方面，以美方主打的国际研究课为基础，一年级排四次课，二年级排两次课，与中方进行同步对接。中方则由外国语学院英语专业三年级的二十几位学生组成对接的班级。中方、美方的教师各主讲三次，真正满足了“中美教师资源共享、中美学生同堂交流”的课程国际化需求。

（二）成功进行EMI教学的策略

英语模式教学不是英语语言课，学科内容是教学的建架，不能以降低学科的教育质量为代价，去换取孤立的双语教学。胡壮麟（2004）建议：大学外语课程可以按涉外专业、半涉外专业及非涉外专业适当分类；语言教育应当为整个教学体系服务，双语教学要适合国情、教情和学情；在中国的外语环境下，学好外语的重要手段是模拟或构建接触和使用外语的环境（即第二课堂）。成晓毅（2005）推荐了四种比较适合中国高校的双语教育模式：逐步渗透型、穿插型、开设选修课型和渐进型。从课程内容来说，胡伟华（2008）建议从语言课程抓起，将语言课教学内容与专业教学有机结合，英语精读、泛读以及听、说课的内容都应根据学生所学专业进行调整，使其包含更多与学生所学专业相关的课文。

宁波诺丁汉大学“专业导向”英语教学模式（Academic English Model）可以说是国内成功的全英语教学模式典范之一。入学时英语基础与其他高校差不多的中国学生，在短短一年内，英语能力获得了突破性的提高，第二年就能用英语攻读英国大学课程。束定芳、陈素燕（2009）通过对宁波诺丁汉大学第一学年的英语教学情况跟踪调查，对其成功的教学模式进行了分析，其中最重要的一点是课程设计的特色：所有课程都以“学术”为导向，整个教学过程和所有教学活动都由此展开。同时，宁波诺丁汉大学的教师既专业又敬业，具有良好的“自主”意识，教材选用合理、课堂教学有效。

袁笃平、俞理明（2005）介绍了上海交通大学的双语教学建设专项及其具体运作过程。其中，在师资上，一方面，强调教师具有自己的学科背景、良好的英语基础和英语教学经验；另一方面，对教师进行相应的培训。在学生方面，循序渐进地设置课程及制定授课要求，例如：在第一轮，英语含量达到30%，在第二轮，达到50%。在教材方面，不是单纯引进原版图书，而是有选择地进行整合或改编。项目研究组还设计了教师、学生、教学环境和课程的评估，从多角度多侧面分析评议双语教学的效果。

上海交通大学“深入开展多模式国际合作办学，培养具有国际竞争力的优秀人才”项目获得国家教学成果奖一等奖。以该校与美国密西根大学共同建设的上海交大密西根学院为例①，该院有两部分教师，终身教职（Tenure Track）大部分毕业于欧洲名校，用英语授课能力较强；非终身教职（Non - tenure Track）是教学的主力，不做科研，主要任务就是上好EMI 课程。在课程设置方面，大一开设了部分双语课程，如数学和化学，同样的一门课都设两个班，学生可以自由选择全英语班或双语班，从第二个学期开始基本上全部是全英语课程。很多 EMI 课程都安排了双教师制度，一位老师负责讲内容，另一位老师负责讲英语。

广东外语外贸大学从 2002 年开始在部分专业开设 EMI/双语课程，仲伟合等（2010）介绍了该校的双语教学改革实践。该校国际商务管理、国际经济与贸易、金融学、市场营销专业在新生考试中经遴选各招收 1 个全英/双语教学班。2003 年该校制定了《广东外语外贸大学关于开展全英/双语教学班试点工作的规定（试行）》，明确和规范全英/双语教学班教学行为。每年面向全校一年级新生招生，新生入学后的第一、二周根据学生报名情况进行考试遴选，择优录取，被录取的学生重新注册。从 2006 年开始，全英/双语教学班改为各学院按核定的招生计划直接招生，或在本院录取的本科新生中选拔。至 2010 年，该校开设全英/双语教学班

① 资料来源于上海交通大学密西根学院首任执行院长张申生教授在教学发展中心网上发表的专题：“交大在本科生培养阶段加入全英语教学环节的考虑”。http：//ctld. sjtu. edu. cn/index. php？ q = story/1323665767。

的专业已达6个。国际商务专业已经实现了所有专业课程全部使用英语授课，其他专业根据具体情况采用了外文教材，以全英/双语为主进行教学，或使用外文教材、以汉语为主进行授课。

台湾成功大学在全校以团队的形式开设了一些EMI课程：Business Management、Basic Science、General Engineering、Information Technology和H－tech Industries等。团队成员包括多个学院的教师和公司的负责人，他们会先针对学生做需求分析，然后确定教学主题、教材或教材库。

（三）上海市高校示范性EMI课程建设

2010年12月，《上海市中长期教育改革和发展规划纲要（2010—2020）》指出：上海将不断增强城市的综合竞争力和国际竞争力，到2020年基本建成国际经济、国际金融、国际贸易、国际航运“四个中心”的社会主义现代化国际大都市。为此，高等教育面临着重大任务：（1）推进教育国际化，扩大教育对外开放，大力培养国际化人才，提升上海教育国际化水平；（2）增强学生国际交往和竞争能力，培养具有国际视野、知晓国际规则并能参与国际交流的国际化人才。

在《上海规划》正式出台之前，上海市高等教育委员会已经颁布了相应的政策。2009年，《上海高校示范性全英语教学课程管理办法》（沪教委高〔2009〕51号）提出：为促进和形成一批教学理念先进、教学内容优化、教学方法合理、教学水平高的全英语教学课程，发挥课程的示范辐射作用，提高高等学校教学质量，上海市从2009年起开展高校示范性全英语教学课程建设，面向各高校本科非语言类的专业基础课和专业课。示范性全英语教学课程的建设内容包括师资的培训与培养、聘请国外教师、专家来华讲学、制作优秀全英语教学课件、举办全英语教学经验研讨等。同时，积极利用现代教育技术手段，共享相关教学资源，以发挥示范辐射作用。

“全英语教学”是指使用英语进行全程授课（重要概念、关键词句等可用中文补充说明），包括课程设计、课堂讲授、实验、上机指导等。在全英语教学课程中，教师选用国外优秀的英文原版教材作为主教材，制作并使用英文课件，用英语讲授课程内容并与学生开展互动，布置并批阅英文作业，考试采用英文命题并要求学生用英文答题。

1. 申报

“示范性全英语课程”的申报在程序上按照分批建设、逐步推进的原则，从2009年起，每年支持建设30—50门左右的示范性全英语教学课程。课程采用年度申报立项制度，每年下半年，各高校可进行课程申报，上海市教委将委托有关机构和专家进行示范性全英语教学课程评审。按照“公平公正、分类指导、好中选优、宁缺毋滥”的原则进行评审后，确定示范性全英语教学课程建设项目名单，并上网公示。

获得立项的上海高校示范性全英语教学课程建设负责人与市教委签订建设目标协议，市教委将组织专家按建设目标进行中期检查和课程验收，相关教学资源及时提供共享，以发挥示范辐射作用。通过三年建设，经验收合格后由上海市教委授予“上海高校示范性全英语教学课程”荣誉称号，并向社会公布。

获得立项的上海高校示范性全英语教学课程由市教委资助6万元课程建设资金，其中2万元将直接拨付给上海高校外国教材中心用于购买英语原版教材，供学生在课程教学中循环使用。除市教委资助经费外，申报课程所在学校应为示范性全英语教学课程提供配套经费，支持做好师资的培养等。

对比2009年和2013年的申报条件，显示了上海市教委对条件作的一些调整：

（1）2009年“优先考虑基础课程以及信息、金融、法律、生命科学等学科专业领域课程”，2013年进行了修改：优先扶持列入“085工程”中重点专业建设的相关课程、实施“卓越工程师培养计划”的相关课程，重点鼓励信息、金融、法律、生物科学等学科领域课程。申报课程应有一套科学完整的教改方案，在改革教学理念、吸收先进教学内容、创新教学方法和考核手段、提升教学水平方面具有示范作用。

（2）2009年要求申报课程的负责人要有1年以上（含1年）海外教学工作经历，2013年取消了对年限的规定，仅提出须有“一定的”海外教学工作经历。

2. 验收

上海市的示范性全英语课程建设取得了很好的试点效应，从2012年起进入验收期，上海市教育委员会出台了《关于做好上海高校示范性全英语教学课程建设验收工作的通知》（沪教委高〔2012〕67号）。

该通知要求验收涵盖所有2009年上海高校示范性全英语教学课程建

设项目，共45门课程①。本次验收按照《管理办法》的要求，对照课程立项时的目标和规划，对课程建设情况进行全面验收。具体验收工作委托各课程建设项目所在高校具体负责实施，包括课程建设团队自评、专家评审和网上公示等环节。各校在验收结束后，将验收材料和验收结果报上海市教育委员会，上海市教育委员会将在审核材料的基础上，对部分课程进行实地抽查，并公布最终通过验收的课程名单，授予其“上海高校示范性全英语课程”称号。

本次考核的目标包括：（1）课程建设的理念先进、教改方案科学完整、改革措施有力，达到了立项时设定的课程建设目标；（2）课程在提升教学水平和国际化程度等方面具有示范作用。课程教学目的科学明确，课程大纲、计划和教案等文件齐全规范；课程选用优秀原版教材，教学内容先进，教参材料丰富；课程努力改革教学方法和考核方式，注重培养学生的创新思维与能力，提升学生的国际交往与竞争能力；（3）课程实际教学效果好，课程教学团队的建设富有成效，吸引外校（籍）专家参与教学，受到学生欢迎；课程的学生评教优秀，课程特色鲜明；（4）课程的经费使用合理。

从“验收报告书”的设计来看，评估的标准制定得很全面，不仅要对课程本身的教学过程进行评估，也要求阐述课程建设在提高教学质量方面所取得的效果和特色（包括实际上课效果、教材选用情况、教学内容与方法的创新、课程教学特色、网络资源建设、考试考核的方法、国际化程度的提高等）。在具体成果方面又比较细致，兼顾教学与科研。例如，选用的教材不仅须列出名称、出版社和出版时间，还须列出选用该教材的国内外典型学校。课程建设周期内的授课情况须列明所在学院的排名、学生评教的得分、专家、领导、教学督导组等评教的情况。如果开设了中文授课的平行课程，还须简述中文课程的学生数和学生评教情况。在科研方面，“验收报告书”须简述课程在建设周期内取得的成果（发表的教学研究论文等，师生获奖情况等）。“验收报告书”最后部分是验收专家组名单，要求由3—5名专家组成，其中包括3名以上校外专家和同行专家。

根据2009年的立项要求和2012年的验收标准，上海市教育委员会在

---

① 具体课程名单参见《上海市教育委员会关于公布2009年上海高校示范性全英语教学课程项目名单并下拨建设经费的通知》（沪教委高〔2009〕63号）。

2012 年 10 月 25 日公布了验收情况的通知（沪教委高〔2012〕81 号）。本次有 29 门课程通过验收、9 门课程基本通过验收、6 门课程未通过验收，同意 1 门课程申请延期验收。根据 2009 年的《管理规定》，同时授予 29 门通过验收的课程“上海高校示范性全英语课程”称号。

首批获此称号的课程包括：复旦大学的“西方国际关系理论”、“国际法”和“国际商务管理”；上海交通大学的“国际经济法”和“数学分析”；同济大学的“数据库原理与应用”和“环境化学”；华东理工大学的“电气自动控制系统”；上海外国语大学的“国际传播概论”和“市场营销”；上海财经大学的“西方经济学”；上海交通大学医学院的“内科学”和“口腔正畸学”；华东政法大学的“知识产权法”和“银行法”；上海海洋大学的“环境科学导论”和“食品化学”；上海电力学院的“国际营销”和“电力市场”；上海对外贸易学院的“电子商务”和“商业物流学”；上海工程技术大学的“系统模型与模拟”；上海理工大学的“纳米技术”；上海应用技术学院的“计算机网络原理”；上海金融学院的“国际金融”；上海电机学院的“公司理财”；上海商学院的“酒店战略管理”；上海政法学院的“国际商事仲裁法”；上海杉达学院的“工商导论”。

这些课程中占较大比例的是经济和金融相关课程，这些课程原有基础比较好，而且在上海这样的国际都会和全国最大的综合性工业城市里有很大的需求，因此师资力量雄厚，国际化程度较高，很多高校都能较快地顺应国际化要求建设成全英语示范性课程。而上海市教委同样关注的信息、法律和生物科学却只有极少数课程建设成功。

3. 后续非英语专业本科生的大学英语教学改革试点

在启动建设示范性全英语课程一个周期后，上海市教育委员会于 2013 年提出了针对所有高校非英语专业本科生的《关于开展大学英语教学改革试点工作的通知》（沪教委高〔2013〕2 号），上海高校大学英语教学指导委员会制定了《上海市大学英语教学参考框架》，建议各高校参照此《参考框架》开展改革试点工作，根据本校的实际情况，贯彻分类指导、因材施教的原则，制定科学的、个性化的大学英语教学大纲。

参与起草该《参考框架》的编者讨论了上海市经济、社会发展和高等教育国际化形势；对上海 24 所不同类型高校的学生英语水平和学习需求进行了调查；查阅了国内近 20 个学科（如计算机、化学、自动化等）

的专业规范或教学大纲对学生的外语能力要求；参考了香港地区六所主要高校，日本东京大学、京都大学、早稻田大学、庆应义塾大学，台湾成功大学，中国内地的宁波诺丁汉大学和清华大学等高校的大学英语课程设置（蔡基刚，2013：4）。《参考框架》特别指出，专门用途英语（ESP）是为学生专业学习需求或为未来工作需求服务的语言教学。根据使用目的的不同，ESP又分为职场英语（EOP）和学术英语（EAP）。职场英语是具有岗位培训特色的英语教学，学术英语则是一种在高校层面上为大学生用英语进行专业学习提供语言支撑的英语教学。《参考框架》认为学术英语是高校大学英语教学的主要内容，具有帮助大学生从高中通用英语过渡到大学用英语进行专业学习的不可或缺的桥梁作用。

上海高校的大学英语体系由过渡课程（通用英语课程，主要为英语水平较低的新生补基础而设置的听说、阅读、语法等课程）、核心课程（学术英语课程，分为通用学术英语课程和专门学术英语课程两类）、选修课程（培养学生通晓本专业国际规则、掌握学术交往中的跨文化交流、合作和沟通的技能）三部分组成。《参考框架》从教学内容、课程体系、教学安排、能力目标、教学评价、教材开发和教师发展等方面对学术英语课程教学提出了较为详细的建议。此次试点要求：列入教育部和上海市的专业综合改革试点、卓越工程师教育培养计划、涉外卓越法律人才培养基地的所在院系和专业应率先积极开展试点。

第三章

EMI与高等教育国际化

随着改革开放的不断深化，我国的国际地位和国际影响力日益增强，同国际社会交往日益频繁，为了更好地推动各项事业的发展，我们需要加强对世界的了解，也需要促进世界对中国的了解。为此，高等教育国际化是必然的趋势，适应这种趋势已经成为高等教育发展政策的一个基点，《规划纲要（2010—2020）》强调高等教育的国际竞争力，鼓励学校优势学科面向世界，支持参与和设立国际学术合作组织、国际科学计划，支持与境外高水平教育、科研机构建立联合研发基地；加快创建世界一流大学和高水平大学的步伐，培养一批拔尖创新人才，形成一批世界一流学科，产生一批国际领先的原创性成果，为提升我国综合国力贡献力量。高等教育要在科研、学术、人才、教学等方面加强国际交流与合作；要积极向世界开放教育资源和市场，并充分利用国际教育资源和市场；要在教育方法上适应国际交流与发展的需求。

一　高等教育国际化的含义

自20世纪90年代以来，由北美、西欧以及日本等国率先起步，推动一股世界性的高等教育国际化潮流。国际化是指超越国家界限的各种活动，意味着物质与文化的国际化。物质国际化即资本的跨国流动和全球发展（包括不均衡发展、可持续发展和生态关注）；文化国际化是全球化在精神与仪式上的表现。吴坚（2009）认为有四种关于国际化的理解：（1）参与到国家之间交往的国际环境之中；（2）向国际标准或水准靠拢，提高国际影响力，提升国际地位；（3）按照国际规则行事，这些规则既包括各国在交往过程中逐渐形成的习惯做法和先例（国际惯例），也包括调整国家间关系的各种准则（国际公法）；（4）在国际范围内配置资源。

据此，教育国际化就是超越国家界限的各种教育活动，包括参与国际教育交流，推广本国语言文化，提升本国教育的国际地位等内容。联合国教科文组织与国际教育发展委员会编著的《学会生存——教育世界的今天和明天》中认为，教育国际化就是要求教育“反映出各国共同的抱负、问题和倾向，反映出它们走向同一目的的行为。其必然的结果则是各国政府和各个民族之间的基本团结”；“在消除了偏见与沉默的情况下，以一种真正的国际精神发展相互间的接触”①。在这个意义上，高等教育就是一种重要的知识产业，也是提高国家经济竞争力等的主要工具之一。

联合国教科文组织所属的国际大学联合会将高等教育国际化定义为：高等教育国际化是跨国界和跨文化的观点和氛围与大学的教学、科研和社会服务等主要功能相结合的过程，这是一个包罗万象的变化过程，既有学校内部的变化，又有学校外部的变化；既有自下而上的变化，又有自上而下的变化；还有学校自身的政策导向变化②。Jane Knight 认为高等教育国际化是把国际的、跨文化的和全球的维度与高等教育的目标、功能（教学、研究、服务）和传递相结合的过程③。日本广岛大学教育研究所喜多村和之教授提出了衡量高等教育国际化的三条标准，即通用性、交流性和开放性（黄进，2007）。如何界定高等教育国际化的内涵？Jane Knigh 在系统梳理文献的基础上概括出高等教育国际化含义界定的四种基本方法（王璐、曹云亮，2005；陈学飞，2008；吴坚，2009）：

第一，活动的方法。活动的方法主要是从各种各样的具体活动出发来描述高等教育国际化。这些活动主要包括学生和教师的国际流动、课程设置的国际化、合作研究、技术支持等。美国的 Arum 和 Van de Water 基于对美国在过去30年中使用的概念和定义的分析，认为高等教育国际化包括三种主要因素：（1）课程的国际内容；（2）与培训和研究相关的学者和学生的国际流动；（3）国际技术援助与合作计划。因此，他们给高等教育国际化下的定义为：与国际研究、国际教育交流与技术合作有关的各种活动、计划和服务。

---

① 联合国教科文组织与国际教育发展委员会：《学会生存——教育世界的今天和明天》，教育科学出版社1996年版，第286页。

② http：//www.unesco.org/iau/tfi_ framework.html.

③ http：//www.unesco.org/iau/internationalization/i_ definitions.html.

第二，能力的方法。能力的方法是从培养发展学生、教师和其他雇员的新技能、态度和知识的角度来界定国际化，重点关注的是高等教育相关主体在国际化中所获得的能力的提升，高等教育国际化的主要目的就是培养掌握国际化的能力，能够参与国际竞争的人才。

第三，文化的方法。主要关注在大学校园内形成国际的文化氛围。这种方法侧重的是那些注重和支持跨文化的、国际的观点和首创性的大学和学院中形成发展国际的精神气质与文化氛围。美国的 Harari 把国际教育与教育的国际化视作同义语，认为国际化教育不仅应当包括课程、学者和学生的国际交流、与社区的各种合作计划、培训及广泛的管理服务，还应当包括：明确的赞同，积极的态度，全球的意识，超越本土的发展方向及发展范围，并内化为学校的精神气质。

第四，过程的方法。这种方法把国际化看作是国际的维度或观念融入高等学校的各主要功能之中的过程。各种学术活动、组织策略、程序与战略都是这一过程的组成部分。

上述四种不同的角度和方法互相交叉与补充，在不同维度上对高等教育国际化进行了阐释。学者们也对高等教育国际化构成要素进行了研究，各有不同的认识（戴晓霞，2004；张芹，2005；陈学飞，2008；吴言荪，2007；吴坚，2009；周烈，2009），主要可以归结为：

1. 国际化的教育理念

即要从全球的视角出发来认识教育的改革与发展问题。现代意义上的国际化教育理念认为高校必须从全球的视角来考虑自身的发展与定位，从全人类发展的角度来规划和设计自身的发展。21 世纪高等教育的重要职责是培养具有全球意识的复合型人才。大学要想全方位地实现国际化，首先就需要大学所有成员具备国际化的思想观念，而教学上的国际化则意味着先进的教学理念、知识结构、教学方法、教学手段以及开展国际知识教学所不可或缺的语言工具。

2. 国际化的课程体系

联合国教科文组织在 1998 年的世界高等教育大会上发表了《21 世纪的高等教育：展望和行动世界宣言》：国际合作精神应融入课程设置和整个教学过程。国际化的课程旨在培养学生在国际化和多元文化的社会工作环境下生存的能力。高校要以科技发展趋势及社会需求为前提，结合自身优势，建立与国际接轨的课程体系和教学内容。

3. 国际化的培养目标

高等教育国际化致力于培养能够参与国际化竞争的、具有国际视野的国际化人才。国际化人才是指具有国际化意识和胸怀以及国际一流的知识结构，视野和能力达到国际化水准，在全球化竞争中善于把握机遇和争取主动的高层次人才。21 世纪人才素质可以参考以下标准：积极进取开拓的精神；宽广的国际化视野和强烈的创新意识；熟悉掌握本专业的国际化知识；熟悉掌握国际惯例；较强的跨文化沟通能力；独立的国际活动能力；适应科学技术综合化发展趋势的能力；较强的运用和处理信息的能力；而且必须具备较高的政治思想素质和健康的心理素质，能经受多元文化的冲击，在做国际人的同时不至于丧失本民族的人格和国格。

4. 国际化的人员交流

高等教育国际化的一个重要体现就是人员的国际交流，对高等学校来说，主要包括教师的国际交流和学生的国际交流。构建国际化教育体系，首先必须解决教育传播主体也就是师资力量国际化问题。教师的国际交流是高等教育国际化的核心内容，只有建立一支具有国际知识和经验以及国际交往能力的高素质教师队伍，高等教育整体的学术水平和教学质量才有可能在国际化过程中得到进一步提升。另一方面，学生的国际交流也是高等教育国际化水平的重要标志。

5. 国际化的学术与科研合作

学术与科研的无国界性是高等教育国际化的内在动因，所以，高级学术交流与合作研究是高等教育国际化的重要内容之一。联合国教科文组织在 1995 年提出的《关于高等教育的变革与发展的政策性文件》指出：国际合作是世界学术界的共同目标，而且还是确保高等教育机构的工作性质和效果所不可缺少的条件。高等教育已经在知识的发展、转让和分享方面发挥了主要作用，因而在学术上的国际合作应为全面开发人类的潜力作出贡献。

二 “关键语言”政策

（一）外语——资源论

在进入全球化的 21 世纪，外语早已不是单纯的工具，而是一种资源，不同的领域要有不同的关键语言，如：国家安全、外交、军事、经济、文化、科技、体育、教育和学术研究等领域。Wright（2004）分析了全球化背景下的语言政策发展走向，探讨多种语言发展的途径，他对语言政策的研究视角已经从原来的民族主义转移到全球化。英国伦敦大学的 Block（2002）介绍了全球化理论路径和前景，探讨在语言政策指导下的教学改革方略。据 PRNewswire 报道，2011 年 4 月在洛杉矶召开了第五届全美医学译员认证论坛，国际医学译员委员会（IMIA）的执行理事 Izabel Arocha 陈述了她的担忧："在美国，由于病人的英语水平有限，语言障碍严重威胁到健康与生存，一次医学翻译的失误就意味着生命的终点。"

沈骑在中国外语战略网上对国外的外语战略作了简述①。2002 年，英国政府由教育技能部颁发了一个题为"全民语言学习"的文件，从战略高度提出了外语教育改革的目标和总体设想。日本和韩国也建立了外语教育政策的战略价值取向，将外语教育提升到国家战略的高度。近十年来，日本先后出台了《战略构想》和《行动计划》等多项报告和文件，明确将外语教育作为国家战略进行发展。韩国政府以举国机制推进外语教育改革，彰显韩国国际化战略的强大意志。2008 年，越南政府出台了具有战略意义的"国家教育体制下的外语教学规划"（2008—2020），越南政府为了推进这一中长期外语教育发展战略，将投资约 10 亿美元，在大、中、小学全面进行外语教育改革，目的就是帮助学生适应全球化发展的需要。刘倩（2010）分析了汉语在美国作为关键语言之一的地位：目前，在美国 3000 多所大学中，开设汉语课的超过 800 所。在美国大学生经常修习的 12 大语种中，汉语是近年来选修人数增长最快的一个语种，目前排在第 7 位。在哥伦比亚大学等高校，汉语甚至成为仅次于西班牙语的第二大外语。与此同时，中国已经超过日本成为美国学生赴亚洲留学的最大目的国，并成为全球第九大留学目的国。

在英语几乎成为世界通用语的今天，美国人也意识到了外语的重要性："说别国的话"可以促进相互理解，传递尊敬之意，并走进别国的文化生活。美国教育部"国家安全语言计划"网站的首页是布什总统的一段话：

---

① http://www.flpp.shisu.edu.cn/s/21/t/48/1e/a8/info7848.htm，2011 年 11 月 25 日。

Learning somebody else's language is a kind gesture, and a gesture of interest. It is a fundamental way to reach out to somebody and say, "I care about you". I want you to know that I'm interested in not only how you talk but how you live.

(President Bush, January 6, 2006[①])

外语能力和外国文化理解能力的匮乏，削弱了美国的跨文化沟通能力和对国内外安全局势的了解，在很大程度上制约了从“边缘国家”向“非一体化隔阂国家”输送安全与全球化思想的努力，同时也限制了美国公共外交的有效性和对国际地缘政治关系格局的掌控力，以至于威胁美国的国家安全（王淳，2010）。据统计，美国能够使用双语的人占总人口的9.3%；而欧盟有56%的人可以流利地使用两种语言（王建勤，2010）。

在未来的全球化竞争中，外语能力成为国家竞争力的重要组成部分，国家的经济、文化竞争力将以国家的外语能力为支撑。中国是学英语的大国，据教育部网站消息，2011年12月，刘延东[②]在第六届孔子学院大会开幕式上指出，目前，中国有3亿人学习外语，涉及56个语种，其中大中小学生就有2.6亿人。但是，真正能用英语交流的人数却很少。2010年，中国社会科学院发布的《中国“走出去”战略下外贸人才需求预测与供给对策研究》报告显示，在全国范围内，能熟练运用外语和法律知识与国外客户洽谈业务、签订合同的人才仅有2000人左右，而熟悉国际法和国际贸易法及WTO规则的律师则更为稀缺，即便是在最前端的上海，5000多名律师中只有约50名具备这样的素质和能力（方虹、冯哲，2010）。教育部副部长、国家语委主任李卫红2011年4月8日在“扬州论坛：语言与国家的安全和发展”开幕式上指出：欧盟自2007年起将语言学习纳入“终身学习计划”，提出了母语之外再掌握两门外语的目标。我国也需要对公民语言能力的发展提出具体要求，将国家语言能力落到实处。

---

① 引自美国教育部国家安全语言计划NSLI网站：http://www2.ed.gov/about/inits/ed/competitiveness/nsli/index.html。

② 中国新闻网，http://www.chinanews.com/edu/2011/12-21/3547117.shtml。刘延东，中共中央政治局委员、国务委员。

（二）美国外语政策和国家安全

美国国家外语中心（National Foreign Language Center）的终身主任 Richard D Lambert（兰伯特），曾担任美国政治与社会科学研究院院长。他长期在大学承担外语、国际关系、区域研究的教学与研究工作，并长期从事语言政策研究，其相关著作在 1993 年由美国国家外语政策中心结集为《语言与国际研究——兰伯特的视角》出版。兰伯特指出，美国政府和企业的外语人才需要无法得到满足，这一问题制约了美国政府的工作和美国企业的发展，美国在与外国交往中缺乏外语能力将日益成为美国对外交往中的障碍。他认为这一问题的主要原因是美国缺乏系统的全国外语规划，仅有的外语规划只是零星出现在教育体系中的各个学段，彼此缺乏联系。在这一点上，我国的状况很相似，中小学衔接、高中和大学衔接都无法实现整体规划。同时，外语教学目标缺乏评价标准，这会使任何改革难以达到目标。

20 世纪 50 年代以来，美国政府制定和实施了一系列与国家安全直接相关的语言政策、法案和项目，将外语能力和对外国文化的理解力视作捍卫国家安全、提升公共外交的有效性以及推进美国意识形态传播的必要手段。这些举措标志着美国国家语言战略重心的转变，将外语教育提升到了全球化时代国家安全和全球竞争力与领导力的战略高度，鲁子问（2006、2007、2008）是较早对美国关键语言政策进行研究的学者之一，他曾经依托国家社科基金，以“外语政策与国家安全和社会发展”为题进行了较全面的研究。

1957 年，苏联第一颗人造卫星上天，使美国政府产生强烈的危机感。哈佛大学的校长柯南特认为，苏联在技术上的突破，其秘诀在于教育制度，呼吁彻底改造美国教育制度，提升国民科学技术和外国语言能力的紧迫性及其与国家安全的密切联系。1958 年，美国国会通过了《国防教育法》，提出加强数学、自然科学和外语教育，推动这三门课的现代化，第 6 条专门规定了外语教育问题。这一条文多次扩展，成为美国多项外语项目的法律基础。根据该法，联邦政府拨出数百亿美元支助各州的教育改革。1957—1958 年，美国第 85 届国会的议员们至少通过了 80 项涉及教育的法案，不仅加强了数学、科学等学科的教育，同时还加强了对俄语等外语人才的培养。1984 年，《经济安全教育法》授权联邦为提高外语教学而拨款。1993 年，国会修改通过《国家安全教育法》，要求为美国情报机构和外交部门培养更多外语熟练的工作人员。该方案为大学生去海外学习提供奖学金，向大学拨款以改进文化和语言训练。

美国国家外语中心（National Foreign Language Center，NFLC）长期呼吁从国家安全高度制定美国的外语政策。该机构的刊物《政策问题》（*Policy Issues*）发表了多份报告对这一问题展开讨论。1999 年 12 月，NFLC 发布题为“语言与国防部：21 世纪的挑战”的报告，该报告指出：美国目前在全世界的军事战略需要大量的外语专业人员①。2000 年 11 月，NFLC 在其《政策问题》发布“语言、国家安全与学术领域：联邦行动建议”报告，该报告指出：“外语一直被认为对于国家安全是不可或缺的。”② 2002 年 1 月 16 日，NFLC 和美国国家安全教育项目办公室（National Security Education Program）一起在华盛顿召开了“语言与国家安全”的通报会，探讨国家安全与外语教育③。

1979 年，直接隶属于总统的美国外语研究与国际研究委员会发表的一份报告曾指出，“在国际军事、政治和经济环境中的风险因素不断增加，对美国的资源、公众智慧和公共敏感度提出前所未有挑战的情形下，美国人的外语技能和国际问题研究能力却是每况愈下”（Perkins，1979：457）。王淳（2010）详细介绍了美国国家语言战略，包括国务院的“语言继续教育计划”项目、国防部的“语言改革路线图”项目、投资于重点高等学府设立的 15 个语言资源中心，以及在马里兰大学成立高级语言教育中心，重点围绕政府部门和研究机构所关注的重要议题开展基础和应用研究。马里兰大学高级语言教育中心的使命就是通过开展语言研究直接服务于国防部、中情局等情报机构，最终服务于美国政府。

2003，美国国会议员 Rush Holt 向议会提交《国家安全语言法案》（National Security Language Act）时指出：如果我们不能致力于学习世界各关键地区的语言与文化，我们将无法捍卫国家的安全。在这个问题上不作为不仅是不负责任的，而且是危险的。他列举了一个重要的事实：分布在全世界 70 个国家和地区的恐怖分子所说的语言有数百种，但是美国从高

---

① National Foreign Language Center，Policy Issues [D]，1999.

② National Foreign Language Center，Policy Issues [D]，2000.

③ http：//www. nflc. org. 2004 - 5 - 3 [OL].

中到大学，99%的学生学的是欧洲语言。2009年6月18日，美国应用语言学中心（The Center for Applied Linguistics，CAL）指出：外交人员、士兵和安全部门必须能够与当地母语人群进行有效的沟通，从而建立有效的工作联系，以及理解对方的忧虑、逻辑和价值观，特别是理解言语的细微差别及隐含意义。

在这一系列会议和提案的推动下，2006年1月5日，美国总统布什正式发布了以国家安全为直接目标的外语政策——“国家安全语言启动计划”（National Security Language Initiative，NSLI）①，将语言问题上升为国家安全问题。明确提出了鼓励美国公民学习国家需要的“关键语言”（critical－need languages），包括五种语言和三个语系②：汉语、日语、俄语、阿拉伯语和朝鲜语，以及印地语系、波斯语系和土耳其语系，实施从幼儿园到大学连续的外语学习与教学计划。其首要目标是确保美国在21世纪的安全和繁荣。其次，外语技能以及对外国文化的敏感度至关重要，而缺乏外语技能是美国商界参与开发海外市场的一个巨大的障碍。因此，NSLI计划的第二个战略目标是通过提高外语能力，使美国在全球化竞争中提高经济竞争力。第三个战略目标是利用“语言武器”传达美国的意志，希望通过“说别国的话”来实现所谓“新帝国”的理想（刘晗，2006）。

这一重大政策是在美国总统布什、国务卿赖斯、国防部长拉姆斯菲尔德、教育部长、国家情报委员会主席、参议院外交委员会主席和120多位大学校长一起参加的会议上发布的。这项政策的发布如此隆重，其重要性可见一斑。布什总统介绍了这项政策的基本方针：“这一项目是保卫我们的国家这个战略目标的组成部分。这是一个范围广泛的计划，涉及我国的国防，我国的外交，保卫我国的情报和我国人民的教育。”

这一计划是为了美国国家安全和国际竞争而制定的，主要有三个方面的目标：一是增加美国掌握关键语言（critical languages）的人才数量；二是培养美国高水平的关键外语人才；三是培养更多的外语教师。这一计划在2007财政年度的拨款达1.14亿美元。图3－1是NSLI基金对四个部门

① http：//www.state.gov/g/rls/rm/2005/58737.htm［OL］.

② 引自美国教育部国家安全语言计划NSLI网站：http：//www2.ed.gov/about/inits/ed/competitiveness/nsli/nsli－faq.pdf。

相关项目的投资（2007 年和 2008 年）。

NSLI Funding

	Activity	FY07* Final Approp	FY07 (Budget Request)	FY08 Final Approp	FY08 (Budget Request)
Department of Education	Foreign Language Assistance Program(FLAP)	$24 mil	($24 mil)	$26.5	($24 mil)
	Advancing America Through Foreign Language Partnerships	$0	($24 mil)	$0	($24 mil)
	Language Teacher Corps	$0	($5 mil)	$0	($5 mil)
	E-Learning Language Clearinghouse	$0	($1 mil)	$0	($1 mil)
	Tearher-to-Teacher Initiative	$0	($3 mil)	$0	($3 mil)
Office of the Director of National Intelligence	STARTALK	$4.9 mil	($4.9mil)	$12mil	($10mil)
Department of Defense	Expanding K-16 pilot to 3 programs	$3 mil	($3 mil)	$3 mil	($3 mil)
	Expanding the National Flagship Language Initiative	$11.3 mil	($7.2mil)	$11.2mil	($8.7 mil)
	National Language Corps	$6.5 mil	($9 mil)	$6.5 mil	($9mil)
Department of State	Intensive Summer Language Insticutes	$6 mil	($6 mil)	$9 mil	($9 mil)
	Gilman Scholarship Enhancement	$1.1 mil	($1 mil)	$1.1 mil	($1.1 mil)
	Fulbright Student Program Enhancement	$1.5 mil	($3 mil)	$1.5 mil	($1.5 mil)
	Fulbright Foreign Language Teaching Assistant Program(FLTA)	$5 mil	($5 mil)	$5 mil	($5mil)
	High School Teacher Exchange	$900,000	($2.6 mil)	$1.5 mil	($1.5 mil)
	High School Summer Language Institutes	$1.3 mil	($1 mil)	$5 mil	($5 mil)
	High School Semester and Year Abroad	$0	($8 mil)	$3.6 mil	($3.6 mil)
	NSLI Total　All programs	$65.5 mil	($107.7 mil)	$85.9 mil	($114.4 mil)

* "ordirected funds"

图 3－1　NSLI 基金对美国四个部门相关项目的投资

美国“关键语言”战略的提出，按照哥本哈根学派的说法，表明语言问题被“安全化”（王建勤，2010）。也就是说，语言问题，就像环境问题、能源问题、恐怖主义等问题一样，已经被纳入了国家非传统安全的视阈，被上升到国家安全战略的高度。

在未来全球化的竞争中，国家的经济、文化竞争力将以国家的外语能力为支撑。经济全球化迫使美国人去竞争工作职位，而不再有国界限制。美国国会议员 Akaka（2009）认为，外语技能对保持美国的经济竞争力是非常重要的。当时，美国“关键语言”战略推出了“K－12 计划”和“K－16 计划”，外语学习就成为从幼儿园到大学的连续学习过程。就美国实施“国家安全语言计划”的现状来看，美国的确是在不遗余力地贯彻“关键语言”战略。因为他们看到了外语教育在未来全球化竞争中将会给美国带来政治、军事、经济和文化等各方面潜在的收益。

（三）日本的关键外语

和中国相似，英语在日本也是一门外语，但却不是一个静止不动的语言系统，而是一整套由不同的实践与概念组合而成的观念。日本由于在经济上比较依赖进出口，外语的应用能力在其经济发展中发挥了巨大的作用。日本国民的英语学习已经不再限于勤奋学生的课本学习，也不再认为英语是因为他们无力反抗统治者而被迫学习的语言。Philip Seargeant 曾撰写专著 *The Idea of English in Japan* 评论日本的英语教学。他认为，日本总是和国际社会若即若离，日本的国际化似乎更多的在于“吸收外来影响”，而不是“与外界互动”。在语言上表现出来的就是复杂的借用模式：音系上同化，而词形上日式化，在语义上却又在一定程度上和英语源语相关联。

从 2000 年开始，日本政府实施了“推进英语指导方法改善恳谈会”、“英语教育改革恳谈会”等听取各方面意见，全面讨论、研究了有关英语教学改革的问题。数次讨论与恳谈，促使从制度、课程、教学方法、师资培训等方面进行了全面的改革，提出了大学要实现从“学习英语”到“用英语学习”的思路（张文友，2001）。2001 年，日本发表了《关于从国外招聘 ALT（外语指导助教）的新决定》。2002 年，基于日本英语教育改革的根本目的，发表了《培养“能使用英语的日本人”的战略构想》报告。2003 年，出台了《培养“能够使用英语的日本人”的行动计划》。

李天鹰（2003）、Butler & Iino（2005）、李雯雯和刘海涛（2011）等对日本英语教学改革进行了梳理，其中提到，《行动计划》中确定了两个方面的目标：其一，提高全体国民的英语能力。在全球化进程中，全体国民应具备用英语进行日常会话和简单信息交流的能力。这项是主要针对初、高中毕业要求达到的目标。其二，提高专业人士的英语能力和从事国际社会活动人士的英语能力。这项是主要针对高等教育阶段的教学目标。《行动计划》有以下一些特点：（1）对于英语交际使用能力的培养要运用到全民，而不仅是一些特定的群体；（2）包含了具体措施和实施数据；（3）给予教师、政府和社会团体很大的自主权，使得他们有更多的机会成为语言教育政策中主动的参与者而非被动的执行者。（4）允许小学或学校董事会根据自己的判断实施“外语行动”，以增强国家教育。

继《培养“能使用英语的日本人”的战略构想》和《培养“能够使

用英语的日本人”的行动计划》两份纲领性文件之后，日本政府又实行了一项新的英语教学计划“Immersion Program”，决定从2003年7月起投资1亿8千万日元，用于日本英语教师的培训（宫景然、白亚东，2005）。2006年1月，大学入学考试改革正式实施，英语考试增加了听力部分。日本在实施英语教育发展战略时，有以下几项重要的战略措施（李雯雯、刘海涛，2011：88）：激发学习者学习的积极性，增加使用英语的机会，扩大留学机会，改善入学、入职考试；加强英语教学与研究，推进小学英语会话活动，改善课堂教学；提高英语教师任职资格和标准，促进教师录用制度的改革，加强教师在职培训；引入和实施新课程，促进优秀课堂实践的交流与共享；提高学生母语能力等。

（四）中国的国家外语能力

教育部语言文字信息管理司李宇明司长在2008年时指出，我们国家缺少一个权威的部门管理外语的规划、外语的研究与教学，全国没有一个部门来协调外语标准和外语教学。

在全球化背景下，外语教育在国家教育体系和国家战略中占有什么样的地位和作用?《规划纲要（2010—2020）》是我国21世纪第一个中长期教育改革和发展规划，对国家的教育改革和发展起到纲领性的指导作用。该纲要明确了到2020年我国教育改革发展的指导思想、总体目标、发展思路和基本政策取向，提出2012年教育改革发展的阶段性目标和重大政策措施。在《实施重大项目和改革试点》的第21章第66条明确提出“培养各种外语人才”的重要任务。外语教育的科学规划有助于培养富有创新能力的多语人才，促进国际交流与合作；而教育的战略发展也离不开科学的外语教育规划。王银泉（2013）撰文《从国家战略高度审视我国外语教育的若干问题》，提出我国的外语教育战略必须重新定位，科学规划外语教育使之既实现经济全球化时代对人才的实际市场需求培养目标又服务于国家安全战略，对于我国政治、经济和国家安全乃至中华民族的强盛有着十分重要的战略意义。戴炜栋（2009：9）总结了三个方面：首先，要使社会各界人士认识到外语在我国教育中的重要地位。在一定意义上，外语有助于我国在国际政治、经济、文化等舞台上发挥更加重要的作用。其次，要切实认识到正规教育与学历培训之间、全日制教育与业余大学培训之间的互补关系。最后，要促进全民外语教育的发展，鼓励外语能力认证机制的建立，加大网络教学资源建设，密切国际交流与合作，充分挖掘相应的教学资源，创设外语学习环境，为全民外语教育营造良好的氛围，进一步提升全民外语水平。

在传统意义上，外语被视为其他学科的“工具”。不可否认，外语的功能之一是“工具”，但是从上文的介绍和分析可以看出，外语并非仅仅是工具，而必须将外语的作用置于全球化的国际视野中，从整个国家战略、社会进步和人才发展的全局考虑。刘利民（2009）指出，目前，我国整个外语教育仍以“粗放型”为主，区域差异、城乡差异普遍存在；教学上过于强调外语的工具性而忽视其本身的人文性。我国是一个外语学习的大国，但是国家拥有的外语能力却远远不能满足国家发展之需（李宇明，2012）。戴炜栋（2009：5）也认为，我国外语教育在规划方面尚有不足，布局不够合理，学科布点的数量和范围与国家对外语人才的战略需求尚不能完全吻合。2007 年 12 月 25 日，中国外语战略研究中心成立，开展了外语应用、外语需求、外语教育、外语舆情的调查与研究，为国家制定外语发展战略和相关政策提供咨询服务。该中心集聚了上海外国语大学及国内外高校与研究界多学科、多语种的相关资源，以成就学术优势并推动外国语言学及应用语言学的发展。2011 年 11 月，由国家语委和上海外国语大学合作共建的科研基地——中国外语战略研究中心正式挂牌。作为国家语委首个科研基地，其目标就是成为国家制定外语战略的智囊库和信息中心。

据束定芳（2009：265—266）介绍，教育部副部长郝平在 2009 年致信上海外国语大学曹德明校长，对上外成立中国外语战略研究中心和主动对接国家战略开展一系列外语战略研究给予了充分肯定和高度评价。信中说，近年来，随着改革开放和奥运会、世博会等大型国际活动的开展，公共服务领域外文使用越来越多。虽然目前在国家的法律法规中，还没有明确规定外语在中国的语言地位，但是在实践中外语已经成为教育、科技和日常生活的重要因素，外语已经成为国家重要的语言资源。郝平指出，加紧制定国家的外语战略已经势在必行，教育部和国家语委的同志都对该项工作十分重视。

文秋芳（2011）从战略的高度将外语能力分为：国家外语能力、全民外语能力和公民外语能力。

国家外语能力是一个国家运用外语应对各种外语事件的能力，衡量的根本标准是一个国家能够使用的外语资源的种类与质量。一个国家很难预测何时何地需要何种外语解决突发事件，因此，从这个意义上说，全世界的语言，无论是通用语种还是非通用语种，都属于国家外语能力的范畴，都需要有相应的外语人才储备。

全民外语能力是一个国家内全体公民运用外语的能力，能够体现该国公民的文化素养与综合素质，其衡量的标准是外语的普及程度与整体水平。

公民的外语能力是个人运用外语的能力，通常通过考试来测量，不同国家与地区有不同的评估标准和检测方法。

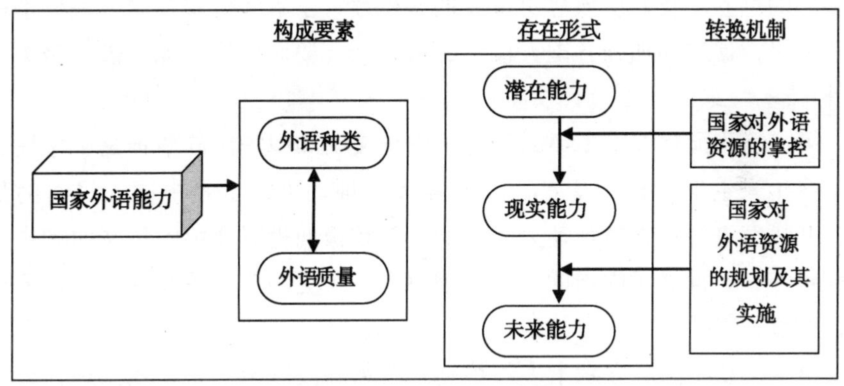

图3-2　国家外语能力的理论框架（文秋芳，2011）

这三种能力之间的关系可以这样阐述：全民外语能力是公民外语能力的集合，两者是群体与个体的关系，公民外语能力越高，全民外语能力也就越强。全民外语能力是国家外语能力的基础，也是国家外语能力的一部分，但是全民掌握某种外语的能力较强未必能够保证国家外语能力较强，因为国家可能随时需要某种特殊的语言，而全民水平最高的也许只是英语。

从中国国家发展的战略高度出发，外语是连通中西文化、科技的桥梁和纽带，旨在实现文化互通、融合，提升全民国际素养，塑造现代化、国际型的大国形象，构建国家国际竞争力，提高国家文化软实力。因此，外语战略价值观问题是当前中国外语教育政策发展中最根本、最核心的问题。

三　国际化对外语教学提出的要求

（一）我国外语教学与国际化

最早分析英语作为全球通用语的著作大约出现在20世纪90年代后

期，广告、广播、流行歌曲和科技等方面普遍使用英语，英语的使用覆盖率远远超过其他外国语言。2011 年 9 月，江泽民在《领导干部一定要努力学习外语》一书的序言中指出：

第一，世界是丰富多彩的。人类社会经历了漫长的发展历史，形成了二百多个国家和地区，创造了异彩纷呈的文明。世界各国人们创造的文明是人类的宝贵财富，一个和平相处、共同发展的世界，只能是一个各种文明相互交汇、相互借鉴，所有国家平等相待、彼此尊重、充满活力而又绚丽多彩的世界。我们应该尊重世界的多样性，了解和借鉴各国人民创造的文明成果，促进和加强各国人民的交流交往。要做到这一点，需要努力学习外语。

第二，我国有五千多年的历史，中华文明和中华民族精神是中华民族五千多年来生生不息、发展壮大的强大精神动力，也是中国人民与时俱进、开拓奋进的强大精神动力。我们应该积极向世界介绍中华文明和中华民族精神，让世界对中国的了解和理解有一个更为广阔深厚的基础。要做到这一点，需要努力学习外语。

第三，新中国成立六十多年特别是改革开放三十年来，我国现代化建设取得了举世瞩目的成就。但同时，中国的历史和现实决定了中国发展必须走适合自己国情的道路，了解了这一点，才能真正了解当代中国。我们应该积极向世界介绍我国基本国情，让世界了解中国人民坚持的发展道路、发展目标、发展方向，为我国发展营造良好国际环境。要做到这一点，也需要努力学习外语。

在序言的后半部分，江泽民强调了语言在国际交往中的重要作用。语言是人类交往的重要工具。加强同各国人民的交流交往，需要在学好祖国语言的同时认真学习外语，领导干部尤其要以身作则。领导干部如果能够直接用外语进行基本交流，都来做促进相互了解的工作，就会产生很好的效果。

2012 年，为深入贯彻落实胡锦涛总书记在庆祝清华大学建校 100 周年大会上的重要讲话精神和《规划纲要（2010—2020）》，教育部出台了《关于全面提高高等教育质量的若干意见》（提高质量 30 条），其中多次提及了国际化的需求。例如，第十一条提出在工程、医学等领域积极探索与国际实质等效的专业认证，鼓励有条件的高校开展学科专业的国际评估；第十二、十三、十八条提出推进协同创新，瞄准世界科技前沿，面向国家战略和区域发展重大需求，探索建立校校协同、校所协同、校企协同、校地协同、国际合作协同等开放、集成、高效的新模式，积极推进国际联合研究中心，推进海外中国学研究，鼓励高校合作建立海外中国学术研究中心；第二十五条提出提升国际交流与合作水平，支持中外高校间学生互换、学分互认、学位互授联授。继续实施公派研究生出国留学项目。探索建立高校学生海外志愿服务机制。推动高校制定本科生和研究生中具有海外学习经历学生比例的阶段性目标。全面实施留学中国计划，不断提高来华留学教育质量，进一步扩大外国留学生规模，使我国成为亚洲最大的留学目的国。以实施海外名师项目和学科创新引智计划等为牵引，引进一批国际公认的高水平专家学者和团队。在部分高校开展聘请外籍人员担任“学术院系主任”、“学术校长”试点。推动高校结合实际提出聘用外籍教师比例的增长性目标。做好高校领导和骨干教师海外培训工作。支持高职学校开展跨国技术培训。支持高校境外办学。支持高校办好若干所示范性中外合作办学机构，实施一批中外合作办学项目。

（二）国际化对高校EMI提出的要求

高等教育国际化程度非常重要的一个环节就是国际化人才的培养。国际化人才培养，就是要营造一种开放合作、让学生能够参与国际竞争与文化融合的大学文化氛围和人才成长环境。学者们从多个方面进行了分析，例如，曹德明（2011）提出以国际化培养为主线，倡导在人才培养定位和课程设置上，更加接近国际化需求，创新教育方式，强化思维训练。

1. 国际化对高校外语教学提出的要求

上海复旦大学外文系孙俪教授曾被聘为上海市地方性法规规章英文译审专家、上海外语教育出版社特约译审。他在新中国成立60周年教育发展丛书中表示，我国的英语水平总体上还比较低、落后于客观需要。他举了两个例子（孙俪，2009：10—11）：上海街头用油漆刷得鲜艳夺目的这样一句大标语“Make the sky much bluer, make the land much greener, make the water much clearer and make the living much better”，汉语原文是“让天更蓝，地更绿，水更清，居更佳”。他感慨于这样的真实水平。从字面上看，语法似乎没有问题，可能有个别的用词不当，可问题的关键是，同样的意思以英语为母语者会用更灵活的方式与不同于此的句型来表达。第二个例子是上海世博会的口号英语译文“Better city, better life（城市让生活更美好)”。这一定是经过了权威部门与人士认可的，其本身也简短有力，但是孙教授总觉得“better city”这一搭配很别扭，难道英语中会说 A is a better city than B 或者 City A is better than City B 吗?

我国的经济与社会发展在客观上需要优质的外语教育，因此，在国际化需求下的高等教育必须加强外语教学。北京大学法学院多年来聘请外教开设法律英语课程，极大地提高了学生的法律英语水平。该院数次应邀组队参加国际大学生模拟法庭竞赛，在同以英语为母语的众多竞争对手的较量中，成绩名列前茅，获得母语为非英语参赛队的最好成绩（白燕、潘庆德，2007）。王雪梅、徐璐（2011）将国际化外语人才分为学术型、专业型和职业型人才：

表 3 -1　　人才类型及相关知识结构（王雪梅、徐璐，2011）

人才类型	学术型人才	专业型人才	职业型人才
人才职能	从事外交事务和语言文学翻译等本体研究、教学研究等，如外交家、语言学家、语言教育家等	从事专业翻译、人力资源管理和教学等规划、决策、专业性的工作，如跨国企业的国际公务员、复语翻译等	从事语言技能应用性工作，如办公室文员、导游、报关员等
知识结构	以学科为本体、跨学科等理论知识为主	兼顾专业理论与应用性知识	以专业应用性知识为主

从表 3 -1 中看出，虽然这是针对外语类人才进行的分类，但不论是学术型、专业型，还是职业型，都需要外语学科以外的知识。反之亦然，非外语专业的人才只要具备了一定的外语基础，也可以成为具备外语能力的国际化人才。

从非英语专业的人才培养来看，他们是否需要强化英语能力，他们的英语能力和职业趋向是否有密切的关联？这些也正是 EMI 模式需要解决的问题。余樟亚（2012）分析了行业英语的需求状况，在对入行招聘、岗位职能和企业培训三方面进行调研后提出：要在大学英语教学中逐步增加行业真正所需的专门用途英语。首先，行业特殊岗位的英语要求仅靠基础英语教学远远不能达到；具体岗位的英语工作依然离不开听说读写译等基本技能（以电力能源行业为例）；在英语实际使用的层面，管理层的要求与一线员工的感受存在一定差异；必须进一步结合实际情况加强职业研究，以满足行业英语的真正需求；从从业人员的自身发展出发，他们同样需要实用性的英语教学内容。该研究最后明确指出：如果真正要使学生在今后工作和社会交往中能用英语进行有效的口头和书面信息交流，就不能对学生将要进入的行业对英语的客观需求不闻不问，更不能以“大学英语学时数少”、“学生将来就业不确定”或者“大学英语培养一般的跨文化交际能力”等为理由，不进行与行业需求明确相关的英语知识和技能教学。这些与行业相关的英语能力培养可以通过行业专业英语教学来满足，也可以建立在普通大学英语课程的基础上。例如，在基础阶段可以解决的是与语言和规范相关的知识，包括英语缩略语、科技语言特征、技术谈判与学术交流的相关规范、英语学术论文写作等。

蔡基刚（2010b）提出，对于有一定行业背景的高校，要努力在硬件、师资等方面创造条件，将基于行业需求的专门用途英语作为大学英语教学的重要内容。

2. 高校科研与文化传播的EMI需求

从另一个侧面分析，高校还承担着科学研究、文化传承与传播的使命。一些科学发现是否能被国际学术界所认可，研究人员能否得到国际同行的尊重，在很大程度上取决于他们在著名国际期刊上所发表的学术论文。但是，很多优秀的科研人员仅仅因为蹩脚的英语水平而无法与世界对话。成功的论文发表会吸引外来的合作项目进一步深入研究相关课题。精心撰写的学术著作也可以行文流畅，让读者爱不释手。20世纪60年代以前，鲜有人关注环境，也找不到“环境保护”一词，1962年，一部报告文学作品《寂静的春天》（*Silent Spring*）问世，这是标志着人类首次关注环境问题的著作，作者描绘了一个没有鸟、蜜蜂和蝴蝶的世界，她预言了农药对人类的危害。今天，凡是关注环境的学科都将此书奉为经典，将其称为“生态运动”发出的起跑信号。试想，如果此书不是英文著作，就不会受到这么多的关注，我们的生态运动也许会推迟到另一位科学家做的某个实验之际。

在1999年到2009年这十年间，国际科学期刊上有一名以上中国作者的作品数量从30000篇发展到接近120000篇，这个四倍的飞跃远远超过了美国（从265000篇到340000篇），但是绝对值还是远不如美国。从科研成果来看，我国在国际上仍然不具有较大的影响力。对于读不懂中文的外国人来说，中国在人文社会科学方面的国际影响力也非常有限。国际科研合作是大学国际化的重要组成部分，也是大学学术声誉的重要保证。广泛开展各种国际学术交流，召开国际会议和共同申请国际科研课题是科研国际化的一个重要途径。在以英语为国际学术语言、以欧美文化为国际强势文化的环境下，以中文来表述的学科研究成果很难引起世界的瞩目，也就很难具有世界影响。因此，为了提升国际地位，就要求各个学科的科研与学术交流都有能力运用英语，参与国际对话并发出自己的声音。科学成果的交流是各个学科内部以及跨越学科界限的知识融汇，而除了上述目的，这样的国际交流还有如下实际意义：

（1）留下永恒的、可为公众获取的科学研究记录；

（2）避免科学研究中的无谓重复，为进一步深入研究奠定基础；

（3）展示研究的成果，以此说服那些提供基金的机构给予更多资源；

（4）保持科学的自我识别；

（5）在科学界和学术界，发表科研成果的数量已经逐渐成为职业评价的工具。

（Mkandawire，2010：3）

在中国经济迅速崛起的今天，海外青年来中国学习的比例也越来越高。目前，对于中国大多数高校来说，用英语讲授的专业和基础课程都不能满足需求。因此，来华的留学生通常只能用中文学习专业课程，这势必会影响海外留学生来华深造的热情和积极性。用英语开设课程就成为高校必须完成的使命，也决定着我们的高校是否能对这些留学生保持持久的吸引力。北京大学设计了特色项目吸引更多的学生求学燕园。据夏卫红和马岚（2007）介绍，至2007年，北大有近30个英文授课的短期“中国学项目”，通过与世界知名高校合作，吸引海外学子负笈北大，如2006年启动的“北大/耶鲁联合本科项目”，聘请两校精英教授，用英文授课，每学期来到北大学习的24名耶鲁本科生与相同人数的北大学生共居一室，互帮互学。这一项目是中外文化交流的一次成功尝试。

四　师资国际化的策略

科南特校长坚信卓越师生是大学成功之本，大学的荣誉在于它一代一代教师的质量。任何课程的作用的充分发挥有赖于教师的教学理念和不断完善的意识，因此，仅对课程进行改革还不足以解决问题。设计得再好的课程也都无法避免两个问题：其一，无论一种课程的知识面有多宽，它仍然是“挑选后的知识”——从知识总体中挑选出来的一小块而已。其二，即使人们可以设计出“完美”的课程，任何法定或成文的课程计划都有可能跟教师和学生头脑中的实际知识相去甚远。因此，在加强课程改革的同时，必须加强师资队伍的建设（包括对教师职业道德的教育、业务的培训——尤其是实施全英语课程教学的技能培训等）。

（一）双语/EMI师资的国际化需求

英语模式授课的核心是用英语教学专业课程，而不是以专业知识为承载来学习英语，教师不仅要有较高的专业知识，而且要有相当的英语水平，能用英语组织课堂教学，用英语进行那个专业学科知识的讲解。教师是成功开展EMI教学的一个关键因素，各类研究关于教师的素质基本可以达成共识：

（1）英语模式授课的前提是具有高水平的英语师资，否则必定不能保证学生英语水平的提高。

（2）学生也必须具备一定的英语水平作基础，否则教师和学生在课堂上不能全部用英语交流。

（3）教师和学生必须在教学理念上达成共识，否则双方就没有使用全英语交流的内驱动力。

国内主要的“双语/EMI”师资主要有三个来源：直接从海外引进学科专门人才；由英语水平较好的专业学科教师授课；由英语教师上非英语学科的课程。

专业学科教师对语言类教学存在缺憾。多数高校专业学科外语课通常由各专业教师开设，主要包括专业词汇和专业术语介绍。由于专业教师本身对外语的掌握程度各不相同，而且对语言类教学方式缺少前期积累和实践经验，因此这些课程仿佛只能起到背单词的作用。例如，非英语专业的教师较难总结专业词汇中的派生词和复合词，或帮学生梳理专业英语的独特结构，因而学生对于词汇、术语及文献的理解是孤立的，甚至是纯记忆的，不利于学生对专业术语的语言特征保持应有的敏感度。

授课教师英语水平参差不齐。教师是目的语输入的主要来源和标准目的语的使用者，在英语模式授课中，教师本身的语言水平就成为一个至关重要的条件。我国的现状是：绝大多数专业教师的英语水平有限，尤其是口头表达能力较差，甚至英语教师也并非都有能力用全英语授课。很多教师实际上只是使用英语来组织课堂教学，真正用英语进行有意义交流的情况很少（束定芳、庄智象，2008：161）。再者，很多教师的专业学科知识很多都是来自汉语文献，他们习惯于用汉语思维来阐述学术观点，因此用英语讲授专业课时也会有疏漏。

英语教师技能单一。部分英语教师也开始尝试开设其他学科的双语/EMI 课程，但是我国绝大多数英语教师的学历背景是英语语言文学，常年接触的是英美文学、语言学和翻译，他们的其他学科专业知识有限，授课过程中会损伤学科知识，或者只是点到皮毛，不能进行深入解读或引导，甚至有些课程仿佛只能起到背单词的作用。这样容易导致学生孤立地理解词汇、术语及文献，不利于进一步独立学习。

“双语/EMI”课程在对学生接受程度方面比普通课程有更高的要求，因此，教师不仅要关注如何教，还必须关注如何调节学生的学习才能使课程的有效性最大化。如果教师将 100% 的精力放在自身提高上，而学生的努力是 0，那么最后的效果也是 0。如果教师将 50% 的精力挪出来放在学生这里，学生的成果就可以达到 25%，或者更高。这 50% 的精力可以用来了解每个学生的认知背景、学习目的、学习弱点和强项等，随后给他们提出相应的建议。从调研来看，三个来源的“双语/EMI”师资缺乏合作，各自为战，导致大多数高校无法实现真正意义上的、系统化的“英语教学模式”。

教师的能力影响着高等教育国际化中课程体系的建设与完善，以及学生的综合能力培养。也就是说，师资国际化是实现高校课程国际化的媒介，又是实现学生国际化的桥梁。Dentler 和 Hafner（1997）认为，如果没有合格的双语教师，就不可能实施任何双语课程（pp. 40—49）。欧盟各国、美国、日本等国的世界一流大学都非常重视教师在学术知识、科研课题、项目开发等方面的国际合作与交流；要求教师具有在国外学习、生活或培训的经历（李永强、罗云，2009：27—28）。许多国际高校采用全球招聘来组建教学团队，且不说英美等国际高校，仅以邻近的香港城市大学为例，该校拥有的教师来自澳大利亚、比利时、巴西、法国、巴基斯坦、西班牙、埃及、土耳其、新西兰、德国、美国和英国等 30 多个国家，这就建构了一支高度专业化和多元文化的教师队伍。

全美教师教育认证委员会 NCATE 的报告《什么最重要：为美国未来而教》、美国教育协会 ACE 与美国教师教育院校联合会 AACTE 的报告都指出：教师的质量与学生学业成绩之间的相关性大大超出对学校的各种物质投入、学生的家庭社会经济背景等其他因素[1]。美国的三大教师专业组织INTASC（州际新教师评价与支持联合会）、NBPTS（全美专业教学标准委员会）和NCATE（全美教师教育认证委员会）对教师的评价虽然各有侧重，但都涉及了以下范围：有关学生的知识，有关学科的知识，有关教学法的知识与技能，有关课堂管理和评估的知识与技能，有关反思性教学方面的知识与技能等（洪明，2010：205）。这一系列要求虽然没有提及国际化需求，但是美国作为一个经济高度发达，科技领先，移民及外来人口数量庞大的国家，其师资队伍的国际化意识应该是常规化、普及化的，涵盖了学生、学科知识、教学法、课堂管理及自我提高等方面。

（二）我国本土师资国际化的现状

作为国际化创新型外语人才的培养者，教师在如何有效培养学生的国际视野和创新能力方面的艰辛可以说是筚路蓝缕，急需各种层次广泛交流的支持，把国外先进的教学理念和教学实践模式带入国内课堂。

海外直接引进师资有限。师资国际化包含两层含义：从国外直接引进师资，或采用本土师资国际化策略。虽然引进海外高素质的教师是与国际接轨，解决全英语模式授课的最佳途径，有条件的国内高校也确实从海外引进了不少专业人才，但是引进的高层次人才在数量上远不能满足需求；而且多数高校在经济实力、科研条件、学术氛围等条件的制约下，没有可能配备这样的EMI授课团队。同时，引进的师资又由于国内科研条件落后，科研资料贫乏等原因而阻碍学术突破，影响其在学术界和教学界的作用。因此，应对EMI课程还是要把重点放在本土师资的国际化方面。正如《规划纲要（2010—2020）》提出的，要“通过研修培训、学术交流、项目资助等方式，培养教育教学骨干、‘双师型’教师、学术带头人和校长，造就一批教学名师和学科领军人才”。高校教师要打破学科界限，形成跨学科高水平教学和科研创新团队。

本土师资海外经历有限。我国本土师资国际化整体水平不高，有海外高学历的教师数量有限；虽然不少教师也有在国外研修的经历，但长期在国外工作和学习过的为数不多。多数高校专任教师中在国外获得博士学位

---

① National Commission on Teaching & America's Future, Teaching & America's Future, September, 1996.

的比例不足 20%，具有 1 年以上出国经历者不足 40%（许安国、赵庆先，2010：107）。

短期师资培训收效甚微。各高校鼓励教师积极参加国际学术交流：2011 年哈佛大学和 Brown 大学召开科研学术会议，复旦大学师生可直接申请，由学校与外方分担所有与会费用；清华大学 2009 年参加国际会议 830 余人次，全年出访教职员工 4140 人次。上海交大自 2009 年起举办教师英语授课能力培训班，结业后择优推荐参加海外培训项目。浙江大学 2006 年至 2010 年，共派师生出国出境 16048 人次。以上数据①没有明确显示在境外停留的时间，实际上即便是短期的境外学习培训，也因学校不同而机会不等。国内大多数高校的教师鲜有国际交流机会，无法在学科的前沿动态上与国际同步。

即使有些高校对开设双语或 EMI 课程的教师进行多渠道的培训，但短期在职培训的系统性及可持续性差，不足以弥补语言上的缺陷。为期数月至一年的海外进修虽然可以开阔教师的眼界、促进对国外学界的了解，但这些短期的进修还是无法真正深入了解国际前沿的学科动态，也不能从根本上提高国内教师用英语教授专业课程的能力（黄崇岭，2009：165）。同时，在短期的培训、进修或访问中，教师往往很难融入合作方的学术讨论，更难以参与科研活动和国际课题研究。

（三）本土师资国际化的策略

我国高校如何通过双语/EMI 课程改革来适应教育国际化的需要？目前各高校开设各种英语模式授课课程的目标与定位模糊、收效甚微，有些甚至具有负面效果，即学生在语言和专业两方面都没有出现期望中的收获。因此，在双语/EMI 课程设置上，要有可持续性，形成完整的体系，减少随意性和凌乱性；要使学生得到扎实的通识教育和学科知识教育，在课程设置上表现为通识课程、学科知识课程和教育类课程并重；而本土师资国际化是确保 EMI 课程体系的首要前提。

第一，高等教育国际化需要教师作为媒介来实现，因为 97% 的学生不可能出国，国际化的重要表现形式之一就在于学生在校园内有国际交流

---

① 数据来源于相关高校官网。

的机会[①]，而教师也就成为传播国际化理念的主力。因此培养高校师资的国际化意识和能力是推动教师自我完善、主动参与的思想前提。而教师只有在学术上不断进步和创新，才能获得持续传授知识和探求科学的能力；教师也必须不断更新知识，了解本学科最尖端的动态发展，才能站在学术的前沿。

第二，国际师资交流是提升本土师资EMI教学能力的重要手段。要改变教师单打独斗的现状，目标明确、有针对性地培养梯队化EMI教学团队。高校应在国际交流中争取与世界著名的大学建立长期稳定的友好合作，建立灵活多样的国际性师资培训体系，分批次、有重点地选派本土教师去深度访问、学习和承接国际项目。

第三，以国际学术交流与合作来改善本土教师的知识结构。国际化课程要求在内容上与国际接轨，因此，与国外的学术交流是最即时的途径之一。把国外学者、专家和代表团请进来讲学，会直接刺激教师提高对最新资讯的敏感度；引进的学者会将新的教学方法引进课堂；请国外的教学专家进行一次现场授课，教师们可以从中得到很多经验；而国内教师同样可以现场授课，以征得国际专家提供专业建议，包括对原版教材的解读，使国内教师有机会对教材中因社会文化背景不同而可能晦涩的部分进行探讨，提高原版教材的适用性。享有国际声誉的国内高校还可以与国外著名院校开展教师资源共享，互派教师进行实质性的合作研究，真正以参与者的身份接触最新专业发展动向及研究方法。

第四，目前国内高校基础各不相同，在引进境外教师条件有限的背景下，国内高校要对现有的师资进行优化配置、重新整合，鼓励教师选修第二专业的学位。充分利用专业教师和英语教师的优势，组织授课教师分阶段进修与培训，从而以教师各自的专长、教学经验、跨学科能力等为基础，以EMI教学团队的模式保障学位课程体系：统筹安排适合的教师相互配合，承担双语通识课、EMI通识课、基础语言课、全英语模式专业基础课和全英语模式专业进阶课等。以此培养具有国际意识、国际交往能力和国际竞争能力的创新型、复合型人才，并吸引海外留学生。

第五，EMI教学是专业教育的趋势，EMI教师的专业化进程刻不容缓。在对高校EMI教师的职业资格进行认定时，应将英语口语测试标准

① 国家教育发展研究中心：《2004年中国教育绿皮书》，科学教育出版社2004年版。

纳入教师的入职条件。

第六，对EMI教师的培训应该考虑多样化进阶式，教师根据自己的实际需求进行系统化的选择。例如，是专攻语言，还是侧重专业学术领域；是基础预备级课程还是专业后续课程等。在英文交流出现障碍时，为了避免回到中文授课方式，教师可以尝试使用图片、图表、模型、原版多媒体课件等教学手段；而作为语言和专业相结合的课程，学生交流能力、创新能力的培养又要求教师有能力激励学生进行积极有效的课堂讨论。显然，EMI教师所需要的教学技能应该超过其他教师。

第七，EMI教学的师资队伍直接影响到高校国际化人才的质量。在与世界各国的政治、经济、文化、科技、教育、体育等多领域的合作与交流中需要具备前瞻性和战略性的视野，教师在学术与教学能力提高的同时，也需要在一定程度上洞悉变化多端的国际局势。

（四）本土师资国际化的能力考察与评估

从国际教育界的发展动向来看，跨学科研究与教学依然在蓬勃发展，但是走在前列的高校已经不满足于“跨学科”，他们的实践已进一步达到“超学科”阶段。因此，我国高校师资国际化就不能不面对超学科能力，尤其是身兼数职的双语/EMI教师。

超学科是学科融合的最高层次，是在教育或创新系统中所有学科和跨学科的协调。Pohl和Hadorn（2008）将“超学科”定位为一项应用型的、以分析与解决问题为导向的、复杂多元的学科间相互配合的研究与教育方法。Lang等（2012）概述了超学科研究的理论与实践，继而分析了21世纪最初十年间欧洲、美洲、非洲和亚洲在实践中遇到的挑战和各自的应对策略。联合国教科文组织于1993年成立了国际超学科研究所，旨在研究自然科学与社会科学之间的新型相互关系。该研究小组成员认为，超学科研究的第一个重要领域应当是教育，特别是教育培训，同时应与国内和国际的决策者开展信息交换。它还拟定了一项超学科研究的职业法规。在第一章提到的哈佛大学Project Zero，以超学科视野探索智慧与思想、创新与艺术以及人类学习相关各方面的本质，凸显学科本身以及学科间联系的关键作用，迄今已有90多部专著和上百篇论文与报告面世。瑞士苏黎世联邦理工学院成立了ETH－NSSI超学科实验室，由各方面专家组成教师群，学生在解决问题时的方案设计和执行不限于生生或师生间，还将直接与社会相关人士接触，共同面对真实世界（例如辐射污染物处理等问题）。

由于国内开展英语模式授课时间较短，对教师的评价体系尚不完善，管理部门没有明确有效的评估标准，而教师本身也缺乏教学及科研的明确目标，有必要借鉴美国等对教师的评估方式，对双语及EMI课程教师的评估可以采用“档案袋评估”及“教学现场评估”相结合的方式，加强管理，促进教师间的交流以及教师的自我提高，以保障高质量的EMI课程。

“档案袋评估”是教师对自己的教学过程进行计划、回顾和反思的记录，并将自己的教学理念及最擅长的教学模式、最佳教学成果进行展示。档案袋的内容包括：对所授课程所属体系的认识及分析；所选用的教材；对教材进行改编的说明；完整的教案；教师自选的教学录像带；学生作业及批阅资料；与学生进行课后交流的资料；使用网络进行授课或交流的记录；本学科最新、最前沿的国际动态追踪记录等。

“教学现场评估”可以看作是对档案袋材料的验证和补充，包括专家评估、同行评估及学生评估等。

有效的教学评估需要经过实践的检验，也需要假以时日，不断地加以完善，才能促进EMI教师根据国际化进程，随时全方位地更新教学理念及自身的知识体系，服务于国际化课程。

在国际化的大背景下，教师的责任就是帮助学生实现国家目标，即培养有国际竞争力的人才。国际化的师资不仅仅意味着会说专业英语，懂专业知识，而且应当具备培养这样的学生所必需的知识和技能。国内高校引进高水平海外师资由于受各种条件所限，较难从本质上应对课程国际化和学生国际化的趋势，因此，本土师资国际化成为国内高校建设具有世界影响力学科的首选举措和重要保证。高质量的EMI教师必然具有良好语言能力和学科背景，能随时洞察前沿性的学科发展，并在使用英语进行研究的基础上进行教学。

五 EMI教材与中华文化的国际化传播

经济全球化已经成为世界经济总体发展的必然趋势，各国各地区的交流因而日益频繁。学生接触到的教学资料必须和国际接轨，要在学术上和知识上与国际一流大学无限接近。在互联网快速发展与普及的今天，高校可以通过和大型专业出版公司合作，购买最新的电子期刊、电子图书等教学资料。也可以与国外著名高校对接，引进他们最新出版的学术专著，让国内的教师和学生都能最快最及时地接触到学术最前沿。

国内高校涉外专业将教学目标定位在培养具有国际视野，具备多元文化素养，能和世界进行交流的国际化人才。为此，在课程设置、教材配备上充分考虑了外国文化、外国历史及外国文学等知识体系的导入，然而，几乎没有设置中国文化课程。我国外语教育战略长期以来都没有重视外语的另一项重要使命，即“让世界了解中国，让中国走向世界”这一对外传播国家战略的双重目标。同时，全外语版关于中国文化的教材种类较少，由此造成缺陷：当国际友人，特别是专家和我们的涉外专业人士进行交流时，相互间较多探讨的只是外方文化，而当话题涉及中国文化时，我方往往语言苍白，显示出力不从心。究其原因，是对母语文化知之不多，也是“中华文化失语”，即不能用母语以外的语言来表述中国文化（从丛，2000；张为民、朱红梅，2002；宋伊雯、肖龙福，2009）。沈骑（2011：75）指出：“由于外语教育政策科学体系的缺乏，又没有充分利用和发掘本土外语教育的特色，我国外语教育一直没有自身的政策话语体系。部分外语课程和教学设置、教学法、课程标准、教学内容标准、教材、教学评估以及测试评价等方面都不同程度地盛行‘拿来主义’，几乎全盘模仿和复制西方，从而致使西方话语充斥其中，本土话语缺失严重。”由此可见，国人在学习外语的同时却似乎忽视了母语文化的重要性。

党的十七届六中全会强调：“培养高度的文化自觉和文化自信，提高全民族文明素质，增强国家文化软实力，弘扬中华文化，努力建设社会主义文化强国。”“文化自觉”的观点最初由费孝通先生于1997年在北大提出。他说：“文化自觉是一个艰巨的过程，只有在认识自己的文化，理解并接触到多种文化的基础上，才有条件在这个正在形成的多元文化的世界里，确立自己的位置。”他还以自己八十岁生日时所说的一句话，作为对“文化自觉”的概括，即：“各美其美，美人之美；美美与共，天下大同”。“文化自信”，是指我们对自身文化价值的充分肯定和对中国文化生命力的坚定信念。既要坚守自己的优秀文化，又要通过交流和交融，吸收和借鉴外来优秀文化；既要正确对待自己的文化，又要正确对待别人的文化。

知己知彼，方能百战不殆，理解其他民族和被其他民族理解才能增强国家安全，这是在外语教育中加强汉语文化教育的必要因素。推动中国文化发展大繁荣，建设社会主义文化强国，涉外专业人才既责无旁贷，又大有作为；外语人才要有能力学习借鉴国外先进文化，更要鉴赏并传播中华民族的语言和文化。下文将讨论高校的教材和各种出版物如何以文化素养为立足点，培养外语学习者在多元文化语境下的母语文化意识及传播能力。

（一）多元文化语境下的母语文化

中华文明的形象是在五千年历史发展中形成的，长期影响着东亚与世界的文化系统，但是在19世纪末20世纪初，西方入侵及殖民贸易在助推中国走向世界的同时，一度导致了中国对自身文化的忽视。近来随着国力的日益提升，我国在世界范围内设立了许多“孔子学院”，这充分表现了我国与世界各国的友好关系，增进他们对中国文化的理解和接受。但是，在各种层面的中外交流中，没有充分利用各类涉外专业人才这个巨大资源在跨文化传播中自然地发挥介绍中国文化的作用，不能不说是一种遗憾，而其原因正是由于我们培养的涉外人才缺乏相关的素养。

关于“文化”的定义和内涵历来众说纷纭，但可以肯定的是，文化在各个领域反映着一个社会的发展。英国人类学家Edward Tylor在1871出版的《原始文化》中提出：文化是一种复杂体，包括知识、信仰、艺术、道德、风俗以及作为社会成员的人们能够获得的其他一切能力和习惯（Keesing，1958）。文化意识指的是对文化多元性的意识和对差异的宽容态度，对异域文化成员的共情能力，以及对自身文化价值观念及行为方式的觉察和反省（高一虹，2002）。语言是文化的本质，不同的语言都带有不同民族的文化烙印，在交际过程中，人们都在不知不觉中带着与其文化相应的社会期望，外语的使用者在使用这些语言时，是否会主动考虑对方如何看待事物，如何观察世界，从而避免互相误解。

文化是各民族在其历史发展过程中创造和发展起来的，具有本民族特点的物质和精神文化，包括衣食住行、生产工具等物质文化和语言、宗教、科学艺术等精神文化[①]。人们在学习一门外语或者一种异域文化的文学作品时，对其内涵的认识都会经过母语文化理解框架的过滤。为此，王佐良（1989）对译者的要求是成为“真正意义上的文化人，因为译者处

① 于光远主编：《中国大百科辞典》（民族学），北京银冠电子出版有限公司，第373—374页。

理的是个别的词，但面对的是两大片文化”。“两大片文化”很好地诠释了不同语言文化背景下的不同思维方式、不同叙事模式、不同文化源流及截然不同的语言结构。Nida（1993）的措辞更突出文化的地位：对于真正成功的翻译而言，熟悉两种文化甚至比掌握两种语言更重要，因为词语只有在其所处的文化背景中才有意义。早在2000年，《高等学校英语专业教学大纲》就对学生的文化素养提出了明确的要求：英语专业高年级学生首先要熟悉中国文化传统，具有一定的艺术修养，然后熟悉英语国家的地理、历史、发展现状、文化传统和风俗习惯等。2004年《大学英语教学课程要求》也对中国文化提出要求：提高大学生的综合文化素养，以适应我国经济发展和国际交流的需要。

在一般学生的意识中，文化可能是艺术、音乐、服饰等流于表面的东西，很少真正思考广义的文化。跨文化交际学的创始人霍尔（1991）曾在《无声的语言》一书中指出：“文化存在于两个层次中：公开的文化和隐蔽的文化。”公开的文化层可以是已暴露的物质文化，例如服装、建筑、饮食、交通等，而隐蔽文化的范围远远超过公开文化，包括以价值系统为核心的各种传统与当代的观念。霍尔认为：

> 文化隐蔽之物大大甚于其揭示之物。奇特的是，它所隐蔽的东西最难为其自身的参与者所识破。多年的研究使我相信，真正的工作不是理解外国文化，而是理解本国文化；我也坚信，人从研究外国文化所能得到的不过是表面的理解，这类研究最终是为了更加了解自己系统的活动状态。
>
> （霍尔，1991：32—33）

由此可见，跨文化意识中，对外国文化的认知和感知也可以以更好地了解母语文化为目的，或者说是通过强烈的对比和体验对自身文化产生意识。但综观我国高校教育现状，文化类的教材基本上属于公选课，全外语的教材种类较少；外语课程设置方面偏重于目的语的历史文化，却不设置中文或中国文化课程，少见使用外语教授中国文化的课程。也许是主管部门认为大学生从小学至高中已经掌握了中文，熟悉了中国的历史文化，因此就将较大精力分配在外国文化方面。但在调查中发现，高校学生的中国文化素养明显缺失，国人在跨文化交际中很多时候都不能用英语表达、弘扬自己的文化。宋伊雯、肖龙福（2009）分析了大学英语教师及学生，他们对中国文化知识的涉猎及中国文化知识的翻译都显不足。从丛（2000）指出，我国外语界忽视了“作为交际主体的另一方”的文化背景即中国文化的英语表达，应当将中国文化的英语表达贯穿到各层次英语教学中。

我国外语人才的培养应该在文化领域的“走出去”战略决策实施过程中发挥应有的积极作用。张绍杰（2011：19—20）认为可以把“传播与借鉴”作为外语教育的指导思想并以此指导外语教育实践，培养具有“传播与借鉴”能力的人才，即有能力传播中华文化和中国科技创新能力，参与国际事务，吸收世界先进文化和科技成果。

（二）一项关于高校学生母语文化意识的调查

当人们谈到长城，谈到丝绸之路，甚至谈到战国编钟，都满怀对自己历史文化的自信。但是能否将这些文化传播给世界呢？中国文化的优秀成果如天人合一、和谐文化等核心价值观的国际影响力还远远不够。显然，语言的贫乏是其中一个重要的障碍。

笔者在一所高校的新生和三年级学生中进行了一次小规模（48位学生）中国文化知识测验。测试后经统计，只有30人能完整写出四大名著的名称和作者；50%的学生没有答出中国的儒学三圣人（孔子、孟子和荀子）；49%的学生没有答出被奉为中国道教教主的是老子；而有45%的学生不知道《二泉印月》是瞎子阿炳的作品；17%的问卷中没能填出“包青天”的名字叫“包拯”；甚至有18%的学生没能正确答出“炎黄子孙”的含义，这些不能不说是母语文化的严重失落。在测试中，学生被要求默写两首唐诗，结果显示，流传特广的诗歌重复率极高，如60%的学生默写了《静夜思》，50%的学生默写了《春晓》，其余诗歌虽然流传甚广，但是能默写的人很少，例如：《悯农》（4人），《鹅》（3人），《早发白帝城》（2人），《赠汪伦》（1人）。

为了检验学生用英语表达中国传统文化的水平，问卷以身边最常见的中式食品为例，要求写出年糕、皮蛋、豆腐、豆浆、油条等15种食品的英文。有4位学生的正确答案个数为零，而多数学生（42人）只能正确写出1到5种食物的英语名称。学生中确实有1人答出了11种食品的英文说法，另1人答出7项，而这两位学生恰好在测试一周前经笔者的指导，整理了较多与中华饮食相关的英文表达方式。

在笔者的一个中美学生混合班上，学生能较完整地描述圣诞节、感恩节和匹萨等，却无法用英语表述中国的四大发明、端午节或灯谜等。

这些数据表明，我国高校学生在多元文化意识方面是不完整的，至少缺失了交流所必需的母语文化，这样，他们在中国文化的传播中所起的作用势必虚化。他们在大学毕业前，也许研究了莎士比亚的著作，却遗忘了巴金。其实，它折射出如下的社会现象：在外国文化源源涌入中国国土的时候，国人热衷于吸收和传播外来文化，但也许是“只缘身在此山中”之故，对自身的文化缺乏主动意识，并且没有相应的能力把它介绍给国外。

（三）对教材图书出版业的启示

在我们的教育体系中，中国文化的输出一直是被忽视的。我们的软实力，如表现中国的核心价值观、悠久历史、灿烂文化的作品在对外交流与影响力方面非常有限。一方面，出版业普遍重视对外汉语教材和图书的“走出去”，但另一种润物细无声的“走出去”相对比较弱势，即：面向中国学生介绍中国文化的全外语书籍不多。目前面世的主要英文版本如：《中国文化概论》（大学英语选修课/学科课程系列教材）（高等教育出版社）；《中国文化通览（英汉版）多媒体学习课件》（高等教育出版社）；《中国文化读本》（外语教学与研究出版社）；《21 世纪 CBI 内容依托系列英语教材：中国文化》（北京大学出版社）。此外还有少量的英文版本介绍茶文化、戏剧等。外语类教材中很注重西方文化的介绍，却鲜见对中国文化的描述。对于中国文化，高校学生应该至少能读懂全外语的介绍。因此，基于对文化内涵的把握，选题的深层次发掘要不断以新的思路、新的视角和新的表现形式去创造适合不同读者群体的文化产品，赋予自己所独有的鲜明特色（陈芳烈，2011）。教材的编写和选择以及课堂教学方法设计上必须将文化教学与语言教学综合考虑，有机结合。特别是可以借鉴商务英语经常采用的案例法，让学生亲身体验真实的文化碰撞。

传播中国文化也并不意味着固步自封，漠视被传播者的心理及价值观。贾爱武（2007：92—93）指出，在国际社会上还有一些敌视中国的冷战思维，要依靠文化软实力来消除国际舞台上的那些误会。语言是文化的载体，而目前英语又是公认的全球通用语言，因此，通过语言文化的传播，寻求中国文化传统与当代文化潮流的结合点也是让世界摈弃成见，初步接纳中国文化的一种策略。例如中国道家追求生态和谐的精神智慧，佛教空明淡泊的生活方式，与当代环境与生态和谐的生存观完全合拍。这些内容也是国人可以轻松打动世界，让世界接受中国文化的切入点。

另一方面，外语学习者的阅读材料可以借鉴那些写给外国人看的中文书籍，或是在国外可以购买到的关于中国文化的书籍，以此了解他们关心中国的哪些方面，有助于有的放矢。出版业也应随时关注外国人写的材料，发现他们未曾了解或有误解的中国文化精髓，予以补充和更正。

最后，出版相关学术著作也要注重培养外语教师的母语文化意识，培养中文教师的外语素养。在多元文化语境下重拾母语文化是一个渐进积累的过程，需要高素质的教师引导，才能更有效地强化和培养学生的文化敏感性，从而使学术著作更好地成为中国和世界的桥梁。

（四）在全外语出版物中重拾母语文化

在中华文化复兴的背景下，在国家软实力“走出去”的整体设计中，语言教育是基础，文化交流是途径（戴炜栋、王雪梅，2012：7）。灿烂的中华古代文明居于世界前列达数千年之久，是最悠久的文化之一。因此，我们对母语文化——中华文明应该充分自信，放眼未来，把它融入全球化的文明中。利用文化影响力来提升中国在海外的形象也是旨在把中国塑造成一个“软实力”大国的总体外交战略的一部分。以英语教育为例，把同外国人打交道看作有目的的文化接触，那么我们就有理由将多元文化视角的跨文化外语教学看成是一种文化接触的语文学（韩红，2002）。对中国文化传播的正确认识、评价以及实现，都离不开母语文化传播意识的培养以及外语能力的培养，而这两者都需要大量高品质的信息输入和信息习得。信息输入包含正规的教材、图书等出版物，而信息习得是耳濡目染或身教言传所得的信息。那么在我们的外语教育中失落的母语文化中有哪些可以成为跨文化素养中的切入点？首先是学什么？全外语版“中国文化”教材能为学生提供什么内容呢？

中华文化浓缩了整部中华民族发展史，也体现了民族的发展历程，内涵丰富。本节仅从国学、文学、地域文化、传统节日几个方面举些例证，进行简述。

国学是中华民族学术文化的总和。国学在古代是国家教育机构和高等学府，其教育课程主要是《四书》《五经》。在中国近现代，国学是对古代国学在学术意蕴上的传承与发扬，所蕴含的是以儒学为主的中华固有学术（张立文，2006）。现代的“与时俱进”、“和谐社会”等概念都取自儒学。大学生具备国学素养，也有助于他们对比异域意识形态，在交流中重视文化差异，用对方的思维方式来理解对方的语言。

中国文学与英美文学是植根于不同土壤中的文化产物，除了中国无数优秀学者对自身母语文化的研究，海外语境中的华裔对中国文学的阐释也是外语学习者了解多元文化的重要途径。例如孙康宜撰写的《剑桥中国文学史》体现了文学本身构成文化，而文化又同时为理解文学找到便捷的途径（邵燕、刘毅清，2010）。涉外专业的学生在修习外国文学的同时，可以对比同一时期中国文学的发展，从而对全球时代大背景下各种文化对文明的阐释和反思有更深、更全面的体会。

地域人文传统与特殊的地理区域，特定的时代语境和特定的文化思潮紧密相连，是中国文化中不可忽视的区域影响力。例如杭州西湖是国际化的旅游景点，西湖英文版申遗文本已顺利被联合国教科文组织世界遗产中心批准。西湖不是以奇山异水著名，而是在美丽山水里蕴含着深厚的文化底蕴。要让国外来访者读懂西湖，就必须让他们先理解中国文化和西湖文化，不然再优美的西湖，在他们眼里，只不过是一片生态环境保存完美的自然湖山。因此，对于杭州来说，即使只有这一条理由，也充分说明外语学习者懂得中国文化和西湖文化，并且会用专业的外语介绍西湖人文内涵的必要性。

传统节日是一宗重大而又占有特殊地位的民族文化遗产，是优秀民族文化的重要载体和集中展示方式，也是一种定时隆重举行的标志性民族文化。当中国人趋之若鹜地过感恩节、圣诞节时，海外华人却不忘包粽子、吃元宵来怀念中国的传统节日。他们在过年时将富于民族特色的舞龙、舞狮、敲鼓、放鞭炮等具有鲜明文化印记的活动展示给世界各国人民，颂扬了中华民族热情、追求和平的文化内涵。2004 年，美国纽约州州长签署一项法令，将中国农历春节定为该州法定节假日。这个成功的典范充分体现了中国文化在世界的影响力，也说明了向世界介绍中国文化的必要性和可行性。

中国文化的内涵博大精深，既涵盖了上述大类概念，还涵盖了价值系统，如道德观、人权观和发展观，以及语言文化、服饰文化、饮食文化、建筑文化等。这些以物质或非物质形式存在的文化都是外语学习者素养的重要组成部分。这就对高校的涉外专业和相关教材提出了要求，也要求学生必须在掌握这些常识的同时，研究如何用母语以外的语言描述这些带有浓郁中华特色的文化精髓，从而真正在国际化交流中起到桥梁和纽带作用，让优秀的母语文化跨越语言融入全球化进程中。

文化强国有五个标准，其中一项就是拥有一支规模庞大、结构合理的宏大文化人才队伍。同时，文化产业要在世界舆论竞争中掌握话语权（齐勇锋，2011）。高校全外语版教材必须协助我国人数众多的涉外人才肩负起这些使命。外语学习者在国际交流中遍布各行各业，他们的言传身教是真正在广度上进行文化传播的主力，而西方社会也更愿意接受这种在他们看来非官方、更真实的中国文化。

从教学方面来看，对于文化意识的培养，在宏观上应侧重考虑如何根据课程的中心内容开展文化教育，使学生学会汲取文化智慧、形成本族文化自觉和他族文化意识；微观上应重点考虑如何透过文化表象深入理解文化内涵，梳理不同的文化特质，进而理解不同文明的表现形式；从深层文化分析理解文化间的差异，在交际文化视阈下提高学生的文化敏感性。成功的外语教育有助于不同民族间的相互理解与合作，让多民族的成员学会从更宽广的角度来审视问题，以更宽容的性格来合作创新。

语言素养和文化素养是相辅相成的：语言是文化传播的媒介，本身也是文化的一种体现；语言是文化传播的基础，将母语文化用外语的形式进行传播；语言是交流文化的手段，而语言的特定文化内涵又是语言能力取得突破不可缺少的因素。多元文化语境下的文化强国建设，要求我们在强调跨文化意识与相关能力培养的同时，切不可忽视自身母语文化的修为。为了扩大中国的国际话语权，外语人才要发挥学科优势，在世界范围内开展中华文化研究。用全英语教授并学习“中国文化”意义深远，高校有责任引导学生掌握和了解自身文化，同时又超越自身文化，让中国文化“传出去”和“说出去”。

第四章

高校 EMI 教学模式的超学科思维

传统意义上的高校是按学科来组织的，知识的传授限定于特定的学科，而全球系统的互联性和系统性特征要求教育界采用更广阔的框架和国际视野。我们生存的环境、生态和社会现象在本质上是复杂而不确定的，无法通过单一学科来解释。我国科学界的“三钱”（钱三强，钱学森，钱伟长）和国学界的“两钱”（钱钟书，钱仲联），都是“一心评古今文章、两脚踏东西文化”的复合型人才，而目前的教育制度却培养不出那样的大师。

外语作为一种资源，在学识认知领域不仅是一种获取信息的工具，更是习得该语言所承载的思维及价值观的来源，是一种重要媒介，进而为各学科的融合提供了可能性。我国进行从双语到全英语教学模式的探索已经经历了十年，但是收效甚微，依然处于尝试阶段。究其原因，在于多数高校对于在非英语专业开设英语模式授课的目标与定位不明确，因此课程的随意性较大、缺乏系统性。很多双语课往往除了给一些术语加注英语之外，其余全部用中文教学。这就偏离了全英语教学模式的内涵和目的，也极大地浪费了语言资源。

超学科理念是学科间融合的最高层次，为全英语教学模式的目的性提供了清晰的理论框架。本章将从语言学的界面研究出发，分析计算语言学和教育语言学的超学科性，进而分析超学科视野下 EMI 模式在我国的可行性。

一　“语言+学科”和超学科

语言是什么？从内在认知机制方面分析，语言是人类大脑的高级认知功能。从外在的行为层分析，属于社会和文化中的现象、行为或话语。语言学是对人类语言结构的研究，语言学家通过对语言进行客观描述，揭示语言的本质、特征、属性和功能。

语言学本属人类学的一个分支，在索绪尔以后才建立现代语言学。从一个学科本身来说，要获得向前发展的动力并对社会的进化产生积极的影响，就必须借鉴其他学科的内容，仅局限于学科内部的研究已很难适应国际视野下的科学发展观。因此在各个学科领域的研究都会寻找新的议题、视角和方法，也就是到学科间寻求交叉、整合与融合。在2012年首届外语界面研究学术研讨会上①，黄国文分析了语言学界面研究，就研究范围而言，它可以是多学科、复式学科、交叉学科、跨学科或者超学科的。文旭提出了超学科语言学的一些思考。他区分了多学科和超学科概念，前者是指多门学科的交叉和界面；而后者存在于更高层面上，由较低级层面的不同学科间相互联系而产生，包括沟通和融合完全不同学科的概念、理论和方法等。由于每个学科的研究都存在自身的不足和缺陷，因此，有必要在基于众多学科的基础上，建立一门超学科语言学，它是融合了多学科的理论、原则和方法，并在此基础上建立起来的一门超大学科。

超学科研究非常重视对语言教育的研究，因为语言教育和人类交际与“复合思维”有密切联系（胡壮麟，2012）。具体来说，人类交际表现为因素系统、语法系统、非语言系统和认知系统的相互关联，因而应该采用超学科方法。

（一）语言科学的界面研究

由于语言现象的复杂性，研究领域将语言学分为不同的学科。目前，归属于语言学领域的主要有三个领域：理论语言学、描写语言学和应用语言学。理论语言学包括②：认知语言学、生成语言学、定量语言学、音系学、语形学、句法学、词汇学、语义学和语用学等；描写语言学包括：人类语言学、比较语言学、历史语言学、语源学、语音学、社会语言学等；应用语言学包括：计算语言学、法律语言学、语言习得、语言评估、语言发展、语言教育、语言规划、语言人类学、神经语言学、心理语言学、文

---

① 2012年4月，首届中国外语界面研究学术研讨会暨中国英汉语比较研究会界面研究专业委员会成立大会在重庆召开。

② http://en.wikipedia.org/wiki/Linguistics.

体学等。周频（2013：42）认为，这种分类只是基于表象，即基于现有语言学的各种研究方向，并未将语言学作为研究人类语言的科学系统，厘清其内部的结构和层次。

语言学研究中跨越学科界限的研究是现代科学技术发展的必然。长期以来，语言和技术被视为风马牛不相及。事实上，没有技术就没有现代意义的语言。这是因为人类在进化过程中最初只有言语（speech），人们通过互相说话来进行交流，由此提升的知识全赖记忆。后来人类开始使用工具，用尖锐的工具在岩石上划记号，或者在甲骨、竹片上刻录符号，直到用笔在羊皮或纸张上书写，这时才形成包括言语也包括书面语的语言。随着科技的发展，语言本身也因为新技术而发生了变化。本来的 mouse，menu，trash bin，enter，quit 都成了计算机术语。BBC 曾经发表一篇文章指出，如果没有汽车工业的发展，英语中就不会有 driving me crazy，slow down，high maintenance，around the bend 这类使我们日常语言无比增色的新的表达方式。崔淑珍和孙玉珂（2002）也注意到技术与语言的紧密关系。他们认为现代网络技术在语言研究和教学领域中的应用方式很广泛，比如人们可以利用国际互联网获得最新语言研究信息和进行有关学术交流、利用局域网和语料库进行语言研究、利用现代网络技术拓宽外语教学的内容，等等。正是由于技术和语言密不可分，人们提倡多媒体教学、多模态教学，以至多元智能教学，并重视这方面的研究。

20 世纪 90 年代，Ronald Carter 领衔主编了一套《界面研究丛书》（*The Interface Series*），从“界面”视角考察语言学研究与文学研究的话题。近年来，界面研究（interface studies）已成为国际学术研究的一个新热点。2011 年 12 月，国内学术界召开了“首届外语界面研究高端论坛暨全国外语界面研究学会筹备会”，2012 年 4 月召开了第一届“全国外语界面研究学术研讨会暨全国外语界面研究学会”。黄国文强调“界面”研究的必要性，其意义在于把各个学科的人才聚集起来，最核心最本质的内涵就是跨学科、整合、融合，可以是一种视角，一种方法，还可以是一种途径。刘世生分析了中外界面研究的区别：国内主要是语言内的界面研究，国外以语言外的界面研究为主，其次是跨学科的界面研究。刘正光认为，界面研究实际上强调的是方法论问题，当前科学的发展趋势是在不断的交叉与综合过程中更全面地认识事物的本质，发现新问题，要将某一学科的理论方法或工具运用到其他学科的研究中去，产生或形成新的学科领域。

陈章云引用了黑格尔的观点，学科间只有相互联系才能有发展和丰富，要用发展的、联系的观点来看问题，要以一个更开阔的视野和眼光把人文科学尤其是外语研究置于一个更深厚的基础和更广阔的背景，更有利于学术的创新和深入（杨绍梁，2012；张俊凌，2012）。不难看出，语言学界超越学科界限的科研创新途径是对学术领域学科间融合的一种共识，无论对外语研究还是其他学科发展都具有重要的启发性。

界面研究实质上是某种超越学科界限的研究，与以往的跨学科研究不一样，以往的跨学科研究以"对比"为基本的方法论特征，而界面研究是以一个学科为基础，以其他学科为理论借鉴，进而深化或扩展研究领域。潘文国（2012a，b）认为，"界"就是领域，界面研究的前提是存在两个"界"，所谓界面研究是对两个"界"相接的"面"进行研究，而这两个"界"可能本来是独立的、"不搭界"的，是我们的研究把它们人为地放在了一起。由于学科细化，不仅学科之间畛域分明，学科内部的不同研究领域也各自为政、不相往来。提倡界面研究就是要打破学科之间、学科各平面之间的这些人为分界。界面研究的"面"其实只是个比喻或者形象的说法，实际上并不存在什么光滑溜洁的"平面"，说到底，"面"只是研究时的切入点或角度而已。从哪里切入，关系到分析研究的角度。同时，既然不存在真正的平面，那么切入的角度必然是多方位的和多层次的，因此界面研究必须接纳和宽容研究的多样性。以语言与文化的界面研究为例，20 世纪八九十年代曾出现过一个"文化语言学"的热潮，这可以说是国内语言学界面研究的一个典范。"文化语言学"有三大流派，分别叫作"社会交际派"、"双向交叉派"和"本体论派"，从本质上看，就是从文化切入，分别介入语言的语用、语义和句法诸平面的研究。而在文化的那一头，三者分别涉及社会、历史和民族心理平面。从切入角度看，社会交际派和本体论派主要是从文化切入研究语言，而双向交叉派则具有"双向"的特征，既有从文化看语言，又有从语言看文化。再从研究深度来看，本体论显然更深入地涉及语言的本质，因而引起的反响和争议也最多。界面研究水平的高低以及研究的深浅，从根本上说，取决于对相关两个学科了解的高低和深浅，以及调动某一个学科的相关因素为另一学科研究服务的能力。这就意味着，界面研究是相关学科研究深入和发展到某一阶段提出的自然要求。潘文国进而指出，界面研究是有无限前景的研究方法，要使其成为常用常新的研究思路和方法，必须不满足于停留在已有的、大家公认的那些界面研究里，如中文与外文、语言与文化、音系与句法等。要在继续现有领域的基础上，不断探索新的领域，寻找新的切入点，这是界面研究作为方法论的真正价值所在。

（二）语言学是一门领先的科学

语言在某些学科发展，特别是现代认知科学、自然语言处理中有着重要的地位。张后尘（2010：4）指出，语言的共生性与共融性极强，许多问题可以“交由语言去处理”，在这个意义上，别的问题变成了由语言出面和语言先行的问题。因为现代社会是一个信息社会，语言是人类最重要的信息载体，因此，语言在当今社会肩负着越来越重要的任务。

首先，语言学由于受其他相关学科的影响，与自然科学和社会科学渊源深厚，在相互渗透中创建了许多新的学科，协同解决学术发展中出现的新课题，如：

心理学 + 语言学 → 心理语言学

社会学 + 语言学 → 社会语言学

语言学 + 数学 → 数理语言学

语言学 + 计算科学 → 计算语言学

语言学 + 文化学 → 文化语言学

认知科学 + 语言学 → 认知语言学

医学 + 语言学 → 病理语言学

语言学 + 模糊集合论 → 模糊语言学

同时，这些新兴学科的产生与发展，推动语言和语言学研究走进自然科学和技术科学领域。创新与传承的学术之道让科学研究永远充满机遇与调整，社会语言学就比较典型。1964 年美国加州大学洛杉矶分校召开的第九届国际语言学大会标志着社会语言学的诞生。杨永林（2006：10）考察了最近十年中社会语言学的发展动向：在研究视野上，具有更为宽泛的跨文化对比，不再拘泥于单一语言事实的考察。语言学研究必须具有跨学科比较的视野，通过与生物学、心理学，以及人类学联袂的方法，才有可能产生新的理论假设，找出形成语言学能配置的进化推动力。

国际应用语言学大会（AILA）成立于 1964 年，当时只有“外语教学”与“翻译自动化”两个主题。1969 年第二届年会上分为了 14 个小组。1996 年第 11 届 AILA 设立了一批学科委员会，稳定为 25 个：成人语言学习、儿童语言、职业中的交际、对比语言学与失误分析、语篇分析、教育技术与语言学习、外语教学方法与教师培养、法律语言学、沉浸式教育、口译与翻译、语言与生态、多语制背景下的语言与教育、语言与性别、语言与媒体、语言接触与语言变化、专门用途语言、语言计划、语言学习中学习者自主、词典学与词汇学、识字教育、母语教育、心理语言学、修辞学与风格学、二语习得和手势语。这 25 个学科委员仅是反映广义应用语言学学者的一些学术焦点，有很多重复（例如“法律语言学”、“专门用途语言”和“职业中的交际”；“外语教学方法与教师培养”、“沉浸式教育”和“二语习得”；“语篇分析”和“修辞学与风格学”等），也有些还没有列入，如“历史语言学”、“认知语言学”等。这样的区分不见得很合理和很科学，但却体现了一个总的倾向：随着研究的深入和视野的开拓，学科的分化和组合（或重新组合）是不可避免的（桂诗春，2013：6）。Robert Kaplan（2002）在《牛津应用语言学手册》的结论篇《从这里走向何方?》里指出：“应用语言学的典型做法是把语言学以外的不同学科的知识结合在一起，以求解决那些以语言为基础的问题。”（转引自桂诗春，2013：6）

近年，与认知相关的语言学习理论迅速发展，认知语言学研究语言、交际与认知之间的关系。在语言中，认知、意识、经验、具身（embodiment）、大脑、个人、人类交往、社会、文化、历史以丰富、复杂和动态的方式交融在一起，所以语言学习牵涉到认知的各个方面（桂诗春，2010）。同时，得益于认知神经科学的发展，语言学需要在外部与认知科学的相关学科，包括神经科学、哲学、心理学、人类学、人工智能和教育学等之间发生多层次、多维度、动态的交叉整合（图 4－1），创造出超学科的研究领域。

按照小泉英明（Hideaki Koizumi）提出的超学科知识发展模型，语言学与相关学科之间桥梁逐步建立，并进入动态的元结构发展过程。周频（2013）提出，新建的超学科可反过来对母学科产生影响，母学科可同时产生几个子学科，这些子学科又可产生新的子学科（图 4－2）。因此，今后语言认知理论研究也必然突破传统研究视野，从孤立的语言学扩展到认知科学领域，与其他学科交叉融合形成超学科的知识发展模式。研究方法也将从单一层面/维度到多层次/维度互动的方法学体系。

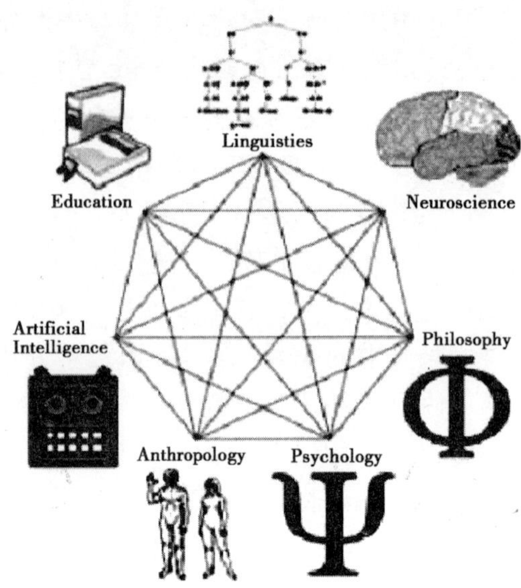

图 4－1 语言学与认知科学的相关学科（转引自 Miller，2003）

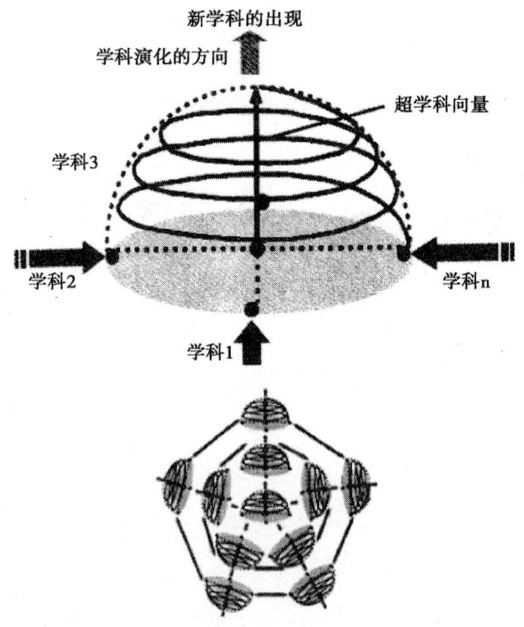

图 4－2 超学科的知识发展模型①

① 北京师范大学认知神经科学研究中心等：《理解脑：新的学习科学的诞生》，教育科学出版社 2010 年版，第 139 页。

(三) 计算语言学的超学科性

尽管自然语言的计算机处理研究在计算机出现之后就开始了。但是，计算语言学（Computational Linguistics）这个术语在 1966 年的美国语言自动处理咨询委员会（ALPAC）报告中才见诸正式的文件。2003 年，语言学家、计算机专家和语言工程人员研究出版了《牛津计算语言学手册》(*The Oxford Handbook of Computational Linguistics*)。第一，语言学知识被视为以自然语言为处理对象的计算语言学研究的基础；第二，基于统计的方法正在成为自然语言处理的主流，例如该手册专门分析了“语料库语言学”在自然语言处理中的应用。第三，自然语言处理最显著的应用是“机器翻译”，但事实上，计算语言学已经在更多更广泛的领域显示出了不俗的价值。

1. 计算语言学超学科思想的滥觞

早在计算机出现以前，英国数学家 A. M. Turing 就预见到未来的计算机将会对自然语言研究提出新的问题。1950 年，他在《计算机器与智能》一文中就指出：“机器最终会与人在所有智能领域里竞争。但是，竞争的起点会在哪些领域呢？这是一个很难决定的问题 …… 最好是制造出一种具有智能的、可用钱买到的机器，然后，就像教小孩子学说话那样教这种机器理解英语并且说英语。”（Turing，1950：460）Turing 提出检验计算机智能高低的最好办法是让计算机来讲英语和理解英语，著名的“图灵测试”(Turing Test) 采用“问”与“答”模式，即观察者通过控制打字机向两个测试对象通话，其中一个是人，另一个是机器。要求观察者不断提出各种问题，从而辨别回答者是人还是机器。Turing 指出，如果机器在某些现实的条件下，能够非常好地模仿人回答问题，以致提问者在相当长的时间里认为它不是机器，那么机器就可以被认为是能够思维的。

不仅 Turing 天才地预见到计算机和自然语言将会结下不解之缘，语言学家 Chomsky 在计算机出现的初期也把计算机程序设计语言与自然语言置于相同的平面上，用统一的观点进行研究。他在《自然语言形式分析引论》一书中，曾从数学的角度给语言提出了新的定义，指出：“这个定义既适用于自然语言，又适用于逻辑和计算机程序设计理论中的人造语言。”(Chomsky 和 Miller，1963)

在《语法的形式特性》一文中，Chomsky（1963）专门用了一节的篇幅来讨论有关程序设计语言的编译程序问题。他从数学的角度提出问题，并从计算机科学理论的角度探讨了组成成分结构的语法的形式研究。在《上下文无关语言的代数理论》一文中，Chomsky 和 Schützenberger（1963）提出："我们这里要考虑的是各种生成句子的装置，它们又以各种各样的方式，同自然语言的语法和各种人造语言的语法二者都有着密切的联系……我们把语法看成是对程序设计语言的详细说明，而把符号串看成是程序。"在这里，Chomsky 把自然语言和程序设计语言放在同一平面上，从数学和计算机科学的角度加以考察，对"语言"、"词汇"等语言学中的基本概念有了高度抽象化的认识。

Turing 是现代计算机科学理论的奠基人，而 Chomsky 则是转换生成语法学派的奠基人。他们以学术大师特有的远见卓识，指出了计算机与自然语言的密切联系，他们的思想成为此后计算语言学的超学科研究取之不尽的源泉。

2. 计算语言学的超学科本质

计算语言学包括了一系列性质不同又彼此交叉的学科，在其发展过程中，曾经在计算机科学、电子工程、语言学、心理学、认知科学等不同领域分别进行过研究，同时涉及文科、理科和工科三大领域（冯志伟，1996；2011a）。袁毓林（2001）分析了五种不同的研究取向：工程主义、工具主义、认知主义、实证主义和逻辑主义。工程主义着眼于计算机系统的建立，主要是对能理解和生成自然语言的计算机系统的研究（如：Grishman，1986）；工具主义着眼于用计算机作语言分析，进行与语言相关的研究。目前，以语料库这种基于概率的方法已经尝试了对自然语言的语法进行标注的任务，例如英国 Leech、Sampson、Garside 等人利用 Brown 语料库设计的 CLAWS 系统（Constituent - Likelihood Automatic Word - tagging System）；认知主义着眼于人类使用语言时的心理过程，Halvorsen（1988）将计算语言学定义为对人类语言处理能力和心理过程的功能模拟，由于不同研究者对人类处理语言的心理过程诠释各不相同，他们用不同的计算范式来建造自然语言处理系统；实证主义着眼于检验语法理论的可靠性，但从目前的实践来看，计算语言学并不适合这个方向；逻辑主义着眼于语言学知识的自动发现，在这个意义上，计算语言学的任务是把语言学知识重塑成可以转化为产品的计算模式，即针对真实语料的各种特点发现确定性的语言学知识。

早期的计算语言学主要有三类应用：标引（indexing）和词汇索引（concordances），机器翻译（machine translation）和信息检索（information retrieval）。其他方面的应用包括：语音合成与识别（speech synthesis and recognition），概括（summarization），数据库查询系统（query systems for databases）。

袁毓林（2001：167）认为计算语言学最本质、最深刻的特点是用计算机科学的理论、概念和方法来研究语言。冯志伟（2011b）明确指出，语言学研究要把理性主义和经验主义结合起来，前者是以生成语言学为基础的方法，后者是指以大规模语料库的分析为基础的方法。他以 PP 附着问题（PP attachment）举例，一方面，我们可以借助概率上下文无关语法（Probabilistic Context – Free Grammar，PCFG）来解决；另一方面，当选择有歧义的介词短语附着的正确剖析时，语言学知识仍然起着重要的作用。因为根据语料库统计，PCFG 中介词短语的两种附着关系，即，NP 附着（即 NP→NP PP）规则和 VP 附着（即 VP→VP PP）规则，表现出 NP 附着优先于 VP 附着的规律。但是在"Moscow sent more than 100，000 soldiers into Afghanistan …"这个句子中，就不适用 PCFG 的统计结论，而要借鉴动词 send 的次范畴知识，得出 VP 附着的结论（p. 9）。

1983 年，斯坦福大学成立了语言与信息研究中心（Center for the Study of Language and Information，CSLI），其中一项任务是在整个科学哲学和数学基本原则的基础上，把传统的自然语言和计算机语言的理论融合为一个综合的整体，使自然语言和计算机语言的研究朝着统一的方向发展。这样的研究具有明显的超学科特点。

3. 计算语言学的超学科应用

超学科研究往往受到实际使用、社会政策、市场等因素的影响（Van de Kerkhof 和 Leroy，2000）。也就是说，是为特定而长期的社会问题寻找切实可行的解决办法，从问题本身的各个方面出发，而不是从学习的主题出发。

计算语言学也具有这种面向实际问题的超学科应用特点，其每一项用途都是为了解决实际的问题而发展起来的。冯志伟（1996）曾较为详尽地阐释了计算语言学在机器翻译、网络问答、人机对话、语音合成、语音识别、计算机辅助语言教学、作文自动评分等领域面向实际问题的应用情况。

机器翻译已经在众多领域得到了应用。例如，加拿大蒙特利尔大学与加拿大联邦政府翻译局在1976年联合开发的TAUM－METEO翻译系统，正式提供天气预报的翻译资料。法国纺织研究所的TITUS－IV系统主要用于翻译纺织技术方面的文献。日本富士通公司开发的ATLAS－I系统可进行科学技术文章的翻译。美国Systran的Babel Fish机器翻译系统每天可以从Alta Vista搜索引擎处理100万个翻译的问题。Google的在线多语言机器翻译系统，可以实现58种语言的自动翻译，正在帮助人类打破不同语言之间的藩篱。

基于网络的问答系统（Web－based question answering）是简单网络搜索的进一步发展，在基于网络的问答系统中，用户不只是仅仅键入关键词进行提问，而是可以用自然语言提出一系列完整的问题，计算机根据网络搜索的结果，用自然语言回答用户的提问。人机对话技术让计算机理解和运用人类的自然语言，并用自然语言回答人类给计算机提出的问题。

《危险边缘》（*Jeopardy*）是美国家喻户晓的电视智力问答竞赛节目，智力问答要求计算机必须理解人类的语言。20多名IBM公司研究人员用4年的时间设计了超级计算机系统沃森（WATSON），2011年，沃森战胜了《危险边缘》节目有史以来最优秀的两位人类冠军Ken和Brad，将人工智能推向新的阶段。《危险边缘》节目中的人类语言是完全开放式的，还包含隐晦含义、反讽与谜语等，而电脑并不擅长这类复杂思考。因此，尽管存储了大量的百科全书和其他信息，单独的搜索引擎没法回答问题，只能通过数百种算法对问题进行分析，给出可能的答案以及选择这些答案的证据，而这些分析都是同步进行的。沃森需要掌握大量的知识，并在相关和不相关的信息中发现线索。对计算机来说，这是一个巨大的挑战。因为人类可以在瞬间辨别出事物之间的联系，但是计算机却必须并行地考虑所有事情，从而得出结论。沃森的胜利意味着“机器在智力问答中战胜人类”变成了现实！这与三大领域的进步密不可分：计算机自然语言处理的进步、巨大的计算能力的进步和海量的数字化全球信息处理的进步。沃森的出现，颠覆了此前简单的人机关系，并将带来一个崭新的人机合作时代，这项成果还将被广泛应用于多个领域，例如更快、更准确地进行医疗诊断，研究潜在的药物交互作用，帮助律师和法官寻找案例，在金融领域实现“假设”场景分析，帮助公司培养更精明的销售人员。

由于计算机速度和存储量的增加，计算语言学的一些应用领域进行了卓有成效的商品化开发，如语音合成、语音识别、文字识别、拼写检查和语法检查等。自然语言处理的算法开始被应用于“增强交替通信”中，语音合成、语音识别技术已经应用于“移动通信”中，可以给汽车驾驶员提供服务，使得他们可以通过语音来控制他们的环境、娱乐设备，还可以作为全球定位系统（Global Positioning System，GPS）的语音导航，使用自动合成的语音来报告地理情况，保证驾驶员用双手操纵汽车。在国际空间站的宇航员也可以使用简单的口语对话系统来辅助他们的工作。

计算机辅助语言教学更是大规模地创设了多媒体多模态教学，这些实现学生自主学习和个性化发展的设计是语言学家、语言教师、心理学家和计算机科学家紧密合作的产物。

在美国，像 Pearson（培生公司）这样的大型出版社和像 ETS（English Test Service）这样的测试服务公司使用自动系统来分析数千篇学生的英语作文，对于这些作文进行自动打分、自动排序和自动评价，而且计算机的打分结果与人的打分结果几乎毫无二致，难以分辨。

在当今的信息网络时代，由于自然语言是信息的最主要负荷者，互联网逐渐变成一个多语言的网络世界，互联网上多语言的机器翻译、跨语言信息检索正在迅猛地发展，计算语言学的各种应用技术事实上已经成为互联网技术的重要支柱，计算语言学对于国家的信息化建设和国家安全正在发挥着越来越重要的作用。计算语言学的这些超学科应用已经引起了语言学界、数学界和计算机界的高度关注。

4. 计算语言学的超学科研究方法

超学科有一种协同作用和整体效应，不是将各学科的信息进行简单的叠加或混合，也不仅仅是各部分的总和，而是会对真实世界的各种复杂问题提供新视野和创造性的解决方案。“超学科性”关系到不同学科之间的跨越和每个学科之外的方面，其动力并非研究学科内部的知识，重点处理学科之间和研究者/参与者之间的合作，强调以问题为中心的研究方法，重视合作的性质和形式。在这个意义上，计算语言学是属于正在兴起的超学科领域，其意义在于自然科学和人文科学间界面的融合，提供一个将“语言学、数学、计算机学和其他特定学科”结合在一起的世界观。钱学森对于思维研究的设想就包括了通过人工智能模拟的方法，即用电子计算机模拟人脑的部分功能，从电子计算机的程序结构间接认识人脑的类似功能结构。

由于现实的自然语言极为复杂，不可能直接作为计算机的处理对象，为了使现实的自然语言成为可以由计算机直接处理的对象，在这众多的应用领域中，我们都需要根据处理的要求，把自然语言处理抽象为一个“问题”（problem），再把这个问题在语言学上加以“形式化”（formalism），建立语言的“形式模型”（formal model），使之能以一定的数学形式，严密而规整地表示出来，并且把这种严密而规整的数学形式表示为“算法”（algorithm），建立自然语言的“计算模型”（computational model），使之能够在计算机上实现。在计算语言学中，算法取决于形式模型，形式模型是自然语言计算机处理的本质，而算法只不过是实现形式模型的手段而已。因此，这种建立语言形式模型的研究是非常重要的，这种研究应当融合不同学科的知识来进行。

这样的形式模型的研究往往还有一个“强不适定问题”（strongly ill - posed problem），也就是说，在用形式模型建立算法来求解计算语言学的问题时，往往难以满足问题解的“存在性”、“唯一性”和“稳定性”这三个条件，有时是不能满足其中的一条，有时甚至三条都不能满足。因此，对于这样的强不适定性问题求解，应当加入适当的“约束条件”，使问题的一部分在一定的范围内变成“适定问题”（well - posed problem），从而顺利地求解这个问题。

由于计算语言学的超学科特点，我们可以通过语言学、数学、计算机科学等多学科的通力合作，把人类无比丰富的语言知识与计算机的计算能力结合起来，给计算语言学的形式模型提供大量的、丰富的“约束条件”，从而解决计算语言学的各种困难问题。计算语言学这个学科的边缘性、交叉性等超学科特点，便于融合不同学科的力量，取长补短，相得益彰，从而为解决这样的“强不适定问题”提供有力的手段，我们就有可能把计算语言学形式模型的研究这个“强不适定问题”变成“适定问题”，这是我们在研究计算语言学的形式模型的时候，值得特别庆幸的。

研究实践证明，许多过去用句法规则难于处理的问题，一旦采用计算语言学的词汇规则就可以迎刃而解。以冯志伟（1996）阐述的词汇复杂性特征表示法为例，他将词汇中所包含的纯句法信息分为 3 种类型：1. 词类特征（名词、动词等）；2. 词与词之间的结合特征（词的主语、补语等）；3. 与句法有关的词的其他特征（词的性、数等）。这三种类型的纯句法信息，在基于特征的句法分析中是用词的句法范畴来表示的。例如，英语 love（爱，喜欢）的句法信息可表示为（同上：299）：

lexeme love：

< cat > = V

< arg0 cat > = NP

< arg0 case > = nom

< arg1 cat > = NP

< arg1 case > = acc

其中，< arg0 cat >表示“论元 0 的格”，其值 nom 表示“主格”(nominative)，< arg1 case >表示“论元 1 的格”，其值 acc 表示“宾格”(accusative)。因此，这个词汇条目表示英语 love 是一个动词。这个动词具有一个主格主语 NP 和一个宾格宾语 NP。

上述表示方法是针对一个一个的英语动词的，英语中的动词成千上万，如果每个动词都要如此描述，词库的容量就会变得十分庞大。计算语言学采用了“宏表示法”（Macros）。在此，仅以句子 The flowers soon die 中的不及物动词 die（凋谢）为例，arg0 是 flowers，它是一个作主格主语的 NP。于是，这一类不及物动词的宏表示法如下：

Macro syn_ iV：

< cat > = V

< arg0 cat > = NP

< arg0 case > = nom

其中，syn_ iV 就表示不及物动词的句法特征。通过对宏表示作适当的调整和修改，可以用简写的方法记录词汇的词法信息和句法信息。鉴于本节的重点是研究方法，并非语法本身，因此略去宏表示的延伸，仅以此为例。计算语言学中还有线图分析、多叉多标记树模型和多标记集合与合一运算等特殊的研究方法。

在计算语言学中，概率和数据驱动的方法几乎成了标准方法。句法剖析、词类标注、参照消解、话语分析、机器翻译的算法全都开始引入概率，并且采用从语音识别和信息检索中借过来的基于概率和数据驱动的评测方法。使用这种超学科的方法，已经建立了基于短语结构语法的形式模型、基于合一运算的形式模型、基于依存和配价的形式模型、基于格语法的形式模型、基于词汇主义的形式模型等，这些形式模型在某些受限“子语言”（sub – language）的应用系统中，曾经获得一定程度的成功。

但是，要想进一步扩大这些应用系统的覆盖面，用它们来处理大规模的真实文本，仍然有很大的困难。因为从自然语言系统所需要装备的语言知识来看，其数量之浩大和颗粒度之精细，都是以往的任何系统所远远不及的。而且，随着系统拥有的知识在数量上和程度上发生巨大变化，系统在如何获取、表示和管理知识等基本问题上，不得不另辟蹊径。这样，就提出了大规模真实文本的自动处理问题，使用统计方法从大规模真实文本中获取更加丰富的信息，从而实现计算语言学战略目标的转移（冯志伟，2011b）。

当前语料库的建设和语料库语言学的崛起，正是计算语言学战略目标转移的一个重要标志。随着人们对大规模真实文本处理的日益关注，越来越多的学者认识到，基于语料库的分析方法至少是对基于规则的分析方法的一个重要补充。因为从“大规模”和“真实”这两个因素来考察，语料库才是最理想的语言知识资源。而要从语料库中获取语言知识资源，就必须使用统计数学的方法和大数据（big data）处理的计算机技术，进行超学科的研究。

显而易见，为了适应超学科的研究，语言学家除了具备语言学知识之外，还必须掌握数学知识和计算机科学的知识，因此，语言学家有必要进行知识更新的再学习，使自己成为文理兼通、博学多才的人。这是超学科研究对于语言学家提出的新要求。

（四）教育语言学的超学科领域

潘文国（2012a）一直提倡语言研究的三个“打通”：古今打通，中外打通，语言文学打通，而现在更要注重换位思考，在原本不相干的事物间寻找其共同性，从而加深对事物的认识。语言学与其他学科相结合，产生了不少新的分支学科，其中对外语教学有指导意义的有心理语言学、社会语言学和应用语言学等。外语教学不应该仅仅被视为“语言学理论在外语教学中的应用”，因为语言学研究的是语言系统本身而不是教和学语言的人与教学过程，教育学研究从事教和学的人并揭示教学本质与教学规律。教育的本质是培养和发展人，其规律是教育内部诸因素之间，内部与外部诸事物之间的本质联系。这些因素包括学校与社会、教师与学生、德育与智育、知识与能力、初级到高等教育等。

1. 教育语言学的研究领域

在 Halliday 看来，语言学本身就是对自然语言的一种科学研究（Webster，2003：vii）。在应用语言学领域，对语言的描述不仅仅是为了说明，基于原文的研究应该有助于“文学学识、母语与外语教学、教育学研究、社会学和人类学研究、医学应用”（Halliday，2003a：40）。Halliday（2003b/1990）对比了自从 1964 年第一届世界应用语言学大会以来研究主题的转变。第一届大会以后的研究重点转向计算语言学和人工智能领域，这两方面的研究都展开了自己的国际论坛和活动；同时，我们看到了日渐普及的教育语言学理念。在 1987 年的第八届大会上，提交的 548 篇稿件中大约一半是关于二语教学的，已经远离了第一届的主题“语义信息”。

教育语言学研究并非严格局限于某一学科内，而是在一系列学科领域中理论与方法的“异花授粉”行为（Brumfit，1996），因此，有不少学者很早就将其定性为超学科（Martin，1993；Rothery，1996）。

Halliday（2003b）指出，在应用语言学领域的活动必须有一种超学科视野，而不仅是“交叉学科”或者“多学科”，因为后两者意味着研究者仍然将认知活动置于学科内，只是架起了桥梁，或者将他们置于一个集合内；而真正的抉择应该是取代这些学科，创造新的、主题式的行为模式，而不是以学科为出发点（p. 140）。“学科”是基于内容的定义，“主题”则是基于观点或视角。

Kozma（1987，蔡振生译）认为：“教学情境的复杂性、独特性和相互依存性可以被视为一种系统。这个系统各个部分之间的相互联系是由整个系统的目的或功能以及每个要素的性质和分担的功能所决定的。这些要素中最明显的是教师与学生。教师是这个系统的管理者，各种学习条件的安排者，又是这门课程内容的选择者。”（p. 8）

胡壮麟（2013：2）认为教育语言学不是学科的概念，它的视角是主题的。20 世纪后半期语言学习者最重要的主题是如何表达意义，而教一门外语所涉及的远远超过某一个学科内容，至少包括心理学、社会学和语言学。因此，语言教师必须有能力运用“学习”和“意义”这两种对立统一的主题，而不仅仅是将心理学、社会学或者语言学的一些碎片拼凑在一起。首先，“学习”语言和“使用”语言是一组对立统一的模式，外语教师的任务不是处理这组对立统一的模式，而是要把制约因素转化成一种可以促进甚至强化学习过程的状态。其次，在语言规划中要处理的是：在某一社群中需要什么语言来达到什么目标？如何保证该社群成员可以获得他们所需要的语言。语言规划可以实现人类的意识塑形，影响社会变化的方向。按照 Whorf、Sapir、Halliday 等的观点，语言并非被动地反映现实，语言可以主动创造现实，也就是说，现实并非等着语言去赋予意义，而是需要语言积极地去分析和解释，在这个分析和解释的过程中，语言充当媒介，其本身也发生着变革（Halliday，2003b：141－161）。因此，对于语言的规划显然不是基于学科，而是基于某个主题，在这个层面上，语言并不是研究的对象，而是系统地延伸了其功能，在特定领域或社会形态中表达“意义”。

2. 具备超学科本质的教育实践

教育语言学的出发点是教育实践，夏纪梅（2012）明确指出，外语教育不单纯归属于“语言学”范畴，因为真正的语言学者所做的研究往往不能直接应用到教学中。外语教育研究也不完全是“教育学”，因为教育学是研究教育实质或内部与外部关系的科学，语言教学则包含了各学科的课程教学。外语教育与语言学、教育学、心理学、交际学、社会学、文化学、伦理学、文学、哲学、人类学等学科有一定的相关性和交叉渗透。教育语言学是对语言教学的本质、规律、方法、环境、效果、问题及其相关的人与事的研究，是从业者从实践中来、回到实践中去的一门教育科学，其本质是对外语语言教育的学术研究（p. 44）。

Spolsky（1974）指出，创设教育语言学这个新领域的动因是“展示语言学及其相关范畴如何界定并解决教育过程中反映语言中心性的问题”（p. 2024）。Hornberger（2001）分析了教育语言学的三个要点：以语言学与教育学的融合为重点，以问题为导向的“研究—理论—政策—实践”为基础，关注语言教与学的范畴与深度。Halliday（1990b：141）主张用超学科的方法研究外语教学，研究的目的也不仅仅是创造一个具有各学科特性的智力活动的混合体，而是以主题作为研究方法和思路，更进一步综合各学科中有利于解决问题的因素。

自从 Selinker 提出了“中介语（Interlanguage，也译作语际语）”的概念，语际语用学（Interlanguage Pragmatics，ILP）就成为二语习得领域的重要研究主题。但是在有效的交流中，语言不仅具有语法含义，更被赋予了对话双方的文化理解和认知差异，而大多数外语学习者尚未认识到语言之外的这些因素。也就是说，语言学生和语言学家对语言所想的问题不是一回事，学习者的综合应用能力也就出现了一些不对称因素：语言规则与语用规则；语言能力与交际能力；语言准确与语用不正确，等等。因此，跨文化语用学（Cross Cultural Pragmatics，CCP）已经成为教育语言学所关注的领域。Boxer（2010）强调，如果要让公众参与教育进程，语言就是关注的焦点，因此要对公众进行语言与文化多元论的教育。即使是日常口语交流也会涉及心理学和社会学，例如如何对医生或律师描述一些敏感话题。

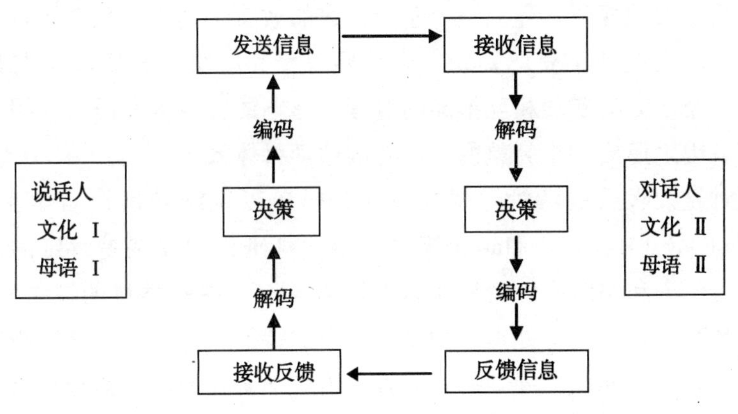

图4－3 对话中的信息处理模块

21世纪以来，我国外语界的一些学者已经在研究范式方面融入了其他学科的方法。刘永灿在2005年“首届大学英语教学研究和教师发展研讨会上”推介“后现代”或“后方法论”时指出，外语教学研究已经远远超越语言学和应用语言学的范畴及其方法，必然与其他相关学科和边缘学科相结合。越来越多的从事外语教学研究的学者认识到外语教学研究的核心问题是对语言教育本质的认识，而不仅仅是对语言本质的认识。也正是在这样的形势下，中国教育语言学研究会于2010年应运而生。第二届年会以“以内容为依托的外语教学模式探索”为主题，从“语言驱动”或是“内容驱动”的角度对外语教学改革进行了诠释，研究会的会长指出，语言是交际的媒介，从教育层面上来看，语言还是学习的媒介，通过课程进行学习是最好途径。第三届年会以“基于学科的外语教学新模式”为主题，延续了对语言教学中学科内容的关注。

3. 教育语言学超学科性所呈现的特点

语言学与其他学科的界面研究。之所以把教育语言学定位为超学科研究，是基于其“问题导向型”的特点，即从具体问题出发，从其他学科借鉴解决的办法。在分析一个与语言和教育相关的问题时，研究者不仅要有语言学与教育学的深厚根基，还需要联系多个学科门类，如人类学、心理学、社会学、管理学、政治学和经济学等。

研究与实践的自反性（research - practice reflexivity）。Halliday（2007/1990：362—366）对澳大利亚的教育语言学研究提出了5个超学科主题：探讨概要视角与动态视角的不同；语法学的深入和扩展；调查语法变异；继续更高层次的探讨；建立一个基于语言的教与学理论。教育语言学领域的研究并非仅仅为了获取知识，而是要解释和解决教育实践中的具体问题，是一个研究与实践相互推动的过程。影响语言教育和语言使用的各种因素间就因之形成一个完整的、系统的超学科体系。

应对复杂联系的特性。胡壮麟（2013）以系统功能语言学家为例，发现Halliday、Hasan和Martin等人对超学科研究的发展是肯定的，在具体的语言研究和实践中，特别是教育语言学，重视超学科的视角和方法。首先，教育语言学具有处理各种复杂现象的特征，智力活动是围绕要解决的具体语言教育问题而展开的，而教育语言学研究的内容就包括以下分主题：语法、语言规划、构建主义的学习方法、外语教学和特殊用途英语等。其次，语言、社会和知觉之间的联系复杂且多层次，没有一个理论能单独抓住这样的关联，因此，教育语言学必然要采用超学科的研究方法。最后，超学科研究涉及两个或更多学科的边缘，由研究人员确定共同的目标组合而成。悉尼学派就将功能语言学的理论应用于教育，同时关注社会学和文化研究、识读教育的政治学、批评话语分析、社会符号学、思想意识、主体性和多模态符号学等，学术知识的叠加是取得成功的关键。

（五）外语教学与超学科研究的关联

从上文阐述中，已经可以清晰地看出语言与学科间不可分割的关系，那么在外语教学中是否也要运用超学科的方法呢？外语教学由三部分组成：外语、教和学，前者是学习对象和目标，后两者是学习途径和手段。从根本上看，外语学习过程不仅是学习语言学知识，也是学习在真实环境中使用语言的能力。一方面，词汇、词法、句法和篇章是语言的基础，建构了不同的世界观，有时被称为陈述性知识。另一方面，学习的过程也要求学会如何运用这些语言知识在真实的环境中进行交流，从这个意义上说，外语学习是一种过程性知识。因此，在学习使用外语的过程中，学习者其他方面的能力也在同步提升，例如：定序、推理、解题、分析、排列、验证假设、建立逻辑关系、概念提取和概括，等等。按照新皮亚杰学派的理论，教育不仅是社会发展的需要，而且也是个体人格完满发展的需要。他们重视社会因素在个体认知发展中的作用，把个体认知和社会认知结合起来，特别强调社会关系、交往、社会文化和社会性发展的研究。

学科交叉研究是现代科学发展的必然，现代科学需要开阔的视野才能高屋建瓴，那么外语如何融入其他学科中呢？在一般的外语工作中，很难深入到某些自然科学、技术科学中，但是可以在研究方法上，尤其是跨学科研究意识上进行大胆的创新。以翻译为例，廖七一（2006：6）撰文认为翻译的综合研究、翻译研究的文化转向已经成为西方乃至世界翻译研究的主流："翻译研究积极吸取了相关学科的研究成果，丰富了自身研究的武器与手段。翻译理论家从个案描写、文本内微观语言层次的精细分析到宏观的社会、历史、文化的论证，从哲学、语义学、语用学、文学、信息论到文化学、社会学、人类学、符号学甚至大众传媒、计算机识别和机器翻译等跨学科领域所作的深入细致的探讨似乎证明，以一种理论主导世界翻译界的局面已不复存在，翻译研究格局充满了冲突、对抗、互补和多元。"张后尘（2010：5）从语言学研究的角度指出：研究理论语言学必须学一点数学和逻辑学；研究社会语言学必须学一点社会学和民俗学；而不管研究什么学，都必须有哲学、数学、逻辑学、语文学的头脑。

二 EMI 课程建设中的超学科理念

在实际教学领域，公共政策与管理、社区社会学、管理研究、心理学各分支学科、医药学、土木工程和环境科学等都会牵涉到复杂问题，因此较多采用案例法。我国也有不少研究机构在实践中已经应用了超学科模式，但是从高校视角出发的研究并不多，本节将以英语学科的融合为例探索超学科模式的可行性。

（一）超越学科界限的 EMI 模式

我国高等院校人才培养模式长期以来遵循的是外语工具型办学理念。外语专业教育长期以来专业过窄、科类单一，课程建设采用的是目标与教育过程分离的运作方式。目标制定、课程设置、教材编写与课堂教学是在一种自上而下的“规定机制”中实现的。在培养目标上，这一模式把学生的外语能力当作一种从事简单的语言翻译和交际能力，忽视外语本应具有的跨文化思考，沟通和批判的精神，从而也遏制了科研和课程的创新机制（吴宗杰、殷企平，2006：2）。思辨缺席症是长期困扰我国高校本科人才培养的软肋（李莉文，2010：68）。而传统的“外语＋学科”模式也往往流于形式，导致学生的知识结构单一，缺乏学科知识的广度；教师缺乏跨学科知识储备和教学能力，课程开设仅限于“第二学科”，而不是“跨学科”或“超学科”，这样很难培养出有思辨能力、独立思考和创造能力，具有国际竞争力的高级复合型人才。

超学科视野下的EMI模式旨在打破工具型办学理念，使整个教学过程体现出人文性、思想性和研究性，把学习置于对社会现象和问题的关注之中，努力培养兼备东西文化精髓、知识，能力和素质全面发展的具有国际竞争力的人才。在整合和重构外语及各学科的过程中，在文学、语言、教育、哲学、社会、政治、经济等领域建立多层次、跨学科的，有多元文化内涵和国际视野的人才培养框架。此模式旨在打破专业壁垒，把专业学习作为核心，在其周围团聚着与专业学习有关的博雅课程教育。难易适度的优秀全英语课程，能够较好地跟正在努力探索人生和世界的大学生的心智契合，能使学生在活跃的思维活动中减少对语言形式的焦虑，积极介入语言与思维的实践活动。

（二）超学科视野下EMI模式在我国的可行性

在笔者的实证调研中已经发现，对于英语水平较低的学生来说，如果参加全部用英语授课的课程，他们会感到迷茫和无所适从。也只有当积累到相当丰富的语言经验后，学生才能不假思索地用目的语进行交流。前述韩建侠、俞理明（2007）和蔡基刚（2010a）的研究也表明，虽然我国大部分学生全面接受EMI授课有一定难度，但是重点大学里的大部分学生已具备EMI课堂所需的英语能力，关键是有了这样能力的人在碰到困难、感到不适应时能否坚持下去，是否肯花精力去积极应对。也就是说，制约我国大学生积极参与全英语课程的因素主要是在观念上。

我国高校教育在目前的层面上，可能无法达到西方超学科研究中“解决问题并付诸实践”的阶段，但是可以做到的是通过各种思维方式对问题进行分析。以笔者曾经和美国印第安纳州立大学教师联合开设的“国际研究”课程为例（授课对象为中美双方的学生）：美方教师的第一讲是“The Eagle Feather has Two Sides”，从印第安文明的兴衰谈到当今全球化对美国土著儿童教育的影响。显然，如果没有语言文化背景知识的储备，中国学生无法将“鹰的羽毛”和一个民族、一个种族联系到一起。中方教师的第一讲是“Social Life in China and the Confucian Vision of the World”，从孔子的“仁”和“礼”谈到中国的家庭与社会观。美方学生对于“中国新年”与“美国圣诞节”的评价是：中国新年的内涵是“家庭”，而美国圣诞节较多的是“商业元素”。这两次课对于中美双方的学生都是思维上的强烈冲击，让双方的学生都走出自己的思维框架，重新审视自身，调整世界观，激发深层次的认知思辨能力。

综上所述，EMI 模式在很大程度上转变了传统的大学英语教学理念，非英语专业的学生接受全英语的教学，他们的语言输入由基础英语转向学术英语，而教学目标和课程设置体现了多学科之间的合作与协调。从浅层看，他们将初步具备查阅外国文献的能力；从更深层次来说，他们将具备英语思维的能力，英语成为他们在全球化视野中探索专业领域不可缺少的资源。

高校教育的内容需要围绕学科间的系统性思维培养，在本土、区域及全球层面，从近期、中远期和跨时代的视野对社会性可持续化行为进行辩证的分析，进而有能力应对自然与社会中复杂的非线性特征。EMI 模式绝非简单的“外语 + 学科”，而是以一系列涉及实际社会现象的问题为核心，语言技能和学科知识协调与合作，以多元化思维为目标，由此发展出处理社会事务的综合能力。

第五章

高校生态型 EMI 课堂的要素研究

生态兴则文明兴，生态衰则文明衰。我们生存的社会是一个“人—自然—社会”的复合生态系统，用生态理论研究人与自然、人与社会的生态关系，用生态思维研究教育教学在当前已经成为一种主流趋势。高品质的、充满生机和活力的教育生态，既是对生态经济、生态环境的知识、人才和人文的支撑，也是教育自身发展的内在要求和必然境界。早在 1932 年，美国教育学家 Waller 在 *Sociology of Teaching*（《教学社会学》）一书中提出了“课堂生态学”的概念，开创了现代教育生态学的先河。

一 教育生态系统和课堂生态

语言是有生命的，可以被比作一般意义上的“生物体”。美国斯坦福大学的 Haugen 最早提出并使用“语言生态”（language ecology）这一概念。语言、语言使用以及与之相互依存和作用的环境构成了语言的生态系统。Mulfwene（2001）指出，每种语言都有不同的生命力，其生命力依附于宿主（host）即语言使用者、社会和文化等，不论是生物物种还是人类语言，其变化总处在一定的生态环境中而相互起作用。英语就由于其所代表的文化占据优势地位，使用人数众多而且在地域上分布较广泛，其“物种属性”具有较强的支配力，因此发展较快。在国际化进程中，英语的强势地位使其顺理成章地处于相对主动位，成为国际交往的重要媒介。

（一）生态学和教育生态系统

生态概念是德国生物学家 Ernst Haeckel 在 1869 年提出的，关注动植物在某个环境里的生态状态及其对整个生态系统的影响。生态系统、生态平衡和生态位是生态学最主要的概念。生态系统是指在一定空间内生物与环境构成的自然、开放的生态学基本单位。生态系统的基本特征是结构的多样性、系统的复杂性、能量的流动性、物质的循环性、系统的动态性和自我调节性。生态平衡是生态系统的下位概念，是指一个生态系统在特定条件下通过内部和外部的物质、能量、信息的传递和交换，使系统内部生物之间、生物与环境之间达到互相适应、协调和统一的状态，这种状态具有一定的自控制、自调节和自发展能力。也就是说，生态平衡是指处于顶级的稳定状态的生态系统的形成和维持，是一种相对的动态平衡，是在生态系统的演替发展中，依靠其内部各组成之间以及系统与外部环境之间的相互联系和相互作用，通过不断调节系统内部的结构和功能而得以实现的。生态位（niche）又称为小生态，是生物的“住址”和“职业”。每个生物单位在长期的生存竞争中都拥有一个最适合自身生存的时空位置——生态位，一个生物在群落和生态系统中的时空位置和状况决定了它的形态适应、生理反应和特有的行为（钱俊生、余谋昌，2004）。

生态学经历了向自然科学和社会人文学科交叉和渗透的发展过程，与自然科学的学科融合形成了许多生态化的自然边缘学科，例如数学生态学、物理生态学、化学生态学、分子生态学、城市生态学、环境生态学、生态工程学等；与社会科学的学科融合形成了许多生态化的社会边缘科学，如生态经济学、行政生态学、企业生态学、品牌生态学、生态汉语学、教育生态学等（黄远振、陈维振，2010）。可见，生态学研究几乎涉及了人类生活的方方面面，其目的是使人类与自然和谐相处、协调发展，使人类社会实践更符合自然生态规律。

教育生态研究，就是应用生态学的原理，研究教育及其周围环境之间相互作用的规律和机理，探讨彼此之间的互动关系，剖析各种教育现象及其成因，进而掌握教育发展的规律，揭示教育可持续发展的趋势和方向。教育生态系统是教育系统内部诸要素之间的相互作用及其与外部环境之间的物质、能量和信息交换系统，是一个由“人—教育—环境”构成的，充满矛盾运动的社会生态系统。20 世纪 60 年代国外开始研究课堂生态（如：Smith，1969；Rothenberg，1979；Jacob，1989；Van Lier，1997），内容涉及教师和学生的生态特点、课堂行为生态、课堂环境、课堂评估的生态以及课堂与社会关系等，从不同方面呈现生态内部各要素之间的关联。这些研究通常以课堂教学行为与活动为内容，以生态思维为指导，采用活动笔记、讨论、教学日志、教师书面评论、问卷调查等定量和定性手段，探讨课堂教学整体、互动、多维、联系、复杂的生态关系。

教育生态系统是有边界、有范围、有层次的系统。任何一个被研究的教育系统都可以和周围环境组成一个更大的系统，成为较高一级系统的组成部分；而教育生态系统本身又可以由许多子系统或亚系统构成。20 世纪 70 年代前后，人类文化出现了新的走向：由科学文化走向生态文化。生态文化已经突破了单纯的环境科学，扩展到了人类学、社会学乃至整个人文社会科学，渗透进人们的生活。它反映了一个事实：全新的生态化社会正在形成。教育作为社会大系统的子系统，作为文化的一个重要组成部分，也必然存在自身的生态系统。教育生态系统是社会生态系统中的一个相对独立的子系统，它有着自身的结构和功能。教育生态系统又是一个开放的系统，它与社会环境不断地进行着物质和能量交换，与其环境相互作用。

教育生态环境就是以教育为中心，对教育的产生、存在和发展起制约、调控作用的多元环境体系。就教育生态系统内部的生态环境而言，同样包括自然环境、社会环境和规范环境这三类不同性质的环境要素。正是由于教育生态系统中各个因素之间的相互影响和相互作用，促进了教育生态系统的平衡与发展。环境也会因主体的不同而不同，随主体的变化而变化，同时，主体和环境在一定条件下又可以相互转换。教育在发展过程中受到生态环境各种条件的制约和影响。Gibson（1977：67—82）认为，环境因素可以直接给人的感知和行动提供给养。给养就是自然环境与行为者之间的一种关系，它可能是显性可见的，也可能是隐性可知的。环境中的给养能够唤起人的某种反应或行动，即感知驱动行为（Greeno，1994：338）。因此，教育也应充分考虑环境要素对学习者认知心理和学习行为的潜在影响，为有效教学提供资源、工具、人际关系等方面的支持。

（二）课程与课堂生态研究

外语教育生态系统可以被视为一个立体结构，该结构包含宏观生态、中观生态和微观生态。宏观生态主要探讨外语教育与社会环境和文化环境的关系，从外语教育发展历程来考察生态内部结构的外语语种生态位、外语课程生态位、外语师资队伍生态位结构等因素。中观生态主要分析课程生态的内涵，探讨课程生态结构、价值取向、课程理念、理论体系等内容，阐发英语课程生态的目标体系、结构体系、内容体系和评价体系。微观生态从外语教育主体内部分析，教师和学生又分为个体生态和群体生态，其中个体生态是教师和学生对外语教与学的观念和方法的认识与行为，群体生态是师生在外语教育环境中生存的状况。

生态学的原理之一是“相互联系”，事物之间总是存在各种联系。近邻、同类联系很容易识别，而“蝴蝶效应”所含的长距离联系就不容易解释。以课程设置为例，增加一些语言学课程也可能帮助提高似乎不太相干的文学课程，这是因为事物是相互联系、相互交融的（蔡龙泉，2009：284）。

课堂生态研究可以以外语课堂为例，外语课堂生态探讨的是课程下位的教学理论与课堂教学实践。在外语教育教学生态方面，主要探讨外语教师的语言观、认知观和教学观。在外语课堂生态方面主要概述课堂生态的概念、功能和机制，阐述外语课堂生态的整体观、互动观和平衡观。

盛群力等（2009：230）认为情感是学习的动力，所有的学习都发生于学生的态度与感受之中。蔡明（2009）在《生态课堂从关怀生命出发》一文中讨论了生态课堂的生本性、生命性、生活性、生成性、生动性、生长性原则。黄远振、陈维振（2010）认为课堂生态的内涵包括三个方面：一是教师、学生、环境的课堂结构；二是整体性、协变性和共生性的课堂特征；三是课堂所具有的中介与传递、加工与建构、调整与适应、促进与驱动等生态功能及其动力机制。而课堂生态的研究主要为三种取向：整体性、互动性和平衡性。

首先，生态整体性的核心思想是“整体不等于各个部分之和”，整体与部分之间是相互联系、相互作用的，是一个内部联系密切、具有相对一致性，外部具有独特性的整体。课堂小生态是教学主体之间的相互作用，是知识和内容间的相互关联，也是语言和文化之间的相互融合。

其次，在课堂互动时，教师、学生作为主体，可以有多种组合形式：师生互动、生生互动。从人际交往的性质来分，课堂互动可以是合作性、对抗性或是竞争/合作性互动。生态型课堂互动是一种特殊的社会互动，是教学主体之间的群体活动，在教师和学生相互交往、相互作用中共同发展。

再次，生态平衡要求一个生态系统在特定条件下通过内部和外部的物质、能量、信息的传递和交换，使系统内部生物之间、生物与环境之间达到互相适应、协调统一的状态。课堂生态系统是教学主体之间，教学主体与教学环境之间在特定的空间内通过物质运动、能量流动和信息传递，相互作用、相互依存而构成的一个具有生态学意义的功能单位。课堂生态平衡就是课堂生态系统结构各要素在运行过程中自我调节并保持相对稳定的平衡状态。

二　优质生态型 EMI 课堂的要素

生态型 EMI 模式把语言教学环境视为语言生存与发展的环境，充分考虑学习者的内环境和外环境。当学习者置身于某种环境时，如果存在主动适应这种环境的动机，同时，教学环境能满足他们进入下一阶段学习的条件，那么就会形成学习者和语言学习环境间的一种良性循环。学习者在英语环境中接触专业知识，其接受的内容及程度与学习者的情感、意志、意向密切相关，也与其生活的地域、气候等自然环境密切相关；同时，语言的生存与发展也与其物质性、心理性、文化性、社会性的积淀密切相关。也就是说，生态型 EMI 模式就是能够体现和促进专业学习者与学习环境自然健康、和谐、协同进化的系统和语言使用的体系。这种模式将语言学习置于对社会和心灵的关注之中，超越学科的范畴；在教学过程中注重学习者自主、思辨地习得语言和知识。

（一）生态型外语课堂的教学设计

生态型 EMI 模式就是借鉴自然界的生态规律，将语言置于相关语境中，在传统学科、跨学科、多学科、交叉学科和超学科等几个层次上开发课程资源，激发学习者自主学习的内在动力，使其与学习环境和谐互动。

课堂设计主要涉及教学目标、教学内容、教学方法、教学手段以及教学活动等方面。依据生态系统的动态平衡原理，外语课堂教学应注重整体把握，充分考虑各种教学因素的整体效应和协同作用，注重学生主体性作用的发挥，侧重教学实施过程中各种学习支持条件的创设，以便更好地开展有效教学。

康淑敏（2010，2012）从课堂设计理念等方面对教育生态视阈下的外语教学进行了阐述。她提出了一个基于生态观的外语教学设计框架（如图 5 – 1）。

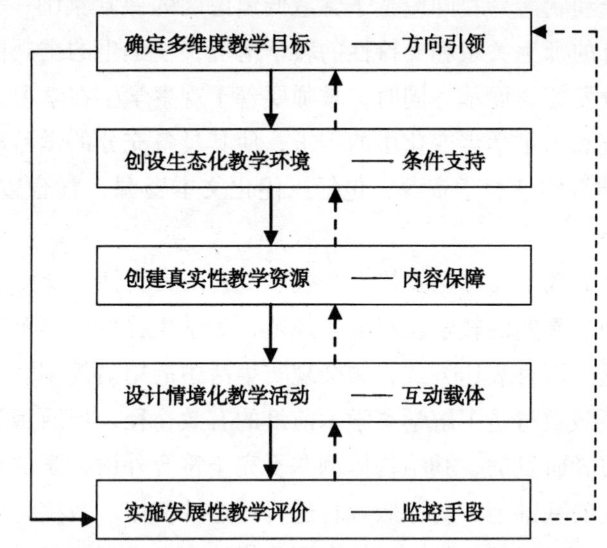

图 5－1　基于生态观的外语教学设计框架（康淑敏，2012：62）

如图 5－1 所示的框架主要从教师的视角对课堂教学进行了分类设计：

（1）首先是确定多维度教学目标，包括：知识目标、能力目标、文化意识目标和情感目标。

知识目标是学习者需要“学会”的学科内容。以语言课程为例，主要包括语言本体知识与语言运用方面的程序性知识和策略性知识。前者是具有规范性、系统性的显性知识，后者是植根于言语行为本身的隐性知识（如文化规约、交际规范等）。能力目标包括外语的认知能力和运用能力，反映学习者在语言习得过程中的认知层次和技能水平。外语运用能力反映学习者在语言产出方面的语言知识迁移能力，可以从“应用、分析、评价和创造”等层级考虑。文化意识是外语学习者应具有的文化敏感性，尤其是对异国文化的敏感性，既能洞察或意识到异国文化与本族文化的差异，又能从他民族角度感知事物、思考问题，并能选择与之适应的方式进行交流。情感目标的设计要考虑态度、兴趣、适应方式、欣赏水平等方面的内容。

（2）创设生态化教学环境

宽松的心理环境可以活跃思维，有利于思辨能力的培育和探究习惯的养成。心理学家认为，每个人的心理都有与外界保持平衡的空间，随着外界环境因素的变化而变化。课堂上师生、生生交往的精神环境直接影响学生的学习情绪和状态。教师应善于营造低焦虑度的课堂氛围——和谐的课堂氛围、平等的师生关系和支持性的教学情境，使学生的主观能动性和创造性得以充分发挥与展示；同时，教师要善于观察学生在学习过程中的心理变化，了解和满足学生变化中的需求，使其具备充分的学习动力。

（3）创建真实性教学资源，包括：优化文本资源，整合数字化资源，发掘隐性资源。

真实性外语教学资源主要体现在教学材料的真实性和课堂言语活动的真实性两方面。真实的教学材料语言规范，为学生提供语言范例，使他们能够学习地道的语言表达方式，领会现实生活中的用语规则。为此，选用优秀的外语原版教材是了解学科学术前沿的有效途径。但原版教材通常是为本族语学习者研发的，其结构体例并不完全符合外语教学的要求，所以有必要在开发的基础上，对原版教材进行创造性使用。数字化资源为外语教学提供了取之不尽的素材。隐性资源是指特定教学氛围所生成的动态资源，隐性教学资源的产生取决于学习者个体的背景信息、独特的师生关系和特定的教学活动等因素。

（4）设计情境化教学活动

情境化教学活动是将活动置于情境脉络中，使学生更好地感知语言、汲取信息。学习是一种有目的的认知过程，情境化学习对于缺乏自然语言环境的外语学习者来说尤为重要。课堂上基于情境的学习活动容易激发学生的兴趣，刺激他们的探索欲望，从而自然地进入语言学习的过程，加深对所学内容的领悟。

（5）实施发展性教学评价，可以是基于过程的评价，基于绩效的评价，或基于反思的评价。

发展性教学评价以促进课程和师生发展为目的，从教与学的角度对教学实施过程、实施结果进行评价，通过学习行为的变化检验学习进度和效果，通过学习成果的质量检验教学任务的完成状况和教学目标的达标程度。发展性教学评价强调师生共同参与，对教与学的质量进行自我检验，是一种过程性监督、实践、反思、改进和提高的良性循环。

综上所述，教学是一个动态的过程，受到多种因素的影响和作用，因此，课堂教学是一个持续完善的过程。生态型外语课堂在教学系统中充分融入了整体关联性和动态平衡的理念，从学科内容和课程标准的整体性着眼，对教学环节进行创造性的处理，形成个性化教学方案。

（二）生态型 EMI 课堂的要素

在 EMI 课堂上，语言与学科知识间往往存在一些不可避免的内涵损失，但是优质的生态型 EMI 课堂可以在各方面进行优化，使学生在探索学科知识时自然地习得外语思维，而某些可能损失的内涵则可以在课后以较小的时间成本得到补偿，有望超过“外语课 + 专业课”模式所能获得的综合能力。

首先，将教育生态系统的整体关联性和动态平衡理念渗透到各个教学环节，充分考虑教学要素间的互动关系和教学环境对教学的影响。既要注重创建学习者外部生态环境，又要关注调整学习者内部情感状态的平衡，营造师生间平等融洽的氛围，形成互利共生的课堂小生态。

其次，营造开放、和谐的教学环境，降低学生的学习焦虑度，使他们乐于分享自己的见解，勇于探究和挑战；教师要注重多样化的教学组织形式，适当调整学科内容和语言形式以贴近学习者的实际需求和生存环境，充分体现知识的适用性和及时性。学生情感发展会体现在学习态度是否积极、参与课堂是否主动，这些外显行为反映学生内心的准备状态，教师要从学生动态的行为中体悟学生在思想、情感、理解、学习动机等方面的内化过程。

第三，充分考虑学生的语言与专业水平、认知特点和学习的需求动机等，发挥学习者主体能动性，注重学习的过程体验，保持语言与学科知识相融合，思维与表述相结合，使学生处于深层次的认知参与，获得多语言背景的学科知识领悟，便于他们利用外语资源，自主发掘学科领域的深层知识。

第四，培养良好的师生关系。教师的教学能力是基础也是教师必备的能力，而教师的热情与课堂效果密切相关。师生之间一旦建立了良好的关系，教师可以在跟学生的真正接触中发现并同情后者的困难和问题，由此激发对教学的热情；而学生可以在自然、轻松、和谐的气氛中从教师那里获得知识并了解不同知识之间的相互关系——这种潜移默化比为了考试而死记硬背支离破碎的知识要强得多。从某种意义上说，良好的师生关系比加强课程建设更重要，而且更困难。

三　生态型EMI课堂案例分析

杭州师范大学的钱教授为全校学生开设了EMI通识课“江南文化与美国现代主义诗歌”。第一次课从“江南”的定义说起，这个看似众所周知的名词，可以是地理的概念，也可以是文化的概念；可以是古代的定义，也可以当代的远景规划。即便是当作一个地理概念，也有广义与狭义的区别。如果以长江为界，长江以南为“江南”，那么来自广东的学生是来自“江南”吗？钱教授让每位学生介绍自己的家乡，介绍一位自己家乡的名人。这个过程一下子让学生有了亲切感，即使是家在内蒙古的学生也会挂念起千里之外的故人。

钱教授以史蒂文斯《六帧有趣的风景》为例，运用翔实的文献资料，考察了此诗与南宋山水画的渊源，其后通过对原画禅宗意境的转换与重构，充分揭示史蒂文斯的再创作精神对开拓新诗路所产生的深远影响。

从课程的目标设计来看，由于东方文化与西方文学间存在着跨艺术形式、跨时代的印记，学生在领略书、画、乐的同时，经历的是一段段历史，思考的是相互的渊源，最终了解了钱教授最为人称道的“艺术转换再创作批评”理念。例如，庞德有很多被美国人认为是“非常美国”的诗歌其实是受到了李白的影响，李白的《忆旧游》成就了庞德最得意的漩涡派诗。如庞德翻译的《忆旧游寄谯郡元参军》：

> “呼儿长跪缄此辞，寄君千里遥相忆。”
> I call in the boy,
> Have him sit on his knees here
> To seal this,
> And send it a thousand miles, thinking.

因此，在这一目标的实现过程中，学生的情感体验和价值观得到提升，以前竟没有留意祖国的文化对经济发达的美国产生了如此巨大的影响。

从内容编排上来看，从概述到细说，再到评论和最后总结，其内容权重、先后安排和数量掌控处理得十分到位。在课堂一开始，老师与学生探讨他们眼中的江南文化，迅速拉近了与学生的关系。随后介绍的是中国文化名人及其著作：屈原—《山鬼》；马远—《临水独坐图》；夏圭—《临流抚琴图》；周季常—《五百罗汉图》；宋迪—《潇湘八景图》；等等。而在大家沉醉于古人的情怀与美景的时候，话题转向了 Pablo Picasso、Ezra Pound、T. S. Eliot、James Joyce、Faulkner，等等。

在教学方法上，钱教授把自己的科研成果结合到授课中。他采用的都是第一手研究资料，展示的是学术界最新的发展动态，对学生来说，完全是耳目一新的体验。

在教学手段上，除了使用现代化多媒体设备在视觉、听觉上给学生带来冲击以外，钱教授向大家展示了真迹和临摹版的对比，他还带来了一些绝版的诗集。他的课程内容和授课形式都给人诗、书、画、乐的优美体验。

在互动方面，钱教授以他丰富的经历和渊博的学识，时刻以一种长者的风度关注学生的理解和疑惑。通识课的学生来自不同专业、不同年级，因此个体差异比普通班级更大，教学过程存在更大的不可预见性，钱教授总是自然地引导学生对某一问题进行深入思考和研究，拓宽思路，促进思维发展。他总是设法把握适合学生们表述自己思维的时机，在款款道来之时调控学生的学习意愿和学习状态。难怪学生会说："我欣赏到了大家的风范。"从课后学生们的反馈来看，钱教授的博学将学生的认知意识自然联系到了外延信息，拓展了知识的广度和深度；同时，适时引导学生结合自己的生活场景进行互动，随时调整学生的学习进程，适应学生动态的求知需求，有利于知识的内化和能力的生成。

在情感方面，他以"江南"和"家乡"触动了所有参与者的情感体验，学生在提及自己家乡的名人时，多少带着些羞涩的自信，即便是一时想不起来家乡有哪些名人，也使我们相信他们在课后会带着成功的期待去追踪一些名人的足迹。

钱教授用翔实的历史资料和他亲自在各大博物馆收集的材料证实：美国现代派诗人威廉·卡洛斯·威廉斯（William Carlos Williams）在探索新诗体的过程中借鉴了绝句与白居易的短诗。威廉斯不懂中文，但是他能从韦利（Arthur Waley）等人的译作中读懂中国的古诗。试从他 1920 年的一首《致白居易》（To the Shade of Po Chu – I）短诗来挖掘他的借鉴：

工作多繁重。只见
光秃秃的树枝上白雪累累。
我以花甲之年的你
来安慰我自己。
一个戴红帽的姑娘 一闪而过，
她跌倒了起来又跑，
齐脚踝的大衣上沾满了雪
除了亡故的璀璨舞后
我又能想到什么？

当时，威廉斯正在惋惜岁月流逝，而白居易的乐天心态触动了他。从他的诗句看，“花甲之年的你”和“戴红帽的姑娘”并列，似乎正在模仿白居易的《山游示小妓》。

双鬟垂未合，三十才过半。
本是绮罗人，今为山水伴。
春泉共挥弄，好树同攀玩。
笑容花底迷，酒思风前乱。
红凝舞袖急，黛惨歌声缓。
莫唱杨柳枝，无肠与君断。

白居易的“三十才过半”的“山水伴”在《致白居易》中变成了“跌倒了起来又跑”的“戴红帽的姑娘”，而《长恨歌》中的杨贵妃在《致白居易》中则成了“亡故的璀璨舞后”。

除了诗歌，钱教授的话题还涉及了中国山水画，例如南宋马远的《松下独坐图》《远山柳岸图》，陆信忠的《伐纳婆斯尊者观荷图》等，都流传至欧美，被一些诗人改编成诗歌。他对每一幅画的讲解都是他亲自到各个博物馆和作者的住处考证后得出的结论。

第六章

教育部直属高校 A 的 EMI 课程调研

全英语模式授课的学位课程是高等教育国际化的一个方向，但是要真正实现留学生和国内学生能共享的 EMI 课程必然受到师资、学生、教材、教学方式、教学环境等诸多因素制约。本章主要记录了笔者对一所教育部直属高校开设的双语/EMI 课程进行的调查。

一　研究方法

（一）研究问题

本次调研主要从以下几个层面进行剖析：

（1）师资国际化对授课质量的影响。

（2）在双语/EMI 课堂中，语言是学科认知诠释的外壳还是思维的媒介？

（3）教师作为课堂生态主体之一，如何促进学生学科知识增长和英语能力发展？

（二）研究对象

笔者在高校 A 对双语/EMI 课堂进行了调查。高校 A 的双语课程级别分为："全外语教学"、"外语为主教学" 和 "双语教学"。认定的依据主要是：使用教材、课程考试试卷和外语授课比例（见表 6－1）。

表 6－1　　　　高校 A 的"双语"教学认定依据

<table>
<tr><td>外语为主教学</td><td>课程考核试卷全部使用外语出题。</td><td>外语授课比例占课程总学时的 70% 以上。</td><td rowspan="2">使用外语教材，可为正式出版的教材，也可为非正式出版的讲义。教学课件中除必要的中文注释外，必须全部由外语表述。</td></tr>
<tr><td>双语教学</td><td>课程考核试卷外语出题比例占 50% 及以上。</td><td>外语授课比例占课程总学时的 30%—70%。</td></tr>
</table>

双语课程的教材和试卷由各学院（系）予以认定，通常是在每学年秋学期第二周至第三周开展前一学年春、夏学期的双语课程级别认定工作，在春学期第二周至第三周开展本学年秋、冬学期的双语课程级别认定工作。

外语授课比例是根据学生在课堂教学质量评价时的评价数据计算双语课程外语授课比例，由本科生教学质量管理办公室提供。

在笔者进行调研的学期，高校 A 开设的双语课程、全英语课程涉及 24 个学院（系）的选修和必修课，涵盖人文社科、自然科学、工程学科领域等。班级构成包括纯国内学生班、纯留学生班、留学生和国内学生混合班 3 种。所有授课教师均为各学科的专业教师，即非英语专业教师。

（三）研究方法

数据收集的主要形式为课堂观察。笔者随机听了 18 个班级 18 位教师各 1 至 2 课时的双语/EMI 课堂教学，各班级实际到课学生数为 11 人至 186 人不等（见表 6 - 2）；另对 8 位教师进行了约 10 分钟的多媒体课件和课堂授课用语求证（下文以 8T 代指这 8 位教师）。听课过程中进行了详细的记录，以表 6 - 3 为例。

表 6 - 2　　高校 A 的双语/EMI 课程随机听课概况

教师	课程名称	课程性质（按预申报）	学生性质	实际到课学生人数
K	面向对象程序设计	全英语/必修	中国学生	45
S	自动控制理论 I	全英语/必修	中国学生	11
X	教育理论与设计	全英语/必修	中国学生	29
L	计算机组成	全英语/必修	中国学生 & 留学生	36
E	离散数学及其应用	全英语/必修	中国学生 & 留学生	32
Y	管理学	全英语/必修	中国学生 & 留学生	33
P	生理学	全英语/必修	留学生	70
Z	药理学	全英语/必修	留学生	11
C	计算机组成	双语/必修	中国学生	69
D	中级微观经济学 II	双语/必修	中国学生	40
G	模拟集成电路分析与设计	双语/必修	中国学生	38
H	中级宏观经济学	双语/必修	中国学生	46

续表

教师	课程名称	课程性质（按预申报）	学生性质	实际到课学生人数
M	分子生物学（甲）	双语/必修	中国学生	60
N	电磁场与电磁波	双语/必修	中国学生	61
Q	离散数学及其应用	双语/必修	中国学生	33
R	光通信技术	双语/必修	中国学生	50
I	法学英语	双语/院系选修	中国学生	24
W	基础医学各论 I	双语/必修	中国学生 & 留学生	186

表 6－3　　双语课听课记录表

CLASSROOM OBSERVATION RECORD

教师姓名：＊＊	教室：2－212	日期：2011/5/17	学生人数：24	编号：
听课人：笔者	听课人座位：6 行 6 列	时间：9：50 至 11：25	学生专业及年级：＊＊	
教师进入时间：9：40 学生进入时间：	开课前记录：教师主编的教材 学生在书上注有单词的中文注解和音标			

课程进度记录：

时间：	课程内容：
9：51	教师概述今天要讲的内容：1. 简历（期中作业）2. 课文 3. 测试
9：55	讲评作业：英文简历。（英文＋中文） 将学生的错误写在黑板上，eg. Name，DOB，POB，Nationality “三好学生”、“班干部” 如何表达
10：00	展示较优秀的英文简历，A4 打印稿
10：02	“Please open your textbook, turn to page … today we will talk about Unit 4, Court Organization” “You should compare Chinese Court Organization and Chinese Organization”
10：05	“I guess there is no new words in this paragraph 这段没有生词” 中文板书：法院工作人员
10：12	以解释课文为主要方法 介绍本地的涉外律所
10：21	Power of Attorney 不是律师的权力，而是“委托书” 建议学生在毕业论文时写“论中国建设政府律师队伍”
10：35	clerk 书记员；bailbonds 保释金；sheriff 法警
10：40	下课
10：50	陪审团的选择： 1. yellow pages A － Z；2. 根据法律、国籍、是否有案底 3. 根据案件，例如：女性、种族，等等
10：55	练习 P. 312 阅读 15 分钟，然后发试卷

续表

课程结束后记录： 教师对法律业务相当熟悉，会讲一些与课文相关、与法庭相关的现实插曲，课堂生动 平时的作业都是课本上的课后练习 法律上的一些名词，如：法警的职责、陪审团等都是中文
备注：Understand? Ok，now let's go on. Who knows? （谁能回答这个问题?） The next page. Now have a break 教师毕业于西南政法大学，曾赴美国修法律专业，访学两年，曾出版法律译著 教师授课没有用到PPT，在问卷中填写的是：有时使用PPT

在听课的同时，笔者还开展了随机问卷调查。9位教师和52位学生填写了问卷。学生问卷请参见附录I。笔者并没有对所有学生进行问卷调查，原因有三：其一，有些课程教学安排紧凑，学生的练习和互动任务较多，因此只对教师进行了问卷调查，没有对学生进行调查；其二，有些班级人数众多，只随机抽取了少量学生样本；其三，问卷调查对象主要为中国学生，仅邀请了4位马来西亚籍留学生回答了汉语问卷，用于与中国学生观点比较。

二　数据分析

（一）双语/EMI教师实际授课使用英语的比例

按照高校A对双语课程基本要素的规定，使用外文教材和外文课件（可含必要汉语注释）是必要条件，外文板书、外文作业、外文考试试卷及课堂外语授课比例则用于后期双语课程或EMI课程的级别认定。

18个班级的双语/EMI课堂配备原版教材的有15个，包括国外原版教材、国外教材的国内影印版等。其余3个班中，教师I使用的是正式出版的全英语自编教材；教师Y没有统一发放教材，但是提供了推荐的英语书单，且当堂发放原版学习资料。调查中仅观察到一位教师使用汉语教材，但是他制作了全英语的课件发放给学生作为讲义。在课堂观察中，笔者发现很多学生的英语原版书上笔记很少，阅读过的痕迹也很少；很多学生自行购买了相应的中文版教材，甚至有些留学生也看中文版教材；还有些学生并不带教材进教室，对此有学生解释说：“英语原版书太重了。”

在18位教师的课堂教学中，制作全英语课件的有15位，其中教师D

和 S 以英语为主，附加汉语注解。其余 3 位未使用多媒体课件：教师 E 的授课对象为留学生和中国学生，其授课、与学生交流都 100% 使用英语，因本人身体的原因，暂时没有使用电脑等教学设备。根据教师 N 和 I 的自述，他们的课堂教学有时使用多媒体课件，课件为全英语。前述随机观察的 8T 教师全部使用全英语课件。

在听课中，笔者对多媒体课件的内容进行了观察，共同点是清晰有条理，要点明确，英语语法正确。稍有不同的是：有些为提纲式，主要靠教师上课时的讲解和扩充；有些内容详尽，教师把大部分需要讲解的学科专业知识都列入课件页面，课堂教学中只需陈述这些内容即可；教师 H 班里的学生还有全英语课件的打印稿。

笔者还对学生的作业进行了抽样调查。全英语完成作业的有 6 个班，其中一个班的作业全部为计算和列式。在所有抽样中，只有一个班的作业用全汉语完成，其余班级都为中英文合用。最普遍的做法是英语出题，学生自行选择汉语或英语作答。部分教师实施课堂测试，如教师 K 每学期有三次测试（Quiz）。笔者听课时教师 K 所教的班正好进行本学期的第二次测试。试卷为全英语试题，学生基本以列式回答，无须使用汉语。教师 I 在每个单元发一份测验卷。笔者听课时正好有测试项的安排，学生要在 15 分钟内阅读教材中的指定文章，然后教师发放测验卷当堂完成。测验卷为全英语出题，学生全英语答卷。关于期末考试试卷，从师生问卷来看，基本上能达到 100% 英语出题，但是有些课程允许自主选择汉语或英语答题，部分教师还有期中英语测试（如教师 X 等）。

由此看来，教师基本符合学校对双语课程的硬件要求，但是真正符合 EMI 课程“全英语”标准的为数不多，主要的问题在课堂授课用语方面。比照表 6－2 中预申报的 8 门“全英语”课程，课堂观察的结果是：教师 E、P、X、Y、Z 的课程符合要求。其余 3 位教师中，教师 L 在开学时和学生进行了沟通，最后决定使用全汉语授课，其班上有两位留学生，都学过汉语，所以和大家一样听汉语授课。教师 K 的学生告诉笔者，之前老师确实用英语授课，但是后来内容难了，所以汉语的比重增加了。教师 S 的英语授课比率大约为 50%。

那么，在推崇师资国际化的时代，教师在课堂上使用英语的能力是否与其海外经历密切相关呢？表 6－4 是参加随机问卷调查的教师海外经历、学历和课堂使用英语的比率。

表 6-4　双语/EMI 教师授课使用英语的比率

教师	海外经历（学位、访学等）	学历	按照教学计划，英语所占的比率	课堂观察中实际使用英语的比率		
				多媒体课件使用英语的比率	板书使用英语的比率	授课使用英语的比率
L	0	学士	50%	100%	图表等*	0%
X	0.5 年	硕士	100%	100%	100%	100%
K	1.5 年	博士	50%	100%	无	50%
I	2 年	硕士	70%	（听课时）无	70%	50%
H	2 年	博士	30%	100%	无	0%
S	2 年	博士	50%	100%（含汉语注释）	50%	50%
Z	2 年	博士	100%	100%	无	100%
N	2.5 年	博士	50%	（听课时）无	100%	10% 以下
E**	5 年	博士	100%	（听课时）无	100%	100%
Y	5 年	博士	100%	100%	100%	100%

* 该教师直接使用电脑工具在屏幕上进行图表、线路等的绘制

** 随机问卷调查中没有包括该教师，该教师的海外经历数据来自校园网介绍

表 6-4 中，百分之百使用英语授课的教师有 4 位，教师 X 曾访学半年，已是第 5 轮讲授双语/EMI 课程；教师 Z 曾访学两年，已讲授双语/EMI 课程 6 轮以上；教师 E 在美国获得博士学位，有 5 年海外经历；教师 Y 是中英文流利的外籍教师，但他不是来自英美等以英语为母语的国家，而是来自东南亚，其本科、双硕士、博士学位都在东南亚及周边地区获得。从课堂观察和学生的反馈来看，这四位教师确实具有扎实的学科专业知识，英语表达能力强。这说明有海外经历的双语/EMI 教师最大的优势在于授课时的讲解和表述能力，但是这些能力的发挥与海外经历的年限并不呈现必然的正比关系。

教师 Q 曾先后访学 3 年，但其授课用语为全汉语；教师 G 接受了为期 6 个月的专项海外教学培训，其授课语言以汉语为主。教师 Z 同时承担同一课程的双语和 EMI 授课，授课对象分别为中国学生和留学生。当被询问授课是否有较大不同时，Z 坦言给留学生授课必须用 100% 的英语，而给中国学生授课则仅使用全英语的课件及作业，授课语言是汉语，考试中有一部分为英语。也就是说，教师 Z 完全具有出色的 EMI 授课能力，但是面对不同的授课对象，会使用不同的授课用语。多数教师和 Z 持相似观点，因为在问卷中，7 位教师认为双语教学最大的问题是学生缺乏接受

能力。

综上所述，不同双语/EMI 教师在授课过程中最大的区别是授课时英语的使用比率。本研究摘录了部分教师的中/英文语码转换（不包括全汉语和全英语授课内容），以考察教师语码转换的主要用途。

（二）双语课堂上教师中/英文语码转换的主要用途

在双语课堂教学中，教师使用的英语量各不相同，但是语码转换的主要类别和用途比较清晰。最常见的是照读一遍课件内容和核对词义：教师逐条通读全英语课件，然后是用汉语讲解。教师 I 使用的是正式出版的全英语自编教材，因此他的课堂教学以复述与解释课文为主，中/英文语码转换比较频繁。其他教师的中/英文语码转换类别和用途见表 6－5：

表 6－5　　双语课堂教师中/英文语码转换的主要用途

1. 照读课件内容	最为普遍，多数双语教师都会读一遍课件内容
2. 核对词义	*Power of Attorney* 委托书　*Sheriff* 法警 *Input wave* 入射波　*Reflective wave* 反射波
3. 组织课堂任务	*Please open your textbook, turn to page… Today we will talk about Unit 4.* *The next page.* *You should compare Chinese court and Chinese organization.* *Now have a break.*
4. 衔接，填补语言间的空白	*Ok, now let's go on.* *I guess there is no new word in this paragraph.*
5. 与学生的信息确认	*Understand?* *Positive or negative?*
6. 激励型语言	*Well done!*
7. 中英文夹杂的句子	*Manager* 是一种 *employee.* ……你有，但是你不能 *touch.* *Dr. John* 对吗？不对吧！有 *title* 在，就不能用 *first name*，要用 *last name*……除非用 *full name.* *…equals…* ……我们来 *analyse…* ……然后再 *design.*

本节没有细化研究全英语授课教师的课堂用语，表 6－5 是从“以汉语为主要授课用语”的课堂中摘录的部分英语。第一项和第二项与学科内容相关，可以视为双语课堂因素；第三至六项与学科内容无关，并且使用的都是简单的课堂英语；如果某双语课堂中仅出现这些英语，可以将之等同于全汉语授课。第七项“中英文夹杂的句子”，似乎是教师在用英语授

课方面尚未成熟的表现。在听课的过程中，笔者观察到这些教师其实具有用更高比例英语授课的能力，但是他们在“非 EMI”课堂上没有坚持应用这种能力，没有下功夫发展这种能力。

（三）高校 A 的学生对课程及教师的评价

问卷调查结果显示，大多数学生（84.61%）认为就提高英语水平而言，开展双语教学是有必要的。有一位非 EMI 学生觉得无所谓，而有 12.82% 的 EMI 学生觉得无所谓，甚至有两位 EMI 学生认为“没有必要”。这两位学生 a 和 b 分别在两个不同的 EMI 课堂，由不同的老师施教，但是仔细比较这两位学生的问卷，却发现有近乎一致的答案。他们对教师英语水平的评价是“非常满意”，对教师的语音、语法、讲授等完全没有意见，因此问题似乎不是在教师身上。他们对自己的英语口头交际能力“很不满意”，在用英语学习专业时遇到的困难较多，例如：看书听讲总要查词典，即使单词认识了也经常看不懂整篇文章的意思，更难使用英语对专业知识进行概括、总结或分析，也很难用英语交流、讨论专业内容。因此，这两位学生都认为双语/EMI 课程对自己的英语水平提高“没有帮助”，而如果参加的是全汉语授课课程，专业方面会“提高得更快”。

那么，是不是多数学生都会因为自己的英语水平有限而对双语/EMI 课程学习失去信心了呢？在被询问到“您认为您现在的英语水平对专业学习有影响吗”时，两位马来西亚籍学生选择“完全没有影响”，另有 13.46% 的学生选择“几乎没有影响”，大多数学生（57.69% 和 13.46%）认为“有点影响”或“较有影响”，学生 a 和 b 选择了“影响很大”。对于这一问题的看法，非 EMI 学生和 EMI 学生差别不大，80% 的非 EMI 学生认为有影响，85% 的 EMI 学生（不包括 4 位马来西亚学生）也认为有影响。有一半以上（69.23%）的 EMI 学生“希望”教师用简单的英语，比如放慢语速，尽量用常用词和简单句来讲解专业知识，学生 a 和 b 选择了“非常希望”，再次证实了他们在 EMI 学习中遇到了语言障碍。

在前述分析中，双语和 EMI 课堂最大的区别在于是否用英语授课。对于教师的英语水平，96.15% 的学生表示“满意”，其中 26.92% 为“非常满意”。问卷将双语/EMI 教师在英语方面可能出现的问题进行分类（见表 6－6）。

表 6-6　双语/EMI 教师在英语方面可能出现的问题

问卷第 17 题：您认为教师的英语在哪些方面存在问题？（可以选择多项）	
发音不准，带有明显的地方口音	使用英语不规范，常有语法错误
讲课时表达不连贯，逻辑混乱	用英语讲解复杂专业知识有困难
使用句式十分单一	某些表达明显不地道
对英美文化了解不多	其他

34.62% 的学生并未在这些选项中做出选择，其中 11.54% 为非 EMI 学生，笔者认为他们是因为较少听到教师使用英语授课而未作评价；另 23.08% 为 EMI 学生，笔者将他们在问卷上的空白视为教师在这些方面都没有问题。另有 5.77% 的学生描述教师的英语为“好”，也就是特别强调没有问题。相比较而言，中国学生倾向于关注教师的语音和用英语讲解专业知识的能力，而以英语为母语或二语的学生除了关注这些，还特别留意教师的措辞及语言习惯，3 位马来西亚籍学生认为他们的教师有某些表达明显不地道。表 6-7 特别对比了学生对教师 X 和 Y 的英语授课语言评价。

表 6-7　学生对双语/EMI 教师的英语进行评价

	发音不准，带有明显的地方口音	使用英语不规范，常有语法错误	讲课时表达不连贯，逻辑混乱	用英语讲解复杂专业知识有困难	使用句式十分单一	某些表达明显不地道	对英美文化了解不多
全体	21.15%	3.85%	3.85%	23.08%	7.69%	9.62%	3.85%
教师 X	0	0	0	33.33%	8.33%	4.17%	4.17%
教师 Y	50%	7.14%	7.14%	7.14%	14.29%	7.14%	14.29%

教师 X 和 Y 都是全英语授课。中国教师 X 的海外经历并不多，仅有半年，但学生对其语音、语法和语言逻辑等非常满意，只是担心其专业知识水平不高。而教师 Y 为非英语国家的外籍教师，在担任教师前有多年的国际化公司管理经历。从问卷数据来看，学生对其“管理学”的专业修养很满意，但是有 50% 的学生认为其语音方面略有欠缺。

三　研究结论

（一）师资国际化对授课质量的影响

全美教师教育认证委员会 NCATE 的报告《什么最重要：为美国未来而教》、美国教育协会 ACE 与美国教师教育院校联合会 AACTE 的报告都指出：教师的质量与学生学业成绩之间的相关性大大超出对学校的各种物质投入、学生的家庭社会经济背景等其他因素[①]。因此，可以说师资国际化是实现高校课程国际化的媒介，又是实现学生国际化的桥梁，而 EMI 教师所需要具备的能力远远超过其他教师。在对 EMI 师资的国际化进行考察或进行培训时，本节以八项能力来界定 EMI 教师的能力：

表 6－8　EMI 教师具备的相关能力

<table>
<tr><th colspan="2">分类</th><th>描述</th></tr>
<tr><td colspan="2">作为教师的基本能力</td><td>1. 熟练掌握学科知识，并加以说明的认知能力
2. 在教学中运用语言等技能，传递和交流学科知识的能力</td></tr>
<tr><td rowspan="3">作为 EMI 教师的特殊能力</td><td>作为 EMI 教师的特殊教学能力</td><td>3. 具备 EMI 授课的特殊教学理论，且付诸实践的能力
4. 对学生的综合能力施加影响，并使之发生正向变化的能力</td></tr>
<tr><td>作为 EMI 教师的跨学科与国际化能力</td><td>5. 对相关领域的国际惯例的理解能力
6. 跨学科研究能力，并结合现代科技与信息技术，介绍国际最先进的专业知识及运用国际最先进成果的能力
7. 根据国情和需求分析，对原版教材进行筛选、删改及整合利用的能力</td></tr>
<tr><td>作为 EMI 教师的超学科能力</td><td>8. 针对特定的社会问题，从问题本身的各个方面出发，协调与融合各学科，从而对真实世界的各种复杂问题提供新视野和创造性的解决方案的能力</td></tr>
</table>

从高校 A 的双语/EMI 课程实践来分析，教师完全具备能力 1 和 2，在课堂观察中，所有教师均为学科专业教师（即非英语专业教师），授课状态良好，对学科知识的讲解游刃有余，对学生的提问能给予满意的答复。教师的第 7 项能力也是合格的，不同教师有各自偏好的教材，同时结合最新原版教材或资料，以及自己的教学经验，都能较好地将教材中的精华展示给学生，但是学生对原版教材的使用还有待促进。相对而言，教师

① National Commission on Teaching & America's Future, Teaching & America's Future, September, 1996.

的能力 3 表现不明显，未能做到全英语授课。能力 4 很难在短时间内得以体现并量化评估，但可以明确的是，EMI 学生综合能力至少包括学科专业能力和英语能力，如果授课中不注重其中任何一项的培养，教师的 EMI 能力就是不完整的。能力 5 其实与 1 和 6 密切相关，因为相关国际惯例既包括历史传统的，也包括不断更新的内涵。第 8 项超学科能力是教师职业发展的必然趋势，前几章已作详述，第七章还将以高校 B 为例进行分析。

（二）语言是学科认知诠释的外壳，还是思维的媒介？

此前已经提到了 Seleskovitch 和 Lederer 等人的释意理论，这里可以借鉴他们的理论来阐释双语/EMI 教学。学生在双语/EMI 课堂上的关键任务是听懂实质内容，教师的英语可以被视为学科认知诠释的外壳，而那些在语境中听到的字、词、句、语段和语篇，会帮助学生在课后阅读原版教材时还原课堂上理解的意义和内容。

我国的英语模式教学不是英语语言课，学科内容是教学的构架，目的是用外语学习专业内容。蔡基刚（2010a：65—66）认为全英语教学的“重心在知识，语言是附带提高的”。“附带”一词意为“非主要的”，也含有“顺便”的意思。在此，笔者认为似乎弱化了英语在双语/EMI 课程中的真实地位。蔡基刚（2010a）在他的文章后半部分提到全英语课程的优点时，其实也说明了英语不仅仅是“附带”学习的：全英语专业课尤其是外国专家上的课往往是在学科方面带来最前沿的发展情况或最新的研究成果；同时，学生感触最深的是，这些新内容、新视角以及新研究方法对改变他们过去习惯或传统的研究方法很有帮助。原版教材、文献材料和外教授课所传递的西方科学注重演绎性思维方式，量化实证性研究、学术规范执行以及自立、开拓的精神都给中国学生以很大的影响。

根据 Cummins（1984）的阈限理论（Threshold Hypothesis），当学生精通第二语言并足以应付教学要求时（如理解课程内容、对课程内容形成概念），双语教学将对学生的认知发展产生正面效应。同时，学科学习越抽象难懂，语境支持越少，对认知的要求就越高，因而对第二语言水平的要求也越高。诚然，对于英语水平较低的学生来说，如果教师坚持用全英语授课，他们会感到迷茫和无所适从（Macaro，1995）。也只有当积累到相当的语言经验后，学生才能不假思索地用目的语进行交流。上文提及的学生 a 和 b 就是因碰到语言的障碍而对双语/EMI 课失去信心。目前，我国大部分学生全面接受 EMI 教学有一定难度，但是重点大学里大部分学生已具备 EMI 教学所需的英语能力。问题的关键是具有这样能力的人在碰到困难和不适应时能否坚持下去，是否肯花时间和精力去积极应对。

本研究中部分双语课为了保证学科的教学质量，除了一些术语是用英语外，其余都是用汉语教学；有些双语课教师为了“双语”而说英语。部分专业虽然配备了全英语的教材，但是学生自行购买了中文版教材，因为授课用语还是汉语，所以学生可以完全依赖中文版教材，而全英语教材在部分学生眼中不仅“厚重”，而且没有实际价值，所以很少阅读。事实上，对于双语/EMI 课程来说，原版教材是标准的学科研究范本，教师的语言输出（包括课件和板书）是学生感受英语的主要来源。如果在英语模式授课中搁置原版教材，教师本身的英语语言水平就成为唯一至关重要的教学条件。陆效用（2002a）指出：假如学生经常接触的是通过汉语思维讲出来的“中国式英语”，久而久之，就会在不同程度上养成不符合英语表达习惯的语言行为，反而不利于他们英语水平的真正提高。同理，学生的学术思路也会仍然停留在“中式传统”模式，在领会不断更新的学术规范时难免有汉语的先入为主，这显然不利于学生的国际化意识发展。

双语/EMI 教师有责任为学生提供一种使用英语的环境和机会，使学生能够把英语作为一种认知的工具。再者，从双语/EMI 课程的目的考虑，语言不是可有可无的。教师不仅要用英语传递学科知识，使之成为学科认知诠释的完美外壳，更要引导学生用西方逻辑实证思维进行科学的研究和分析。

（三）课堂生态对学生学科知识和英语能力的影响

双语/EMI 课堂生态蕴含了跨学科的内涵，教师、学生和课堂环境之间的关联成为学科知识和语言的生存空间。课堂也存在着“生态环境”，也讲究“生态平衡”，也需要“生态保护”；每个生命个体的健康发展，都需要润泽的成长土壤与辛勤的园丁浇灌。1932 年，Waller 首次在 *Sociology of Teaching* 提出“课堂生态学”的概念，Doyle & Ponder（1975）将课堂生态界定为“对教学环境产生影响、互相联系的过程和事件所形成的网络”。课堂生态属于教育生态学的微观层面，是教育生态系统中的小生态，其功能是通过教师、学生和课堂环境各成分之间的交换和交流来实现的。这个小生态的优劣直接影响学生的学习、成长和发展。

下文以教师 Y 的 1 课时内容为例，分析课堂生态对学生学科知识和英语能力的影响。

表 6-9 教师 Y 的 EMI 课堂记录片段

9：50	时值端午节，Y 以“端午节”作为起始话题，请 2 位男生和 1 位女生描述端午节 教师发音：dragon：[ˈdrɑːgən]
9：55	昨天与 3 位瑞典教授探讨了 innovation 的话题
10：00	今天早晨阅读了一篇文章，给每位学生发放一份（打印用的是反面再利用纸张） 文章的发表日期为授课日的前一天，即，确实是最新资讯
10：15	开始讨论刚才发放的材料，教师没有先讲解，而是先提问，有两位留学生回答问题
10：25	教师对材料进行了部分概述，提问，点名回答问题 第一、二位学生没有回答 第三位学生：I don't know. 第四位学生回答了问题，教师赞许
10：35	下课期间 教师向某学生询问 group presentation 的准备情况，下一课时轮到该学生所在组做 presentation
备注	留学生和中国学生混合班；来自全校不同专业和不同年级（以大一学生为主） 实际到课 33 人 教师全英语授课，流利；教师和学生交流也是全英语；熟悉学生的专业和年级

第一，教师与学生作为主体存在于一个具有协变性特征的课堂生态中，课堂教学是师生情感交织的过程，一方情绪的变化会引发另一方做出相应的调整，即发生协同变化，以建立新的心理平衡。教师 Y 首先把自己的生活体验和感受带到课堂，和学生分享节日文化和他的学术交流活动，这样的情绪感染很好地缩小了师生的距离，又很自然地导入了与课程相关的话题，愉悦的情感体验使教学更加有效。他收集的英文材料是关于新近发生在学生可以触及的真实生活中的，这些内容让学生感受社会环境中非虚构的信息交流，感知语言的实际运用和社会交际规范，形成对语言的感知、理解和运用。

第二，按照 Robert E. Park 的人类生态学观点，人与人之间是相互依赖的共生关系。黄远振、陈维振（2010：149）将课堂生态中的共生性描述为：师生间存在一种共生互补的生态关系，在课堂状态中师生间的发展是一种正比例关系，即学生发展的程度与教师生命活动价值的实现程度成正相关，学生综合能力的提高意味着教师价值的提升。教师 Y 的 EMI 课堂上以大一学生为主，他们来自多个学院的不同专业，其中有 57.14% 的学生表示“能完全听懂教师”，92.86% 的学生信任教师 Y 用英语讲解复杂的专业知识。这两个比率明显高于平均值（28.21% 和 76.92%），也就是说，教师 Y 的课堂活动价值得到了较大程度的实现。

第三，教师 Y 对学生非常熟悉，在授课时和课间与学生进行全英语交流，营造出实际应用英语的氛围，使学生学习过程成为具有真实意义的交际过程，符合 EMI 课堂应有的生态环境要求。同时，与学生的课间学术、情感交流显然是教师走近学生、改善其生态位的表现。相关研究（Richards & Lockhart，1994）表明：教师周围的区域称为活跃区，该区域内的学生表现活跃。学生的主体地位得到承认，主体作用得以发挥，教学效果相应提高。但是在本研究所见的课堂教学中，有些课堂人数偏多，甚至是大阶梯教室近 200 人上课，这样庞大的班级就难以实现师生生态位的优化，不便进行有意义的双向交流，在心理层面上不利于学生愉快地积累学科知识和培养英语能力。

第四，课堂生态注重预设与生成的和谐。预设是教师对课堂教学的规划和设想，而生成是指课堂教学在预设的基础上引导学生对已有知识经验的重新组合、动态生成教学内容的过程（黄远振、陈维振，2010）。从教师 Y 对教学材料的驾驭来看，他自身良好的阅读习惯和思维模式将最新鲜的资讯和最先进的理念带入课堂，引导学生思维和情感的发展，学生在第一时间知道世界正在发生什么样的变化，认识到自己来到这个课堂不仅是作为听众，而是在与客观世界对话、与他人对话、与自己对话。通过这些对话，学生获取的不仅是最新的学科知识、熟练的语言能力，还有有效的思维习惯和严谨的研究方法。这个过程接近于陈丽华（2010：12）提到的教师作为转化生成的角色发挥：教师在课前搜集和运用各种课程资源，课中及时动态捕捉各种课程资源，课后适时反思与整合各种资源。在整个过程中，教师自身就是一种鲜活的动态生成的课程资源。

综上所述，和谐平衡的双语/EMI 课堂生态就是通过师生的学术和情感交流，将国际先进的学科知识以鲜活的形式展示给求知的学生，使他们带着积极的心态和灵动的思维，习得用英语模式进行科学思考和分析的能力，最终学生学科、语言应用能力等的提高就意味着教师课堂价值的提升。

在国际化的大背景下，有国际竞争力的人才必须有能力参与国际事务，教师的责任就是帮助学生实现国家目标。本章中，笔者考察了师资、生源等都比较优秀的一所教育部直属高校，对双语/EMI 教师在授课时驾驭学科专业知识和语言的能力进行了研究。首先，双语/EMI 教师有责任为学生提供一种使用英语的环境和机会，使学生能够把英语作为一种认知的工具。特别是当教师和学生都具备英语能力时，双方要有多用英语的共同意志。其次，从双语/EMI 课程的目的考虑，教师不仅要用英语传递学科知识，使之成为学科认知诠释的完美外壳，更要引导学生注重西方逻辑性、实证性的研究方法，培养科学思辨能力。同时，在具有协变性的课堂生态中，教师通过对课堂教学的规划和设想、师生间的学术和情感交流，真正使学生具备积极的心态，在和谐的氛围中习得用英语模式进行科学思考和分析的能力。

第七章

EMI 教学实践与分析——以市属高校 B 为例

前述第六章分析了一所教育部直属高校 A 的双语/EMI 课程，首先阐述了师资国际化对课程的影响；继而，从外语的角度看，语言不仅是学科认知诠释的外壳，也是学生探知西方思维的媒介；最后，从课堂生态的视角看，教师作为课堂生态主体之一，通过课堂规划和师生交流，有效地促进学生学科知识和语言能力的发展。作为对比样本，本研究特别考察了杭州师范大学——一所市属高校（以下简称高校 B）的双语/EMI 课程。

一　教学现状调研

笔者首先随机听了 6 课时的双语课程，发现在课堂授课、教学课件、课后作业、测验考试等各方面都没有达到双语课程的基本要求，所以视为无效数据。这样的双语课效果确实令人担忧，学校也意识到了双语课建设所出现的问题，特别成立了专家小组，对全校的双语课进行督查和整改。

随后，笔者在三个由外籍教师用全英文授课的 EMI 课堂上进行了开放式的问卷调查，即只提三个问题，不提供选项，学生可以根据自己的想法填写，共回收问卷 83 份。

第一个问题，他们在本课程的收获。回收的问卷中，大多数学生提到课程的相关内容让他们有所收获，也有学生表示锻炼了口语，或者是体验了外教的授课方法。

第二个问题，请他们写下对课程中印象最深刻的方面。学生们没有提到任何与课程主题相关的方面，让他们印象最深刻的是“听到纯正口语”（11 人），其他方面的回答比较分散，如：“外教充满激情”（2 人），“现场英语，比视听资料有兴趣”（1 人），“氛围很好”（2 人），“老师 handsome”（1 人）。虽然这些印象都很正面，值得提倡，但是需要深思的是，这些回答反映的几乎都是学生被动地坐在自己位置上，上课像欣赏一场演出似的。这三门全英文课程其实主题各不相同，一门偏重于神经科学，一门偏重于历史，另一门偏重于文化，但是从学生的“印象”里却看不出区别。

第三个问题，请他们写下对全英语课程的期望，虽然问卷上没有提供选项；学生的答复中还是可以统计出较为大众化的期望值：

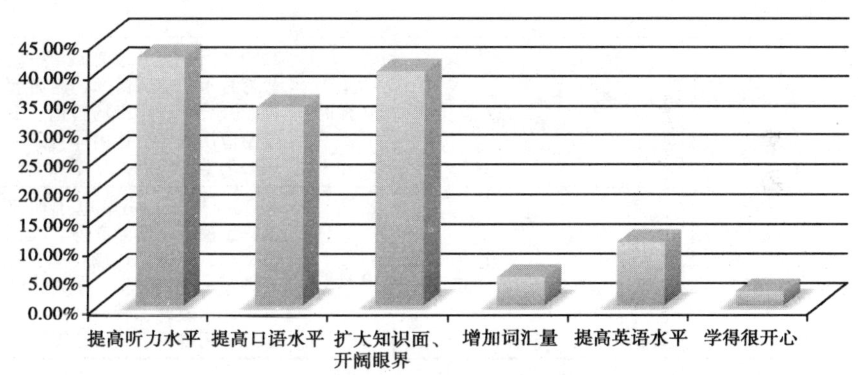

图 7－1　高校 B 的部分学生对 EMI 课程的期望

从图 7－1 数据可知，近一半学生是来课堂上“提高听力水平”的（42. 17%），还有一部分学生选择这门课程是为了“提高口语水平”（33. 73%），对课程相关知识感兴趣的只有 39. 76%。除了以上三种较为“异口同声”的回答外，排名第四的学习目的也和英语学习有关（10. 84%）。由于问卷上没有选项，学生可以自由表述自己的真实意愿，所以还有一些所占比率很小的答复，例如：“增加词汇量”（4 人），“提高兴趣/很开心”（2 人），“提高阅读能力”（1 人），“了解中外文化差异”（1 人），“有打算到国外继续学习，研读专业，希望对国外的全英语授课有过渡和适应”（1 人）。

分析这些学生对 EMI 课程的期望，不难发现，学生选择这些课程在很大程度上是为了提高英语水平。有位学生写道：“这些内容是小儿科，但是用英语表达就不一样了，从口语、英语单词乃至文化方面都有提高。”看得出，他对这门课程是满意的。但是，从课程设置的角度来看，这样的效果是远远不够的，只能说这些是比较有吸引力的英语课程，而没有达到内容、形式与思维能力培养的目标。

笔者随后对该校由4位特聘外籍教师所授的EMI课程进行了课堂观察，共计16课时（见表7－1)。62位学生填写了与高校A相同的问卷，26位学生填写了另一份开放式题型的问卷。

表7－1　　高校B的特聘外籍教师

特聘外籍教师	课程名称	听课时长	学生专业分布
John（国际期刊 *Beloit Journal of Poetry* 主编） Ann（美国缅因大学 Farmington 分校荣誉教授）	Living A Good Life	6课时	26人（英语）
XQ（原美国纽约州立大学教授）	大脑、语言学习与感情世界	2课时	22人（汉语言文学、护理、教育技术，临床医学、旅游管理、社会工作、市场营销、数学与应用数学、休闲体育、应用心理学、英语，等等）
钱教授（美国新奥尔良大学首席教授，中国籍）	江南文化与美国现代主义诗歌	8课时	40人（电子商务、电子信息工程、法学、国际商务、汉语言文学、护理、环境科学、教育学、口腔医学、日语、药学、艺术教育、营销、应用化学、应用物理、英语，等等）

就教师XQ和钱教授的英语能力而言，所有学生都表示“满意”和“非常满意”。在问卷第17题（参见附录I)，50%（31人）认为教师的英语授课没有任何问题，其中有5人还额外填写了“很好”；24.19%（15人）选择了“教师用英语讲解专业知识有困难”。结合问卷中学生对自身的评估和笔者的课堂来观察，不少学生是受制于词汇量和相关知识的匮乏。一位初等教育学院大二的学生感觉“英语越来越不懂了”；一位营销专业一年级的学生认为“没有问题，尽可能放慢语速就好”。

从学生的角度分析，他们“更愿意在课堂上发表自己的看法了”；“学着用英语思考”；“对英语的憧憬加深”，这些学生能够意识到基本语言技能以外的能力培养。不可否认，还是有很多学生在描述课程收获时，局限于“英语口语和听力水平的提高”。也就是说，他们来到EMI课堂，有很大部分的期待只是提高表层的“听说能力”。

在26份开放式问卷中，学生随时写下令他们有所感触的内容：“很轻松”；“很积极”；“信息量很大”；“探讨人生和艺术比较有趣，比较有意义”；“教师正在教我们如何将所学的内容与社会实际相联系，充分利用我们的知识”；“威廉·莫里斯的作品都是那么美好”。在学生随意记下的这些片段中，似乎可以捕捉到他们对课程的信心和对莫里斯与“self”的信心。

高校 B 的 4 位外籍教师都在国际学术界享有较高声誉，他们的研究成果大都发表在国际著名期刊上，并在各自的领域发表了专著。他们在授课中最大的特色就是结合了自己的最新研究成果，从而使大学基础阶段的学生能触及国际学术研究的前沿动向。学生自言：“深切地感受了大师的授课风采”，“对下一节课充满期待”。

这 4 位教师都不是教授英语语言技能，面对的是英语水平参差不齐的学生，他们的授课目的是让不同学科的学生掌握（至少是了解）另一些领域的研究课题。在教师用英语传递学科知识时，语言的作用是学科认知诠释的完美外壳；而教师本身就成为该学术领域的一种模板，他们的旁征博引也成为学生和学业之间最有力的纽带。国内很多教师感叹走出国门与国际接轨有诸多障碍，跨学科双语/EMI 教学受限于自身的学术领域。王守仁（2010：9）曾指出有些青年教师的知识面窄，影响了他们对文本的理解。笔者认为，培养具备跨学科能力的国际化师资就要充分发挥这些外籍教师的作用，“观摩 + 实践”是让国内的教师“就近”与国际接轨的最佳桥梁之一。

二　EMI 课程中教师的“超学科”能力分析

从严格意义上说，本研究中的课程还不是超学科课程，因为仍然缺少一些必备因素，例如，学生尚未能自行设计方案并通过实践解决社会实际问题。但是在师资层面上，至少有些教师已经超越单一学科的视野进行研究，并获得了较高的学术认可。因此可以说，他们已经具备了超学科的研究与教学能力。

以本研究中钱教授为例，其课程命题为：中国江南文化如何影响美国现代主义诗歌发展？笔者在 8 课时课堂观察中了解到其具体的内容：首先，是庞德如何吸收屈原、李白、白居易等古典诗人的创作手法，从而推动西方现代派诗歌的发展。其次，是玛丽安·摩尔（美国现代诗歌史上最重要的代表人物之一）“中为洋用”的创作灵感得益于南宋的《罗汉渡海图》、清瓷麒麟瓶等。她借鉴施美美所著的《绘画之道》，批评当代美国诗人滥用讽刺、悲悯；同时，在道家美学思想的影响下，摩尔实现了现代主义诗歌创作的新突破。最为关键的是钱教授引用佐证所采取的方法，他追寻相关人物的书信往来、访谈记录、游历访问等，向学生展示的是原本没有必然联系的一种思维方式：美学、文学、文化、历史、地理和政治并非之前所熟悉的孤立学科，而是有界面互相关联的立体形象。同时，那些来自图书馆和博物馆的真迹也让学生体会到英语的鲜活价值，不再是为了“双语”之名而进行“双语”学习。

再以教师 John 和 Ann 为例，课程提出的问题是“How to create a self?”教师选择了威廉·莫里斯作为诗人、文化评论家、手工艺艺术家、画家、建筑师的一个个片段进行讲解。学生通过这些瞬间，体验到莫里斯不仅像海德格尔所描述的那样，“诗意地栖居在大地上”，而且真实地实践了这样的诗意。两位教师随后展示的是他们自己如何循着莫里斯的轨迹，如何“艺术地处理生活、劳动和艺术之间的关系”：在 *The Beloit PoetryJournal* 期刊的工作，在世界各地教学、参加研讨会，学习苗族刺绣，编导舞台剧，参与社会活动，搭建并装修自己的家，办画展与摄影作品展，等等。这也是一次超越学科界限的教学尝试，教师运用自己的渊博和莫里斯的多才向学生展示了真实世界中不因学科而分界的“自我 Self”：莫里斯的艺术/文化思想既有深厚的历史知识作基础，又有丰富的哲理作引导，并把人类与自然和谐地连接在一起。

我国外语界也正在不断形成超越学科界限的研究新热点，前述的界面研究就是一种换位思考，在原来认为不相干的事物间寻找共同性，从而深入对事物的认识（潘文国，2012a：111）。2012 年 6 月，胡壮麟先生在第七届中国外语教授沙龙上特别强调了“超学科”研究。他指出：“跨学科”仅为学科间的整合，而“超学科”是学科与非学科的整合。由此，超学科能力也应成为双语/EMI 教师的一项必备能力。对于国内来说，在现阶段，关于“超学科”的研究尚属创新领域，本研究中的相关实践虽然还不能称为严格意义上的超学科教学，但是那些教师独特的研究领域和授课方式已经为培养初步的超学科意识提供了借鉴。

有国外经历是 EMI 授课的必要条件，但不是充分条件，授课质量还在很大程度上取决于教师的 EMI 意识和意志，特别是当教师和学生都具备英语能力时，双方要在理念上达成共识，促成全英语交流的内驱动力。再者，从双语/EMI 课程的目的考虑，外语不是可有可无的，而是学生认知过程中不可或缺的资源。教师不仅要用英语传递学科知识，使之成为学科认知的完美外壳，更要引导学生形成跨学科思维方式，对现实问题进行客观、全面和科学的分析。最后，国际性是一所大学的生命力，师资国际化是高等教育国际化至关重要的一个环节，高质量的双语/EMI 教师必然具有良好语言能力和学科背景，能随时洞察前沿性的学科发展。社会的大环境和学校的小环境都非常关注师资的国际化程度，而关于师资国际化的视角也要在注重各种可量化直观国际化的同时，进一步关注教师的国际化素质，如 EMI 意识。国际上关于重大社会问题的超学科研究为 EMI 教师提供了新的思路，也对教师的国际化能力提出了新的挑战。

三　一次特殊的超学科演示课

高校 B 将 EMI 课程改革作为“思辨型人才培养模式实验区”中最重要的一项措施，在下一章将会详细介绍 EMI 超学科课程群建设。本节将以一次特殊的超学科演示课为例，分析“超学科”对学生和老师的冲击。

参与这次特殊演示课的有：由美国缅因大学 Farmington 分校校长 Theo 带队的六人代表团（Theo、Ann、John、Gaelyn、Gustavo 和 Deb）、高校 B 的超学科建设团队成员五人、外国语学院和经亨颐学院的教师五人、全校各个专业的学生 35 人。

在正式上课之前的数月间，中美双方通过数十封邮件，详细探讨了演示课的目标、指导理念、参与人员、时间安排、所有参与教师的分工、需准备的教学设备、教学材料，等等。中方团队也通过文献阅读和网上资料搜集了国际上类似课程的开设情况。为了营造“超学科”的氛围，美方派出的专家均来自不同的研究领域：人类学、文学、摄影、音乐、计算机和教育。在授课主题这一环节，中美双方的探讨历经十数次的修改，终于将其确定为“Rhythm（节奏）”。参与的学生来自全校不同专业，在演示课之前，他们只是被告知授课主题，并未知晓课程的进展、模式或是授课的老师。

在美方代表团抵达中国后，全体参与演示课的中美教师进行了排练，根据学生的情况对程序和时间分配作了一些调整。

以下是此次演示课的一些摘录（有省略）：

Gaelyn：We are going to start with no introductions and we are going to

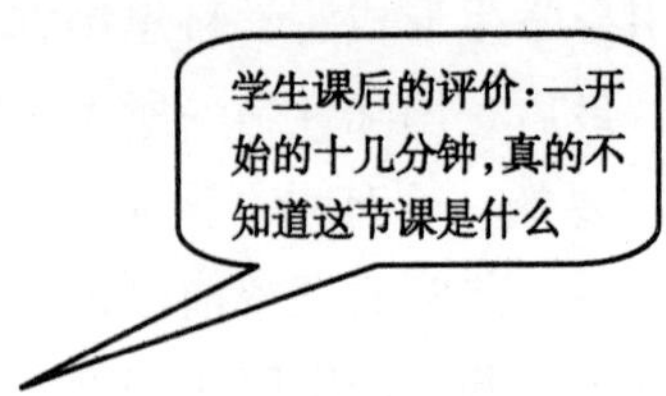

start with a dance. And for those of you who want to participate in this dance, if you can stand up, this is a group dance. You are going to hold hands and we are going to dance around the table.

Gaelyn: Rhythm to me is called dance, as simple as "Right-left-right-kick-kick" (repeating) … My rhythm is sometimes calm and slow, sometimes quick and sure-footed, and sometimes both. It is light on its feet, proud in its posture, nimble with nerves alive. There is a hesitation to it, a sign that seems to gesture that there is more to the story than what meets the eye.

All the teachers: What does "rhythm" mean to you?

Theo: It could be music. It could be speech. It could be art.

Ann: It could be ripples in the water.

Theo: It could be science.

Deb: It could be math.

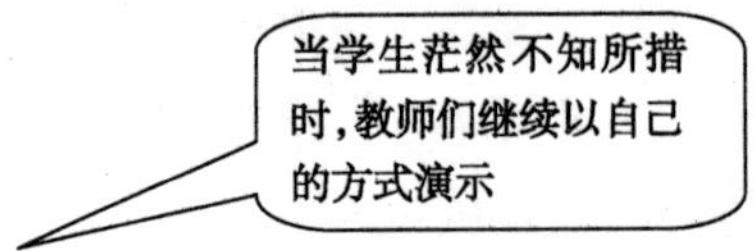

All: Math?

Sun: Fractal Geometry.

Yin: It could be the novel, the repetition and its variation.

Gustavo: It could mean visual arts. We don't forget the pictures.

Xu: And calligraphy.

Yang: And for me, rhythm means life at its best. Turning challenges into opportunities and opportunities into higher forms of life.

Theo: Oh, right.

Sun：And including lying down. Including lying down，doing nothing.

Theo：Including breathing.

T1：Including going and stopping.

Qian：Breathing asleep as well as awake.

Ann：To be aware and unaware，aware and unaware.

Yang：To be loud and to be silent.

Sun：Rhythm is life itself.

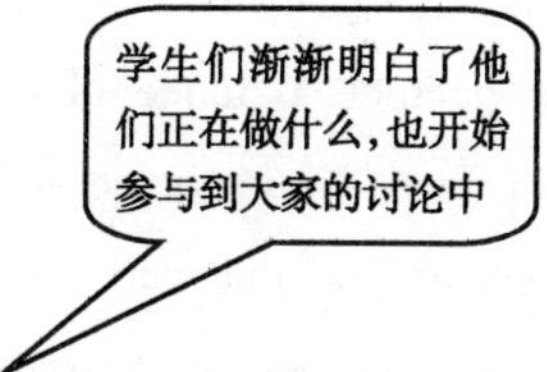

St1：Rhythm comes out of the life.

Theo：Rhythm is the universe talking to us and us talking to everything else.

Yin：Rhythm is part of learning，especially the learning of foreign languages.

Yang：Rhythm is a question that you lift，and drop onto your plate before you eat.

学生课后的评价：老师没有让我们发言，我们却迫不及待想说点什么

St1：Rhythm can be the words and letters that a very little child reads and repeats again and again.

Deb：Rhythm is talking very fast and nobody can understand.

John：What did you say，hey，what did you say，what …what… what did you say?

Qian：Rhythm is not just about life but also before life. When a baby is not yet born，already he or she feels the rhythm of the mother. So people are born with rhythm and are already starting to feed, to be fed by the mother with rhythm.

Gaelyn: So rhythm is generation after generation after generation. Coming and going and going and coming. So the next ones can come and so some of us can go.

Sun: And rhythm is our height. So I'm short and that … my life's complex. Somebody is too short and somebody is much taller. And which is better? That's the constant question that is bothering me.

Li: Rhythm is the balance. Balance of everything you were thinking about and everything you need, you require and you can't get from heaven.

St1: Rhythm is the heartbeat that you can never live without.

Xu: Hum. Rhythm is something that exists in nature, so you have to discover it. But sometimes rhythm is something you need to create.

Deb: Yeah, you are creating rhythm right now.

Yang: So rhythm seems to be our destiny. We are born into a world full of rhythms and we are creating rhythms in our period of life, the short period, but we want it to be strong, both strong and weak and in such a rhythm that can cycle.

Theo: We made rhythm together when we danced. Did we all feel that? Did we all feel when we made that together?

St2: Rhythm is Right-left-right-kick and kick.

Ann: We could make up other rhythms together.

John: Making jazz swing in seventeen syllables ain't no square poet's job.

Ann: Making jazz swing in seventeen syllables ain't no square poet's job.

All the foreign teachers: Making jazz swing in seventeen syllables ain't no square poet's job.

All: Making jazz swing in seventeen syllables ain'no square poet's job. (repeating)

Qian: Not just the poets know rhythms but also the blackbird that Wallace Stevens wrote about. Inescapable rhythms. I know too that the blackbirdis involved in what I know.

Ann：Yes，the man and the woman are one. The man and the woman and the blackbird are one.

Gustavo：Let's try to become one. We'll close our eyes. And together as a group we will count to 21. But if at any moment，two of us say the same number，we go back to one. So we will be going one，two，three，four，maybe five here，but if two people say six we go back to one. Then we continueagain till we get to 21. Ready? Close your eyes. Ready. Go!

…

Gustavo：Let's take a break here. If we forget a number，that's okay. Now，what's happening is we are forgetting our rhythm as a collective，as one. Remember when you are talking，when somebody says we become one，we can become one. But we need to listen. So listen to your neighbor and only say the number when you really are told to say the number. Usually we work to get somewhere but in this case we are working together to get there and never in a rush. So please listen carefully and you will know when it is your turn. So let's close our eyes again，listen! And when it is your turn，your soul，your mind，your body will tell you，then you say the number. But listen to your neighbors. Ready，go!

All：One，two，three，four，five，six，seven，eight，nine，ten，eleven，twelve，thirteen，fourteen，fifteen.

Gustavo：Please stop here. We got to fifteen but something very special happened. Did you feel it in the room? Did you feel it? And this is amazing and this is the largest group I've ever tried this with and to get to fifteen is an amazing thing. Usually we pretend we're trying to get to fifteen，the first time we listen，and with this many to get to fifteen…. You should give yourself applause. Try this and one of the most important things you can do is to listen to each other and let the silence become one.

All: One, two, three, four. (failed)

Gustavo: When we are listening, are we actually … so one more time. Ready, go.

All: One, two, three, four, five, six. (failed)

Gustavo: Okay. But the listening was really nice. The communication that was happening all the way to six was beautiful.

All: One, two, three, four, five, six, seven, eight, nine, ten, eleven, twelve, thirteen, fourteen, fifteen, sixteen, seventeen, eighteen, nineteen, twenty, twenty - one.

数次失败后，找到了“聆听沉默”的节奏，终于完成了关于Rhythm的游戏

向参与者介绍课程的超学科理念

Theo: So, thank you. We were just engaged in a group exercise, trans-critical thinking. So we were just engaged in an applied exercise of trans disciplinarythinking. I am Theo Kalikow, I'm the president of University of Maine—Farmington. And I have brought several guests with me for the course this afternoon. We are here thinking about transdisciplinary thinking. But the very basis of it, in my opinion, is for us to connect different modes of thought, whether it be physics or English or music or anthropology or education, and bring those skills and modes of thought together to work on a new set of problems that will both illuminate our own disciplines and add more new ones and more possibilities to our own way of thinking.

博雅教育 vs. 超学科理念

Yin: Okay, thank you! And we are doing something which is actually brand-new to me. This is the first time we have so many students and so many teachers at the same time. Those teachers are from different disciplines, different subjects, and different areas. And we are still exploring. Theo has just mentioned that special term, transdisciplinary, which means in Chinese "超学科". So what we have in mind right now is to transcend, or to go beyond the narrow specialty, the narrow area with which we seem to be quite happy. But, to be well - educated, it is far from enough to use only those criteria within one specialty which we may call internalcriteria. To be well - educated, you need to assess what you have learned in your own discipline. And so whenever we have completed a process of learning, we need to put what we have learned in a broader context. We need to move one step backward, and examine it using principles, approaches from other disciplines. So other disciplines can serve as interrogators to … actually, help us find out the strengths as well as weaknesses. In other words, we are using external criteria. So "transdiscipline" also means a problem - oriented course. We will not just face what we have within the discipline we happen to find ourselves in. We have to go beyond, to borrow from other disciplines, to open up, to open windows so to speak, so that light can be borrowed, can come through from those various windows. Those windows will lead us to a larger world. So this is a very basic thing. I am here inviting you to join us. This is something we would like to do. Here in Hangzhou Normal University, happily we are having some enthusiastic supporters from UMF. Together, we'll hopefully come up with something creative.

Qian: We are very glad to have friends from UMF. And I think this is a liberal arts university. Liberal arts to me means transdiscipline, very basic. In other words, you are going beyond your own fields, this kind of education. Recently, American parents are more likely to send kids to liberal arts colleges, universities such as UMF. And I want to mention one poet who was from a liberal arts college: Marianne Moore. She majored in biology. But her interest is in poetry. And I want to mention one of her not-so-well-known poems which is transdisciplinary, beginning with photography. And the title is "Blue Bark". One day, she noticed a picture taken by a photographer of a pony. And from there, she notices the rhythm, the beautiful rhythm both of the photographer as well as the pony. And from this, she moves on to a dancer, an African-American dancer, Arthur Mitchell, and further to Chinese music and to Chinese painting and finally to a Chinese acrobat. And she says in the camera shot you hit "you", referring to the pony. This ends the poem, all about the rhythm: from photography, to music, to dance, and to painting, and finally to acrobats. All in rhythms, rhythms of life.

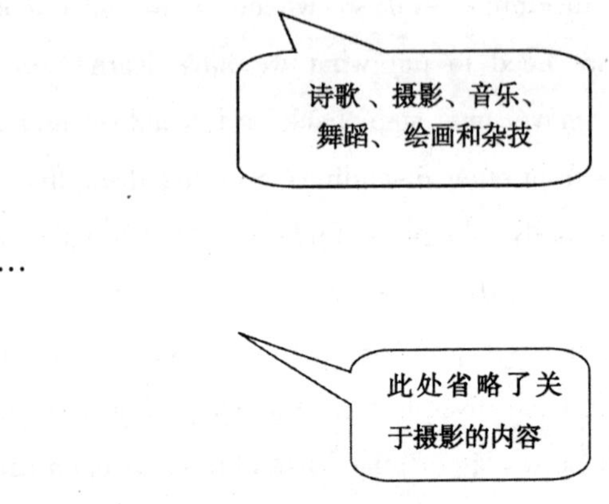

St2: I think we are enjoying our rhythm, our own rhythm. Yeah. We are making a rhythm and we are enjoying it.

Ann: Enjoying is very important, isn't it?

Gustavo: … How do we understand music? They've played a little bit of music.

(Music)

…

Yang: Now look into yourselves, examine what is taking place in your soul. What kind of feeling you are having? And try to make this kind of feeling a metaphor. Even give this kind of feeling an expression. It is a time for the deep rhythm of your life to come out, not in the form of dance, but in the form of metaphor, in the form of some expression. Because such kinds of expression, such kinds of metaphor, will give definite shape to the deep rhythm that you feel in your heart. Give this an expression and it moves you to a higher level.

Theo: And if that is too much of a job to do in the next several minutes, you could build a piece of it, it could be a fragment. Sometimes building the metaphor for your life takes a long time. But right now you might have a question. Something might be bothering you. You might be thinking, what are you people doing here? Or you might be thinking, what does all this mean? Or you might be having some other thoughts. We would love to hear them, because as Ann says, this is a quest. We are on the quest together. We have already made beautiful rhythms together and we have danced and so now we can ask anything.

Yang: And I want to make a comment on the theme of this class. We are talking about the rhythm as something holistic. But actually rhythms are made up of fragments. We were trying our best in the previous part of our class to make it whole. But I think it is a time for the whole class to break up, to be broken up into fragments, giving them the keys, some kind of space for discussion. And in this dynamic social interaction, perhaps we'll find this expression. Just a very short moment, two or three minutes for discussion, and then we'll come back.

Theo: I think this is a fabulous idea. Would you turn to your neighbors, everyone, and make yourself into small groups of two or three, and ask yourselves and talk to yourselves about what you have to ask. And maybe somebody takes notes and will be ready to report. So break up into little groups, two or three, and ask yourself what are you saying to each other, what questions you have.

(discussion)

学生分组讨论略
（所有教师参与）

…

Theo: Now, if you come back to the group here, we would like some volunteers. (They stole my chair, so I have to stand up now.) We would like some volunteers to just report your questions, your conversation, your concerns, the big issues that came up in your group. We need brave volunteers to talk to us. Yin, let me call, share your ideas and call in your groups.

虽然学生的表述有些稚嫩，但是他们在讨论时非常认真、投入

St 3: Just now we have said that saying no is also a part of rhythm, so is there better rhythm? If we feel so, it's also a rhythm, so what rhythm is better? Do you know what I mean? (laughter) If, if I just …someone you talk to. She doesn't want to say anything, it is also a part of rhythm, so… we refuse, we don't follow others' rhythm, it's also a rhythm. So is there better rhythm? My rhythm is better than yours. Do you know?

Theo: That's really a great comment. We like that comment a lot. Does anybody have a follow-up comment on that one?

Sts: Here!

Theo: Yeah!

St 2: I heard an opinion just now. I found that every rhythm is unique, just like, much like culture. Yeah, this, maybe you think this is better, this is … You can't interact with each other. Or maybe sometimes these two rhythms are very interacted with each other, they are very well. So it's like, just like culture. You think someone is better, someone else is not better, and just, finally we should make into one and that's my point.

Theo: Yes, the differences. When we put them together to make a new rhythm. Who has another comment from your group? I can't see all the way around the room, so you have to wave your hands and scream. Yes, sir.

St 3: Actually, I have several questions about this class.

Theo: All right. Make it out loud.

St 4: I can't say "this is strange", but to be honest, I didn't understand what's going on with this and what will happen next. I just thought you studied rhythm and the rhythm is bla bla bla, so I wonder what's the meaning of it. Because rhythm is … I think rhythm is everything, it just exists around us and just like the culture.

Theo: Okay, Gustavo has a response.

Gustavo: Yes, I don't, I don't tend, I don't want to say it, to speak it for everyone, but I will speak for myself. I think, to me, why it's important when we say we have this class. To me, I am doing drama, I made a living for a long time only at rhythm. I got paid to travel the world with rhythm. So …

St 4: So, just for fun, or …?

Gustavo: No, professional, I got paid well. … I did teach, and that's why in this class, to me, it is important, an idea of transdisciplinary. Because the most important lesson I learned is that we must never measure with our own ruler. This is how we measure, this is the rhythm you have, we have. We make these rules, we make our own lives and we make these rules. And we go places and we try to measure. No, oh no, they don't fit me. This is my ruler, but they don't fit. So we must always … throw these rhythms away and see how other rhythms fit into us.

John: Okay. Let's try something. We heard about Wallace Stevens. Remember him when we started? So where will you go? Will you be there?

(a performance by Gustavo)

…

Theo: All right. Thank you, everybody. Thank you for helping making this together. If you are interested in studying more transdisciplinary activities, you will find them here in HNU. They probably will not look like this. But whatever we do at Farmington may not look like this either. But if you are interested in studying more of this activity, I think you are in the right place.

演示课结束后，很多学生并没有离开，而是围在老师周围不停地询问，有些围着中国老师，有些围着美国老师。下面引用学生的话来结束本节内容：

“这是一堂令人震惊的课，我们走进教室，以为走错了，因为这像是围在一起开会，而不是上课。”

“开场时手拉手的集体舞让我们一下子放松了，节奏很简单，动作也很简单，但是当我发现可以拉着老师的手时，我太激动了。”

“从头到尾，老师们都没有点名让我们发言，但是我却很想把我的想法告诉大家。”

“虽然平时不太可能上到这样的课，但是这样的体验让我忽然对英语有兴趣了。”

“国外的学生都是这样上课吗？他们太幸福了！”

“以前说英语，我首先想到的是‘我说得对吗？’今天我只是很想把我的想法说出来。”

这令笔者想起了英国华威大学开设的一门课程“Shakespeare and Selected Dramatists of His Time”，这是英语文学专业学生的必修课，学生可以选择传统的“有座（with chairs）”上课形式，也可以选择实践性的“无座（without chairs）”上课形式。“有座”形式就是在传统的教室里，和教师一起讨论戏剧；“无座”形式通常一周两个小时，在开放的教学空间展开，学生需要参与一系列的实践活动，例如剧场热身练习或是剧目工作坊等。这在当时并不是常见的莎士比亚戏剧学习方法。2007 年到 2008 年期间，有 12 位学生选择了“无座”；2008 年到 2009 年期间，有 58 位学生选择了“无座”；2009 年到 2010 年期间，95 位学生选择了“无座”。“无座莎士比亚”采用了创新的方法，在排练厅通过三维立体的方式来挖掘研究莎士比亚的戏剧。当然，那不是表演课，而是以一种非常投入的方式去思考该课程的学术内容。学生的评论是：“这样的实践课程让我更注意文本的细节”；“那些词就从书本来到了舞台”；“为了更好地完成实践部分，我们和普通班学生一样，要理解文本和细节，但是他们学习文本之后就结束了，他们的终点只是我们的起点”。

也许，作为课程的设计者，我们也要思考，这堂课是不是真的带给学生一种超越学科界限，但是又不摈弃学科知识的体验？我们是不是教会学生去思考？我们的回答是：是的。虽然一堂课不能解决一个复杂问题，但是展示的是一种方法，从各个不同的角度去思考问题，并解决问题的方法，也许诗歌、文学、音乐、摄影、教育，还有别的专业内容，等等，都是我们在解决复杂问题时可以求助的来源。

第八章

EMI 课程群建设案例

结合我国众多高校的双语教学实践、专家建议，以及笔者进行的多项调研，如果将 EMI 学位课程作为高等教育国际化的一个发展方向，从纵向着眼，可以用图 8-1 作为 EMI 课程的框架。

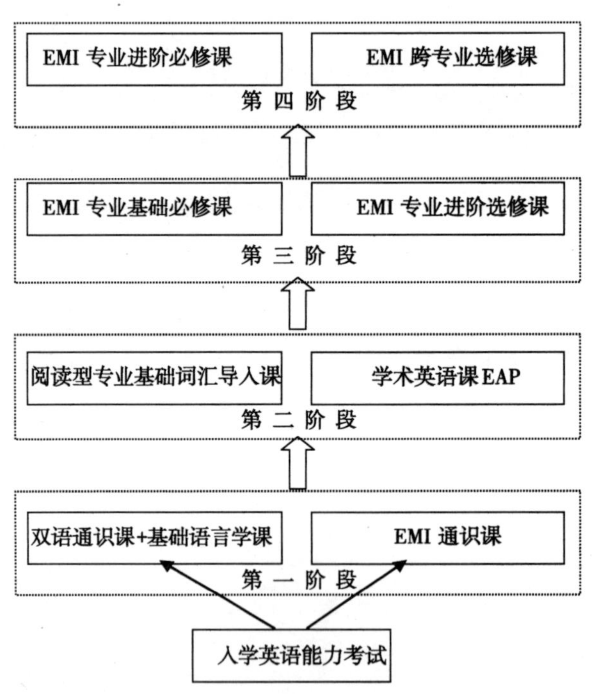

图 8-1　EMI 课程群的纵向框架

实现上述框架的课程体系需要全方位统筹设计教学大纲、教学计划、教学设施、教师配备、系列教材、学生的选择权等。任何一个环节的缺失都不是完善的“课程国际化”。由于此项实践的时间有限，尚未对纵向的框架进行尝试和实践。以下将仅从既有的实践分析 EMI 课程群建设的横向框架。

一 EMI 课程群的整体设计方案

在近两年的时间里，笔者在全国多所高校进行了实地调研，同时在本校对自己担任的外国语学院课程和全校通识类课程进行改革，并开设了一些实验性的课程，对 EMI 课程群建设提出了整体方案，已经被纳入全校的重点建设项目。

（一）整体方案的 RIG 理念

RIG 理念，是辐射型（Radiative）、国际化（Internationalization）以及通识教育（General Education）三个英语词的首字母缩略语。目标是在培养具有国际视野、国际交流能力和国际竞争力的国际型人才方面取得质的飞跃。

辐射型外语教学（Radiative Language Teaching）

“辐射型外语教学”是 Ashby 和 Barnett 分别在 20 世纪 60 年代和 90 年代提出的影响深远的教育观点①。“辐射型”的主要观念是把专业学习作为核心，在其周围团聚着与专业学习有关的博雅课程教育。“辐射型外语教学”就是把“外语教学”辐射、渗透到一系列有学科底蕴的博雅教育课程之中。

在该理念指导下，设定以学科群为核心的课程模块，为学生提供个性化专业方案所需的具体课程资源。通过外语专业优秀课程吸引全校学生积极听课，打通外国语学院和其他学院的外语课程，并进一步在全校范围内，与非外语专业教师共同开设 EMI 课程。其意义在于打破壁垒森严的专业界限，打通专业课程之间的关联，使外语教学实践与人文教育和学科教学有机地结合起来。

国际化课程建设（Development of Internationalized Courses）

“课程建设国际化”是教育国际化的最重要组成部分之一。国际化课

① Eric Ashby, *Technology and the Academics*, 1966; Ronald Barnett, *The Idea of Higher Education*, 1990.

程不是一门具体课程，而是一种教育和课程的新理念，强调的是课程建设本身的国际活动。在这种理念的观照下，大力加强与国际一流大学的教学联系，争取通过包括海外师资培训、同步视频课堂、对方教师来华直接授课等多种手段，与相关大学深度合作，建设适应本校实际情况的国际化课程，使学生能够不出国门而直接进入国际教学的平台，通过接触优质的国际教学资源，扩大国际视野，增强国际交流能力与信心。同时，鼓励学生获得国际标准证书，培养具有国际竞争力的跨学科人才。

通识教育（General Education）

“目前中国大学本科教育缺乏跨学科的广度和批判性思维的培养，而这有赖于发挥通识教育的作用。”2010 年 5 月，美国耶鲁大学校长 Richard Levin 在第四届中外大学校长论坛的专题演讲中这样指出。优秀的通识课程，能够较好地跟正在努力探索人生和世界的大学生的心智相契合。而精心准备、难易适度的 EMI 通识课程，能使学生在活跃的思维活动中减少对语言形式的焦虑，积极介入语言的实践活动，从而提高语言习得的效率。EMI 超学科课程群，采用英语授课，即融合英语和其他学科，使它跟周边学科的界线逐渐淡化，突出课程的人文性、思想性、批判性和创新性，使语言习得与人文熏陶融为一体。

一所高校的财富不仅包括教师，更包括所培养的学生。一流大学必须培养具有世界眼光、创新意识、人文精神、广博知识、独立思辨能力的优秀人才。这一目标的顺利实现需要与之相适应的完整课程体系来配合。外国语学院在国际化方面比其他学院更具优势，可以当仁不让地承担起这个历史使命。

（二）RIG 模式的主要内容

1. 开展辐射型外语教育，创建超学科精品课程群，以 EMI 模式引领全校外语教学。

2. 改造外语专业课程设置，进行多种形式的整合，使整个语言教学过程都体现出人文性、思想性和研究性。

3. 与国际一流大学合作，建设多门 EMI 通识课程，并将点状的 EMI 通识课程发展成为系统的课程体系。

4. 对基础英语教学进行全面改革，将其模式转换成以内容为导向的大口径学术英语体系。

5. 制订有效的师资培养计划并加以落实，建立严格的课程设置、评价与淘汰机制。

6. 聘请国内外名师来校讲学，建设优质教师资源库。

（三）RIG 模式中的人才培养方案调整

RIG 模式的人才培养方案主要配合高等教育国际化的整体趋势，因此充分关注了课程设置的国际化。一方面，课程设置向国际著名高校看齐，在课程名称和内涵等方面紧跟学科发展方向；另一方面，注重学术研究与教学相结合，即使在基础学科中也要植入学科视野，增强学生的国际交流能力和信心。

我们走访了全国数所高校，也请了专家到本学院对课程设置进行评估论证，原有方案中一些课程设置比较肤浅，特别是一些技能课尚停留在基础教学阶段，培养出来的学生如果仍然拿着"基础英语"的成绩单就削弱了走向国际化的竞争力。诸如"听力"、"口语"等技能课程须融入应有的思想和内涵，而不能仅停留在基本语言技能的机械操作层面上。重新修订后的培养方案分为以下几个模块：

1. 通识教育类：必修 25 学分和选修 12 学分；

2. 学科专业类基础课程：24 学分；

3. 专业核心课程：56 学分；

4. 个性化选修课程：分为主修专业的选修课程和非主修专业的选修课程，25 学分；

5. 实践环节课程：15 学分。

在此总体框架下，新的英语专业人才培养方案中保留了原有的经典课程，同时将原有的一些课程进行了整改，以体现外语专业的国际化培养趋势。

表 8－1　　英语专业人才培养方案修订前后的部分课程比较

原有课程	修订后的课程
口语	会话与交流
	公共演讲
	谈判技巧
	辩论艺术

续表

原有课程	修订后的课程
阅读与写作	基础读写Ⅰ、Ⅱ
	思辨读写Ⅰ、Ⅱ
视听说	媒体与文化Ⅰ、Ⅱ
	媒体话语Ⅰ、Ⅱ
高级英语	经典阅读Ⅰ、Ⅱ

（四）RIG 模式的实施途径

RIG 方案中的 EMI 课程群建设首先以需求分析为基础，确定 EMI 通识课程并配备相应的教师与教材，有针对性地进行教学评估，以此促进课堂教学和学生自主预备及拓展，如图 8－2 所示。

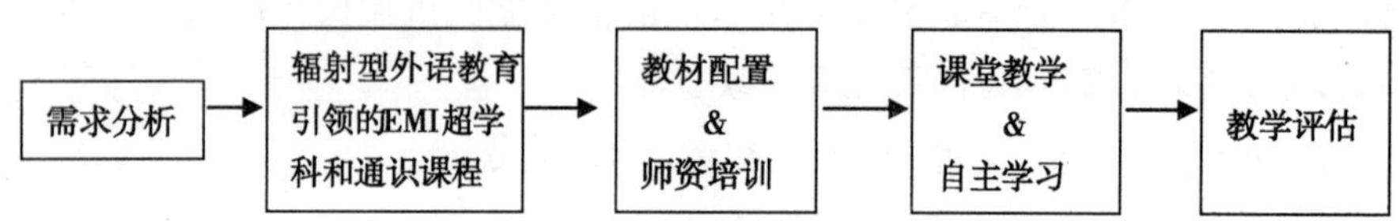

图 8－2　RIG 模式的实施途径

需求分析

以建成一流的综合性大学为目标，培养什么样的人才将是最终检验这所大学的标准之一。毋庸置疑，国际化的创新人才不仅要有专业知识、国际化的视野，而且要博学，具有优秀人文素养和独立思辨能力；不仅应具有基础就业能力，还应该是具有国际竞争力的高级人才。

哈佛大学著名通识教育文献《红皮书》中指出："通识教育不仅应该为专业选择提供足够的基础，而且应该成为使专业潜力充分发展的沃土……专业教育告诉学生可以做什么和怎么做，而通识教育告诉学生应该做什么和为什么去做。"

辐射型外语教育引领的 EMI 超学科和通识课程

以"具有国际竞争力"为标准，调整外国语学院学生培养方案，以模块化课程体系让外国语学院的学生走进其他学院的课堂，也让全校的学生走进外国语学院的课堂，从实质上优化学生的知识体系与综合能力。改造外语专业课程，以原有课程为核心，赋予其人文性和研究性内涵，使学生受到博雅教育；开设研究型课程，将学科内容作为载体，外语既为表现形式又为学习目的之一，如："外交谈判"、"西方媒体研究"等。

修学储能，先博后渊，本EMI课程群规划为人文科学、社会科学、自然科学三大类别。规划的标准又分为五个层次：人类文明中最基本的知识和方法；发展"全人"应具备的理性、人格和情感；反映学科最新成果、最新趋势的信息；跨学科领域的综合知识；以修习专业知识为前提的预备知识。

教材配置与师资培训

国际化的教材是EMI课程中必不可少的一环，引进全英语的教学材料，根据我国的特殊政策和国情进行调整，让学生了解最新的学科发展动态、最新技术信息，并为进一步用英语研读学术型或应用型文献打下扎实的基础。

师资培训以国际化为目标，首先与国际著名大学建立长期稳定的友好合作，建立灵活多样的国际性师资培养体系，分批次、有重点地选派教师去深度访问、学习和承接国际项目。其次，以国际学术交流与合作来改善现有教师的知识结构。再次，鼓励教师选修第二专业学位，充分利用专业教师和外语教师的优势，以各自的专长和教学经验为基础，培养EMI教学团队来保障课程的系统性和可持续性。

课堂教学与自主学习

课堂教学以生为本、素质为重。要让最合适的教师讲最合适的课程，让最优秀的教师讲最经典的课程。本规划将为学生提供一个丰富多彩的多学科课程资源环境，实现"专业能力、外语综合能力并重"，"通识教育、专业教育相结合"。

以国际化为立足点的EMI通识课程不可能在较短的课时中传递给学生大量的信息，而只能是精要或框架，因此，学生必须在课前储备必要的知识，最好是带着问题走进教室，从课堂讨论中寻找答案，随后带着另一个任务走出课堂。这是学生终身自主学习能力的培养，有助于改变当前学生在课堂上单纯接受知识点，课后只会考试而不具备能力的现状。

教学评估

RIG人才培养模式是否成功，需要学校的支持和教师的积极合作，而学生的成果更是检验该模式的主要指标之一。教学评估分为 EMI 管理评估、教师评估和学生成果评估。管理评估主要涉及课程设置的合理性及可持续性，师资、教材配备的完善性，实施效果的跟踪检测措施等。

教师评估规划为“档案袋评估”和“教学现场评估”。“档案袋评估”是教师对自己的教学过程进行计划、回顾和反思的记录，并将自己的教学理念及最擅长的教学模式、最佳教学成果进行展示。“教学现场评估”是对档案袋材料的验证和补充。

在学生成为国际化高端人才的成果评估方面，我们将从点到面尝试笔试与非笔试相结合的评估模式，对于以深度为特色的课程采用笔试的方式，而对于以广度或综合能力实践为特色的课程采用非笔试的方式，例如：团队合作完成一项国际热点问题的调研，其全外语的信息来源及调研报告都是外语综合能力、专业知识和思辨能力的体现。

以下将从 EMI 课程群的基础和顶层两部分来详细阐述整体方案的设计与实施。

二　EMI 课程群的基础部分——ENABLE 课程群

（一）总体目标

高等教育要培养什么样的人才？国际化是高校本科教学中的必然趋势，如果没有外语能力，大学毕业生要融入国际化进程就是一句空话，因此，学生的外语能力直接关系到全校的国际化程度。外国语学院承担着全校学生的英语教学任务，有责任为“大学英语学习四年不断线”创造条件，但同时也不能忽视大学英语教师已经非常繁重的教学压力。为了适应改革，适应教师职业发展的必然趋势，外国语学院尝试进行大学英语基础与拓展课程改革，建设系统性和可持续性的课程体系，因材施教，特色发展。

当前，传统意义上的大学英语课程面临着重大的转型，大学英语后续课程在整个大学英语教学改革中的地位越来越突出。大学英语具有其不可替代性和独一无二性，不是可有可无的装饰，而是高校课程体系中充分展示实力和特色的重要环节。高校非英语专业的学生具备了各自的专业技能，英语是他们在学科方面与国际接轨不可缺少的知识和能力。不可否认，很多高校都缩减了大学英语的课堂教学时间，但是如果通过合理地设置课程体系，完全可以更好地针对不同学生进行个性化教学。

新生入学时的英语水平参差不齐。有小部分学生英语听说读写能力已经达到了较高的水平；一部分学生英语基础技能较好，经过适当的训练后能适应全英语的通识课和专业课；还有一部分学生入学时英语基础较差，还需要大量的基础训练来提高英语能力。因此，高校的英语教学必须具有其专业特色，实行分层教学以及根据学生需要开设大量符合国际社会需求、注重学生个性化能力培养的拓展课。2012 年 4 月召开的“中国大学英语教学重新定位下的课程模式”学术研讨会指出：今后大学英语的发展方向将以内容教学为驱动，也就是将重心放在提高学生用英语进行学习和工作的能力方面，只有这样才能增强学习者学习外语的动力。因此，我校的大学英语课程改革从课程设置着手，将课程内容作为改革的重点，同时完善教学模式，培养梯队化的教学团队，以保证改革的持续深入发展。

（二）总体规划

1. 三项总原则

- 教学分层次、课程个性化、师资国际化；
- 重视教师团队建设，促进教师发展；
- 同步提高师生的竞争力。

2. 三大特色

（1）体现学生的个性化教学

根据我校学生的需求，课程设置体现英语的多重作用：

- 英语作为“工具”的基础技能课程；
- 英语作为“媒介”的全人博雅课程；
- 英语作为“资源”的国际化课程；
- 英语作为“标尺”的学习进阶课程。

（2）开设特色课程

- “专题式”课程，如“中华文化概论”和“外国文学作品赏析”由几位教师合作教学，分别以“专题”的形式授课，各有不同的主题，以求符合学校的“通识”要求，也便于教师合理分配精力。
- “口语特长”课程，即专门针对竞赛类的课程。从第二学年开始选拔优秀的培养对象，开设“口语特长”课程，比普通的大学英语学时数多，以口语为重心，主要演练演讲与口才等技能。这些课程有利于集中人力物力培养优秀的学生出成绩。

- “中外合作”课程，充分发挥长、短期聘用外教的优势，多形式、多层面合作。①本院教师随堂听外籍教师的课，课后评教；②外教直接按照我院的需求，开设一般课程和密集型课程；③对我院青年教师进行培训；④录制外籍教师上课实况，在下一轮授课中作为课堂教学的辅助教学资源；⑤本院教师根据自己的教学科研兴趣，跟随外籍教师授课，争取自己开设类似课程。
- “PBL（Project - Based Learning）”模式课程，这类课程并非单独开设，可以理解成一种教学模式，让学生实地参与，以“项目”为主线，通过文字、图片、录音、录像等形式最终展示学习成果。这些成果比较直观，符合“多模态、多媒体、多环境”的理念，也比较容易让学生看见自己的成就。
- “大口径学术英语”课程，对原有的大学英语课程进行改革。
- “英语拓展”课程。
- “院系特色”课程，专门针对各个学院的要求量身定做。例如，我院将与医学部合作开设 EMI“中医治疗与保健”课。
- “共享”课程，这属于一项较长远的计划，拟打通开设英语高级听力、高级口语等课程，意味着英语专业和非英语专业的学生可以进入同一课堂。拟每班配备研究生助教，增加本科生的练习机会，也提高研究生的教学与科研能力。

（3）以“个性化教学”为特色的课外辅导

- 利用学生自主学习时间，和学生充分接触。对学生的辅导可以是语言方面，也可以是学习规划方面；可以是听说训练，也可以是作文面批。
- 完善实时答疑系统，实施在线答疑。
- 课外阅读辅导。

3. 两项行动研究

（1）外语教育与优质外语教师培养及研究

充分发挥外语专业教师与大学英语教师的特长，通过团队合作的方式提高外国语学院的教学与科研影响力；进一步与国外大学合作，在外籍专家的指导下，迅速提升青年教师的教学与科研能力。

成立优质外语教师培养与研究基地，主要职责是外语教育和外语教师发展理论与实践：教学改革、第二语言习得研究、英语教学策略及其应用研究、教师团队建设。

（2）大学英语教材编写

2012 年 3 月，外国语学院成立教材编写团队，参与上海外国语大学领衔的全国大学英语教材建设团队，目前有六所高校的专家参与设计，各项工作进展顺利。

（三）课程设置

1. ENABLE 体系规划

为了充分保证大学英语课程的系统性和可持续性，在课程设置方面的总体规划为 ENABLE，即 English – ABLE 体系。A – B – L – E 课程体系如下：

（1）英语基础教学 A 系列（Academic Orientation），主要建设“大口径学术英语”课程体系。

（2）基本技能提高 B 系列（Basic Skills），考虑到大部分学生在英语基础方面确实还存在需要改进之处，所以特设 B 系列单项技能训练课程。

（3）拓展课 L 系列（Landscape of Knowledge），适合已通过中级英语测试的高校学生，以培养具有“全人”素质的博雅型人才和实用型的国际化人才为目标。

（4）高级拓展课 E 系列（Enlighten Your Future），适合已具备高级英语水平的高校学生，以思辨型精英人才培养为目标，采用国际著名高校较为成功的超学科教学与研究方法。

2. 课程安排

A 系列——大学英语基础课程（大口径学术英语）

根据浙江省大学外语指导委员会的调查报告显示，信息时代对外语复合型人才的需求与日俱增。既有扎实的语言功底，又具备金融、法律、计算机、通信、商贸等知识背景的外语类毕业生备受青睐。社会发展对“外语 + 专业”的复合型人才的需求势必直接推动各高校改革人才培养模式，依托自身教学资源进行各具特色的探索。

目前，非英语专业的学生在学习其自身专业的同时，与其专业相关的英语教学没有跟上。大学英语的专家学者其实也很希望学生能有兴趣学英语，所以在教材、教学方法、教学媒介上做了很多研究，从很多方面下了很多工夫。但我们是不是可以换个角度，既然很多学生觉得“大学英语”没用，学习的动力不够，那我们为什么不让他们学一些“有用的英语”？学生有了动力，再配合教材、教学方法的改进，也许英语教学的效果会事半功倍。换句话说，就是并非不教授《大学英语》课程，而是教什么英语。

为此，外国语学院将进行试点，增设“学术英语”方向的课程，同时也会为部分学生保留《大学英语》基础课程，以满足学生不同需求。

由于A系列课程涉及的学生面较广，为保证教学稳定和基础课程改革的质量，A系列课程将分批进行改革。最终的形式为：较为固定地开设“大口径学术英语”课程，保留部分“基础英语”课程以适应学生的不同需求。

B系列——基本技能提高课程

B系列为技能提高课程，是本学科内的精练型拓展课。拟首先开设高级听说和高级读写，根据学生的需求增减课程，任何学生都可以选修。该系列课程的特色在于打通英语专业和非英语专业选修的界限，同时有研究生参与小组随堂指导和练习，不仅能增加本科生的训练机会，也有利于研究生对师范技能的研究与操练。（也就是说，在这些课堂里，有英语专业的学生，有非英语专业的学生；有本科生，也有研究生。）

此系列以“辐射型”为特色，较远期的目标是形成“共享”课程模式。考虑到专业的英语课程和非专业的英语课程需要一个衔接过程，将首先在学分、学时等方面进行协调，进而过渡到“共享”模式。

L系列——拓展课程

L系列拓展课程分为L1、L2和L3。L1、L2完全由外国语学院教师开设，每个学期开设的部分课程有所不同，便于学生根据各自的爱好和需求进行选择。L3则与其他学院合作开设。

如表8－2所示，L1系列涵盖“全人教育博雅”和“国际化”两个子系列，充分适应高等教育国际化的要求，培养具有国际竞争力的人才，培养能用英语介绍中国文化、进行跨文化交流的高素质人才。

L2“学习进阶”是专门针对考级、证书考试的课程，需要设置完善的管理制度，例如报名资格、严格的考勤制度、课后作业完成考核等。

L3 系列课程对于各个专业的学生来说都是一种自我潜能发挥的机遇，学生可以利用语言资源，迅速接轨国际学术界的最新发展动向，适应国际交流所需，进而在各自的专业领域完善和拓展。外国语学院拟与医学部的多个学院合作，试开设 EMI“中医治疗与保健”。

表 8－2　　L 系列拓展课示例

<table>
<tr><td colspan="2" rowspan="2"></td><td>L1</td></tr>
<tr><td>3 学分/学期，通识课（以博雅教育为特色）</td></tr>
<tr><td rowspan="12">全人教育博雅系列</td><td rowspan="2">L1.1（中华传统文化）</td><td>中国传统文化概论
专题式特色课程（多位教师合作授课）</td></tr>
<tr><td>其他</td></tr>
<tr><td rowspan="10">L1.2（自我塑形）</td><td>文学/名著导读
专题式特色课程（多位教师合作授课）</td></tr>
<tr><td>英语国家文化/欧洲文化入门
专题式特色课程（多位教师合作授课）</td></tr>
<tr><td>文化比较与翻译</td></tr>
<tr><td>欧美都市文明</td></tr>
<tr><td>哲学修养</td></tr>
<tr><td>西方美学（美）</td></tr>
<tr><td>音乐作品与作家（音）</td></tr>
<tr><td>奥运史话（体）</td></tr>
<tr><td>其他</td></tr>
<tr><td rowspan="13">国际化系列</td><td rowspan="8">L1.3（英语综合能力提升）</td><td>口语特长班</td></tr>
<tr><td>高级英语</td></tr>
<tr><td>语言学常识</td></tr>
<tr><td>应用文写作</td></tr>
<tr><td>翻译与写作</td></tr>
<tr><td>英美影视文化/高级视听阅读</td></tr>
<tr><td>口译实训（共享课程）</td></tr>
<tr><td>其他</td></tr>
<tr><td rowspan="5">L1.4（商贸）</td><td>商务英语谈判</td></tr>
<tr><td>商务英语写作</td></tr>
<tr><td>商务英语口译</td></tr>
<tr><td>经贸英语趣谈</td></tr>
<tr><td>其他</td></tr>
</table>

续表

<table>
<tr><td colspan="2" rowspan="2"></td><td>L1</td></tr>
<tr><td>3 学分/学期，通识课（以博雅教育为特色）</td></tr>
<tr><td rowspan="9">国际化系列</td><td rowspan="5">L1.5（科学技术交流）</td><td>新闻英语</td></tr>
<tr><td>科技英语翻译</td></tr>
<tr><td>科技历史</td></tr>
<tr><td>会展英语</td></tr>
<tr><td>其他</td></tr>
<tr><td rowspan="4">L1.6（国际人才交流）</td><td>留学英美学术英语中外合作课程</td></tr>
<tr><td>英语学术论文写作中外合作课程</td></tr>
<tr><td>雅思、托福（针对留学考试的综合课程）</td></tr>
<tr><td>其他</td></tr>
<tr><td colspan="3">L2</td></tr>
<tr><td colspan="3">3 学分/学期，学习进阶系列</td></tr>
<tr><td colspan="3">初级辅导</td></tr>
<tr><td colspan="3">中级辅导</td></tr>
<tr><td colspan="3">高级辅导</td></tr>
<tr><td colspan="3">BEC 商务英语</td></tr>
<tr><td colspan="3">考研英语辅导</td></tr>
<tr><td colspan="3">其他</td></tr>
<tr><td colspan="3">L3</td></tr>
<tr><td colspan="3">3 学分/学期，3 学分/学期，与各学院各作的 EMI 院系特色课（ESP/EAP/EGAP）</td></tr>
<tr><td colspan="3">医学部拟开设“中医治疗与保健”
教科院拟开设欧美教育
法学院可开设英美法律选读、法律文书翻译
商学院可开设金融商务报刊选读、外贸谈判，也可以根据各学院的需求，重点开设口语、听力等课程</td></tr>
</table>

（以上课程供参考，但不限于这些课程。）

计划中，L1.1 到 L1.6 各系列每学期开设 1 至 2 门，根据学生的需求和教师的教学可行性，每学期的课程可能有所不同，但是基本保证学生在四年内能选到自己喜欢的课程。经过两到三年的实际培养，基本确定 10 门左右固定开设的优质拓展课，以及 10 门左右不定期开设的特色拓展课。

E 系列——高级拓展课

外国语学院目前已经成功开设数门超越学科界限的全英语课程，例如“终身学习”系列课程和“自我提升与社群塑形”超学科课程。在下一阶段，将在大学英语 E 系列的高级拓展课中引进这些优质课程。

（四）教学模式

1. 小班化教学

课堂教学小班化，每班不超过36人。小班面授可以增加学生运用英语的机会，加强教师对学生的关注，从而提高英语教学的质量。

2. 课堂面授和课外辅导并重

大学英语课每周3课时。即课堂面授每周2课时，课外实践辅导每周1课时，同时通过布置任务等使课堂面授和课外实践辅导比例达到1∶1。

课堂面授继续采用“基于计算机网络和课堂的多媒体教学模式”，安排在多媒体教室进行。课外实践辅导每周1课时，分为“教师指导下的自主学习”和“个性化教学”两种。任课教师将每单元的学习任务与要求（或助学资源）上传到网上；学生按课程表安排到指定自主学习中心教室进行自主学习，教师同步在自主学习中心进行辅导，主要在学习策略和方法、网络资源利用等方面进行讲解指导；同时，根据学生的不同特点以及遇到的不同问题，进行个别指导。“个性化教学”每周1课时，由教师对学生作课外辅导。

“个性化教学”的原则是因材施教，教师在学期初列出一些本学期的辅导主题，如：语音练习、对话练习、学习辅导、作文面批、课外阅读辅导、学习规划和活动指导等。学生根据自己的需求填写表格中的预约项，每次人数上限控制在10人，教师记录好每次的辅导活动，见表8－3：

表8－3　　个性化教学记录

时间	地点	班级
	内容关键词（3—5个）	参加学生
活动内容安排		
实施记录及反思	（过程记录以及成效自评与反思）	

（五）大学英语教材建设

大学英语教学改革的成功实施需要教材的配合，我校参与了全国大学英语教学的新一轮改革，也启动了新一轮大学英语教材编写的程序。第一步是对国外教材的调研。本节将首先阐述国外外语教学的最新标准，主要分析最新教材研究的理论框架，教材建设应遵循的基本原则，以及为适应差别性教学（differentiated instruction）而对教学材料进行难易层次分级的方法论。同时，本节还将分析国外建设教材网络资源的原则和形式，如何保证自主学习平台的内容质量以强化语言教学的互动性语言环境。

1. 国外外语（尤其是英语作为二外/外语）教学标准的理论框架和发展趋势

（1）国外外语教育理论体系和教学方法论

国外的语言教育，包括外语教育的理论流派和课程设置原则首先建立在儿童智力认知发展的理论框架下，其次是语言学、心理语言学和社会语言学的研究，然后是教育学和有效教育理论框架，如图8-3所示。

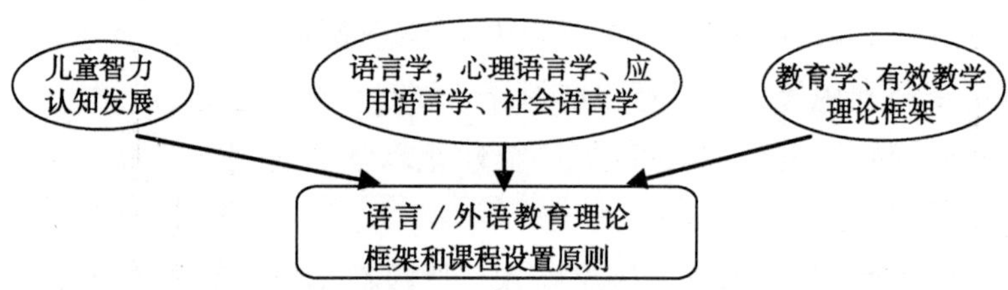

图8-3　外语教育理论与课程设置的理论依据

在总体上，国外语言教学提倡以学生为主的教学理念，把学生看成是已经具备许多能力的主动学习者，教师的任务就是设计、安排和指导课堂学习任务，从而最大限度地发掘出学生的潜在智力和能力。维果斯基的“最佳教学范围”（Zone of Proixmal Development，ZPD）（见图8-4）[①] 说明课程设置、教材选择和课堂教学安排应该略高于学生的现有程度，但又不能太脱离学生的实际水平。在图8-4的中心部分是学习者无须帮助可以独立完成的任务；靠近中心的第二圈表示学习者需要帮助才能完成的任务；距离中心最远的外圈是学习者无法完成的任务。

（2）当前国外外语教学理论体系体现的趋势

“后交际法”的新理论高度

自从1997年Firth和Wagner提出要全面更新二语习得和教学理论，突

① http://en.wikipedia.org/wiki/File:Zone_of_proximal_development.svg.

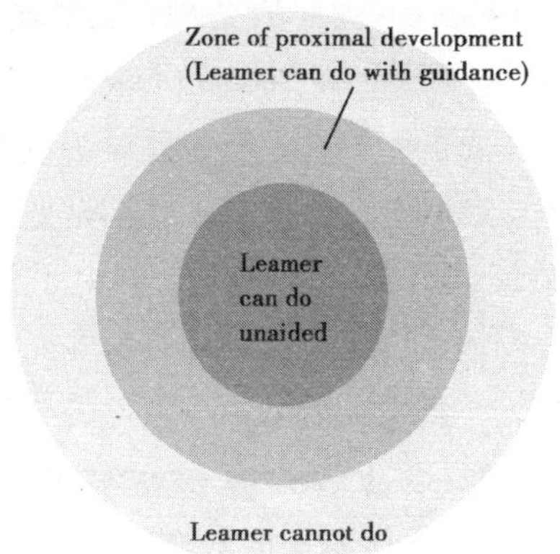

图 8-4 维果斯基的“最佳教学范围”图

破单一的“认知 + 交际”理论框架，许多学者进行了反思和研究。Swain 和 Deters（2007）回顾了 1997 年到 2007 年十年间二语习得和二语教学领域的变化：a. 维果斯基的社会人和学习成长发生在社会文化环境里的理论得到了广泛的应用和研究；b. 认知受环境和情景影响理论（situated learning）开启了本领域，尤其是学习社群（learning communities）和语言学习及其他内容环境相结合的研究；c. 后结构主义理论框架强调学习二外同时也是发现自我、认识自我的过程，因而语言学习的意义也因人而异；d. 俄国文学批评家和哲学家巴汀（Bakhtin）的辩证理论强调，所有的语言学习都应该是动态的（dynamic）、互动的（interactional）和基于情景的（context-dependent）。在语言教学方面就意味着习得和教学都应该是多层面的。

基于以上理论研究的扩展，外语教学法因而变得更多样化，例如以互动为中心，以真实情景、目标语文化或各学科知识为内容，强调学习者的主体性和主动性，要求外语教学要针对学生的需求和兴趣进行差异性教学（Differentiated Instruction）。教学法也从临近学科汲取养料，如：哈佛 Gardner 的多元智能（Multiple Intelligences）（1987、1999、2006）、华盛顿大学 Banks 的多元文化教育（Multi-cultural Education）（2004、2012）等。可以说，有效外语教学理论框架已经到了“后交际法”（post-communicative approach）教学的新理论高度，从而在内容上和教学法上都对外语教学提供了扩展的理论基础和实践框架。

批判性教育理论（Critical Pedagogy）

该理论由巴西的 Paulo Freire 发起、经多伦多大学的 Henry Giroux、加州大学洛杉矶分校的 Peter McLaren、威斯康星州立大学麦迪逊分校的 Michael Apple，和麻省州立大学波士顿分校的 Donaldo Macedo 等理论家相继进行了扩展。本理论借鉴马克思主义的批判性框架，反对帝国主义或殖民主义，提倡批判性思维和研究，推崇赋权与民众教育，而不是把教育当作维护社会等级制度的工具。在语言政策和教育上，他们反对由于西方语言（如英语）霸权而导致土著本土语言的消失，提倡多种语言和多元文化教育，尊重各个民族、种族的语言和文化，并把它们融入语言教学的课程和内容。

以学生为中心的综合方法论（Student – centered integrated methods）

许多学者都认识到，没有任何单一的教学法能够满足所有不同学生的需求。因而，美国外语协会的外语教学标准（ACTFL/NCATE，2002）和英语二外协会的英语作为二外的教学标准（TESOL/NCATE，2010）都明确指出：外语教师必须先了解学生的需要，然后根据学生和课标来综合确定教学方法，使用适合学生的教学技巧，以达到最佳教学效果。

（3）国外外语教学标准的理论框架

美国外语教师协会的《21 世纪外语学习标准》（*Standards for Foreign Language Learning in the 21st Century*）（2003）以及《外语学习标准和全国主要科目标准的统一》（*Alignment of the National Standards for Learning Languages with the Common Core State Standards*）（2011）把语言学习（包括外语学习）和人际交流看成人类经验的最本质内涵，提出了五个“C”的框架：交际（Communication）、文化（Cultures）、联谊（Connections）、比较（Comparisons）和社群（Communities）。该标准认为，“交际”处于任何语言学习的中心地位，交际可以是面对面的，也可以通过写作、创造或阅读其他国家的文学著作得到实现；外语学习必然同时学习目标语的“文化”；而通过外语的学习，学习者也增强了对其他社会和区域的了解，形成“联谊”，进而自然会加以评估和“比较”，从而加深对本土文化和异域“社群”的认知，也就能积极地融入这个多语言、多文化的世界。建立在这一标准上，美国的外语教材都以交际为主线，贯穿着文化知识，并注重比较不同区域之间的习俗和价值观等。

欧洲共同体的语言框架（The Common European Framework of Reference for Languages）（2002）旨在为整个欧洲的语言教育大纲、教学课程、语言测试和语言教材“提供共同的基础”。2009 年，旨在使语言测试与此框架接轨的手册 *Relating Language Examinations to the Common European*

Framework of Reference For Languages: Learning, Teaching, Assessment-A Manual 问世，其内容包括测试范围、测试水平、测试结果报告，等等。手册的重点不是关于如何教学，而是希望欧洲的语言测试能建立在共同的基础上，应用相同的测试程序、质量控制和相同的语言能力分级，以便使各种语言测试的结果具有可比性。

2. 外语教学标准指导下的国外教材编写、出版和评估标准

（1）教材建设的理论基础概述

国外指导外语和语文教材编写的理论基础有两大体系：a. 学生认知能力和语言发展理论；b. 课程设置和有效教学理论。在这些理论基础上，教材的内容往往按照各个科目的课标进行编排。

以美国为例，各科目的课标有两大系列：a. 各科目专业协会制定的课标，比如美国外语教师协会（American Council for Teachers of Foreign Languages，ACTFL）的《全美外语教学课标》（1994、2002、2011）；b. TESOL（Teachers of English to Speakers of Other Languages）制定的《英语作为二外课标》（1997、2007）。此外，美国各州教育厅分别制定本州的课标。以英语为例，各州都有两套课标：《英语语文课标》（*Standards of English Language Arts-ELA*）和《英语作为二外课标》（*English Language Development/Proficiency Standards-ELD/P*）。图 8－5 表明教材与理论基础及课标的关系。

（2）美国最新的《全国核心课标和教材标准》

2010 年，美国首次建立了全国的核心课标（Common Core Standards）①，现在四十五个州政府已经正式认同该课标，并逐步与全美核心课标接轨。此课标有三项革新：a. 与国际标准接轨；b. 与大学标准和工作要求衔接；c. 特别强调教学资料的标准及其对学生进步的重要性。值得注意的是，全美核心语文课标特别包含了教材编写标准。

全美核心课标有关教材的标准在理论研究上主要来源于 Mesmer 等（2012：235—258）的研究。她们认为阅读材料是否难易适度对学生的阅读理解、精确度和流利程度都有很大的影响。一般来说，教材的难易度必须符合学生认知能力的程度和成长需求，其内容、词汇量以及句法和篇章

---

① 美国法律规定教育是地方政府事宜，由地方税收资助，因此，美国的课标历来是由各个州政府建立和评估。所以此次的全国性核心课标是由全美州教育长联合委员会（Council of Chief State School Officers，CCSSO）牵头设置的，而不是教育部建立的。

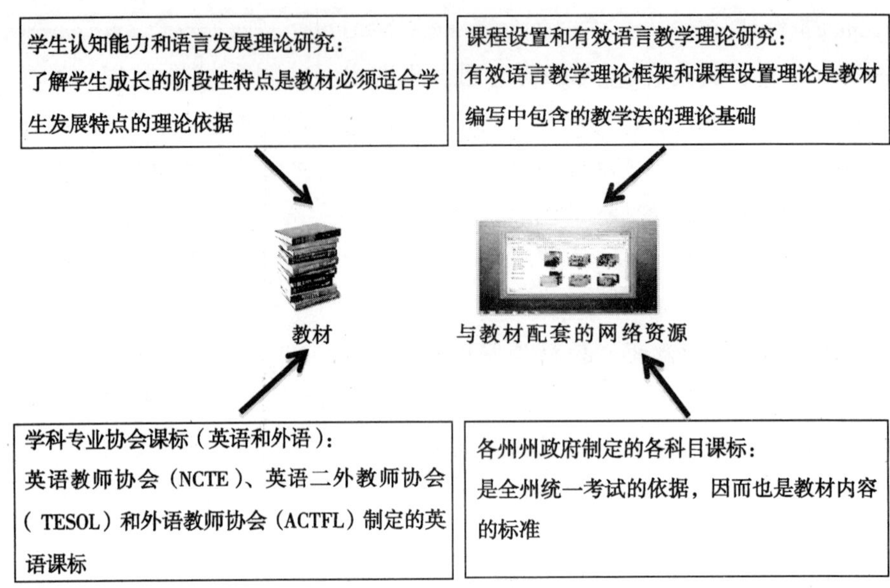

图 8－5 教材与理论基础及课标的关系

结构必须遵循一定的标准和规律，呈阶梯式向上发展。

首先，语文教材的选材必须包含文学作品和说明文，这两者的比例由四年级的 1∶1 到十二年级的 3∶7。

其次，英语语文课标的第十个标准专门讨论语文教材选材内容的宽广度、质量和难度，并且用图 8－6 说明衡量教材的难易度和合适性的三维标准：

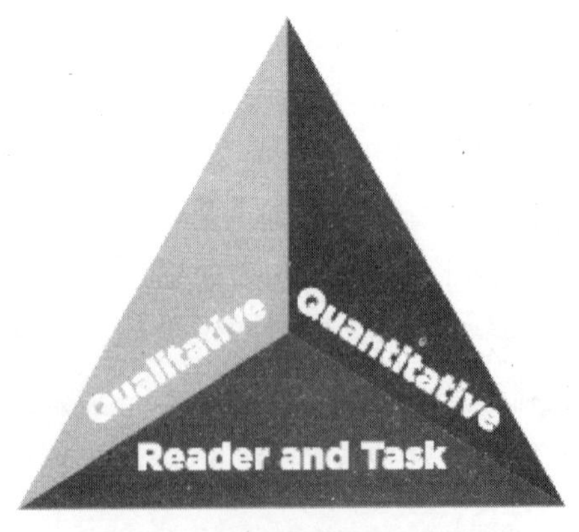

图 8－6 衡量教材的三维标准

Ⅰ. 教材定性分析标准（qualitative evaluation of the text）：含义

(meaning)、结构(structure)、语言标准(language conventionality)和清晰度(clarity),以及要求掌握的知识点(knowledge demands)程度。

Ⅱ. 教材定量分析标准(quantitative evaluation of the text):可读性分析数据(readability measures①)以及其他分析文章复杂度的数据。全美州教育长委员会还专门发表一份补充材料(2010),讨论了主要的可读性分析工具。

Ⅲ. 教材适合学生和教学任务标准(matching reader to text and task):学生的可变因素(reader variables)(如学习动机、知识和经历/经验)和教学任务可变因素(task variables)(如教学目的和任务的复杂性和相应问题的难易度②)。

(3)全美核心课标对教材出版界的要求

根据核心课标里有关教材要求的标准,Coleman 和 Pimentel 提出了对教材出版的质量要求,而且是根据年级段而不同(2012),其要求如下:

a. 教材难易度必须符合核心课标的标准:比如每一年级必须有大量的阅读材料,其难度必须反映出阶梯形渐进,如图 8-7 所示。

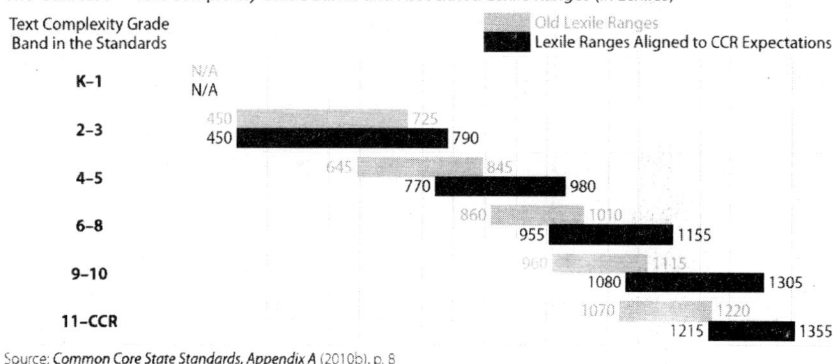

图 8-7 全美核心课标的阶梯形难度示意

---

① 文章可读性(readability)最早由付莱(Fry)提出(1972),付莱可读性分析公式(Fry Readability Formula)主要分析英语阅读材料的词汇和句子难易度。以后,又有各种可读性公式出现,其中用得最广泛的是佛莱西和金凯(Flesch-Kincaid formula)的方法,因为这种方法融入微软公司办公软件(MS Office)里了。

② Common Core Standards-English Language Arts. Accessed on 18-Oct-2012. www. ccsso. org.

b. 每个年级都必须包括较短而难度相当的文章供师生精读；同时也要包括大量多样、多层次阅读材料，使得每个学生都有充分选择和练习机会；

c. 所选的文章必须是高质量的，且形成由易到难的科学、合理的系列；

d. 文章的类别和种类必须多样化，必须包括核心课标里要求的各种文类；

e. 清晰的配套练习题、活动设计、教学法与技巧的要求和标准。

由此可见，这份详细的编写要求一再强调教材在教学中的核心地位，教材是有效教学最重要的基础。

（4）外语教学标准指导下的国外教材评估标准

国外对于教材的评估大多数是以其内容的合理性、公平性和科学性为主，也有对文化因素的评估。还有些评估标准以学生为本，从学生的角度出发，而不是从教师的角度来审核教材的质量。例如，德国 Brunken 的“认知量”（cognitive load）理论提出，教师要合理掌握在多媒体语境下学生认知负担量的轻重，以便合理科学地教学。Calfee 和 Chambliss（1987：357 -378）认为，审核教材要从性格各异、程度参差不齐的学生的角度出发，评审的主要内容可以包括：学生对内容的熟悉/生疏程度、兴趣程度和语言文本的结构。

马来西亚的 Mukundan 等（2011）认为近四十年来，教材评估的工具仍停留在模糊的定性层面，并且没有经过实证研究以检测其科学性和有效性。他们将语言教材评估标准分为两大类：总体贡献价值、教与学的内容评价。在这两大类基础上可以进一步细化，分为 27 个评估标准（见表 8 -4）。

表 8 -4　　Mukundan 等的 27 个教材评估标准

Ⅰ. Ceneral attributes A. The book in relation to syllabus and curriculum					
1. It matches to the specifications of the syllabus.	⓪	①	②	③	④
B. Methodology					
2. The activities can be exploited fully and can embrace the various methodologies in ELT.	⓪	①	②	③	④
3. Activties can wotk well with methodologies in ELT.	⓪	①	②	③	④

续表

C. Suitability to learners					
4. It is compatible to the age of the learners.	⓪	①	②	③	④
5. It is compatible to the needs of the learners.	⓪	①	②	③	④
6. It is compatible to the interests of the learners.	⓪	①	②	③	④
D. Physical and utilitarian attributes					
7. Its layout is attractive.	⓪	①	②	③	④
8. It indicates efficient use of text and visuals.	⓪	①	②	③	④
9. It is durable.	⓪	①	②	③	④
10. It is cost-effective.	⓪	①	②	③	④
E. Efficient outlay of supplementary materials.					
11. The book is supported efficiently by essentials like audio-materials.	⓪	①	②	③	④
Ⅱ. Learning-teaching content A. General					
1. Most of the tasks in the book are interesting.	⓪	①	②	③	④
2. Tasks move from simple to complex.	⓪	①	②	③	④
3. Task objectives are achievable.	⓪	①	②	③	④
4. Cultural senstivities have been considered.	⓪	①	②	③	④
5. The language in the textbook is natural and real.	⓪	①	②	③	④
6. The situations created in the dialogues sound natural and real.	⓪	①	②	③	④
B. Listening					
7. The book has appropriate listening tasks with well-defined goals.	⓪	①	②	③	④
8. Tasks are efficiently graded according to complexity.	⓪	①	②	③	④
9. Tasks are authentic or close to real language situations.	⓪	①	②	③	④
C. Speaking					
10. Activitiies are developed to initiate meaningful communication.	⓪	①	②	⑦	④
11. Activities are balanced between individual response, pair work and group work.	⓪	①	②	③	④
D. Reading					
12. Texts are graded.	⓪	①	②	③	④
13. Texts are interesting.	⓪	①	②	③	④
E. Writing					
14. Tasks have achievable goals and take into consideration learner capabilities.	⓪	①	②	③	④
15. Tasks are interesting.	⓪	①	⑦	③	④
F. Vocabulary					

续表

16. The load (number of new words in each lesson) is appropiate to the level.	⓪	①	②	③	④
17. There is a good distribution (simple to complex) of vocabulary load across chapters and the whole book.	⓪	①	②	③	④
18. Words are efficiently repeated and recycled across the book.	⓪	①	②	③	④
G. Grammar					
19. The spread of grammar is achievable.	⓪	①	②	③	④
20. The grammar is contextualized.	⓪	①	②	③	④
21. Examples are interesting.	⓪	①	②	③	④
22. Grammar is introduced explicitly and reworked incidentally throughout the book.	⓪	①	②	③	④
H. Pronunciation					
23. It is contextualized.	⓪	①	②	⑦	④
24. It is learner – friendly with no complex charts.	⓪	①	②	③	④
I. Exercises					
25. They are learner friendly.	⓪	①	②	③	④
26. They are adequate.	⓪	①	②	③	④
27. They help students who are under/over – achievers.	⓪	①	②	③	④

3. 科学技术工具在外语教学、教材中的作用和相关思路

（1）多媒体/数码识读理论（multi-media/digital literacy/new literacies）

随着信息交流技术（ICT）和英语语言教学的发展，读写能力(literacy)已不再是仅和基本读写技能相关的固定概念了。Paul G. Zurkowski 早在 1974 年就提出了“信息识读”概念：信息本身并非知识；它是概念、想法等进入某人的思维，随后通过评估和同化，或是强化或是改变了该人原有的思维或行为。因此，信息的重要性取决于使用者。此后，随着以电脑为代表的高科技的发展，学者使用多媒体识读（multi-media literacy），数码识读（digital literacy）和新识读（new literacy）等概念来反映当前科技发展及其对人类社会各个方面的渗透。Gilster（2005）首次界定了“digital literacy”，他强调网络使用者必须运用批判性思维和元认知技能来评估网络信息的有效性和可靠性，必须确定以研究为基础的信息。Coiro 等（2008）撰写了 *Handbook of Research on New Literacies*，研究发现，基于电脑或移动工具的新识读最大的特点是其“三维性”，纵横交错，而不是传统纸笔型阅读写作时的单向线型。

基于 Coiro 等（2008）的文献和技术研究，国际阅读协会（IRA）提出新识读能力至少有 4 个广义范畴：①有效使用互联网和其他信息、通信技术（ICT）需要新的社会实践、技能、策略、处理办法；②新识读能力对于从公民、经济、个人角度参与全球共同体意义重大；③新识读能力随着相应技术的改变而迅速改变；④新识读能力是多重、多模式、多立面的。IRA（2009）进而呼吁继续推进“数字时代以技术为基础的识读能力培养”这一主题的对话，并强调：评估教师教育课程是否涵盖顺应数字时代及新识读能力的知识与技能培训，这一点十分必要。

与新识读能力相关的实证研究也在不断涌现。Tan 和 Guo（2010：315—323）与新加坡一所高中通过为期一年半的合作来拓宽该校的识读能力理念。实验证明，the New London Group's（1996、2000）多识读能力教学法能为使用多模式教材的教师和学生提供机会讨论各种意义的生成方式。

新识读能力的培养在世界范围内已是大势所趋，美国的一些教育者已经认识到标准化测试所存在的问题，他们正在努力实施新国家教育技术计划（the New National Education Technology Plan，NETP，March 2010）。该计划的特色就是使学生具有批判性思考、解决复杂问题、合作并进行多媒体交流的能力。

（2）科技在语言教学中的地位和质量标准

90 年代以来，一些国家及专业协会陆续制订了有关科技在行业教育和职业中的标准。例如，美国国际二语教师协会的“科技标准”（TESOL's Technology Standards）（2011）是英语作为二语的最新科技标准，主要包括两大部分：

a. 学生所需的科技能力：必须具备使用各种科技工具和网络资源的基本知识和能力；学生使用科技工具和网络资源必须符合社会文化和法律；有能力使用科技工具和网络资源辅助自己的语言学习和使用。

b. 语言教师所需的科技能力：学习、具备并不断更新自己在职业上所需的最新科技能力和技术；能把自己的课程设置、教学技能与科学技术相结合，以强化学生的语言学习进程和学习效果；能在教学管理中（如学生成绩记录、测试等）有效地使用科技工具；能使用科技工具有效地与家长、学生和同事进行交流与合作。

（3）网络教学平台的研究现状

国外在网络技术的应用方面优于国内的教学机构，其发展更为广泛、普遍和快速，网络教学系统被看成是 E-learning 的学习支持系统。

关于网络教学平台的研究视角和层面各不相同。部分研究基于网络教学系统创建了虚拟学习环境（Virtual Learning Environments，VLES）；部分研究从不同维度对网络教学系统的功能加以评价，旨在提高平台工具的质量（Psaromiligkos & Retalis，2003：5—20）。另有部分研究侧重于网络教学系统的设计，如 Piccoli 等（2001）认为影响网络学习效果的因素分为两类：一类是人的因素，包括学生特征和教师特征；另一类是设计的因素，包括学习模型、技术、学习者控制、内容和交互。Retalis（1998）根据第三、第四代教学系统开发的原理设计了一种开发网上教学系统的方法。根据教学系统划分为四个子系统：人件、网件、其他学习资源和具体物件，他们开发了一种网络教学系统 CADMOS（Web-based courseware development methodology for open learning system）。Lester（2008）认为开发网络学习系统的原则是以促进网络学习和教学为目的来设计学习材料和学习环境。由此，他根据 Lausillard 的对话理论采用系统工程学的方法开发 E-learning系统。

就网络教学而言，英国开放大学是英国第一所参与开放式课程联盟的大学，于2006年10月正式推出 OpenLearn 平台，以“免费向全世界任何人开放教育”为宗旨，提供了大规模的优质教育资源（佘燕云、詹春青，2011：10—14）。美国许多学校也已将网络大规模应用于教学，从1998年开始到2000年5月，形成了较为全面的网络教学支持系统。从2001年至今，网络教学已经成为教学中不可缺少的部分。美国麻省理工学院（MIT）的网络课件开放工程 OCW 是国外网络教学普及的一个典型例子。当时，MIT 计划用10年的时间在互联网上公开其几乎所有的课程资料，供全球任何地方的任何学习者免费使用。美国得克萨斯大学系统数字图书馆资助开发的在线 IL 教程（Texas Information Literacy Tutorial）是一个较为成功的网络适应性教学网站，其最大特点是教学内容的个性化和适应性，所设置的互动热点话题都是基于前期调研，要求学习者运用所学的基本内容去探索和试验，以成为主动的学习者，形成自己的概念模式和研究策略。

此外，加拿大安大略省教育研究院开发的 CSILE（Computer Supported Intentional Learning Environments）是一个由文本和图形组成的协作学习环境和公共数据库，是第一个支持协作学习和探究学习的网络系统。澳大利亚有基于 DC 标准的 EDNA On Line 教育网元数据标准；英国推出了基于 LOM 标准的 LOM Core 学习对象元数据核心。这些最初以网络为基础的教学平台在培养学生的学习自主性、主动性以及个性化方面发挥了很大的作用，同时也增加了学生与教师之间的互动性。

继 Email、BBS、ICQ 等交流方式之后，近年又涌现出了博客、微博等新型信息交流方式，为人们的信息交流提供方便，使教学变得更加高效便捷，也为外语教学改革提供了丰富的想象空间和实现的可能性。

始于 1997 年的“博客（blog）”，全称为“网络日志（Web Log）”，具有三个主要特点：更新频繁、简短明了和个性化（Turnbull，2006）。随后，“微博（microblog）”逐步取代了原先的 blog。其特点是：可单向也可双向的关注机制；通常为 140 字的简短内容；最新实时信息；公开、可任意浏览的广播式信息。“维基（wiki）”的超文本系统支持面向社群的协作式写作，用户可以在网页的基础上对“维基”文本信息进行浏览、创建和更改。众多的“维基”技术被引入了外语课堂进行辅助教学活动，例如：由宾夕法尼亚州高级语言教育和研究中心（CALPER）提供技术支持的 UniWakka 就在汉语、德语、俄语、西班牙语、韩语、阿拉伯语等写作课和英语作为第二语言的课堂中得到了推广应用。“播客（Podcasting）”是一种数字广播技术，从 2004 年下半年开始在互联网上流行，播客技术更有利于发展学生听力理解和口头表达能力。WebQuest 是一种“专题调查”活动，与学习者互相作用的信息均来自互联网上的资源。目前全球已有数以千计的教师建立了自己的 WebQuest 课程网页，并在课堂教学中广泛开展了实践。近年来，iPad 在全世界范围内广泛流行，在某些国家已经是学生除了铅笔外第二重要的文具，逐渐成为教学不可缺少的一部分。

（4）对国内网络教学平台研究的启示

建立网络学习平台是实施网络教学的技术基础，网络学习平台承载着知识的发布和信息的管理等功能。国内对网络技术的应用和研究在很大程度上追随国外的发展。丁文、陈勇（2011：70—71）总结了 2003—2010 年 38 门大学英语国家精品课程在改革中的特点，其中之一是“打造集课堂学习、自主学习、网络教学和第二课堂活动等于一体的现代语言教学资源立体化平台，为不同起点的学生提供不同学习层次和学习级别的内容，使每一个学生都能够比较准确地实现自主学习、自我定位”。然而，我国目前还没有统一的评价标准。张京彬、余胜泉和何克抗（2000），余胜泉

(2003) 对评价要素进行了评析和分类，但是存在的问题仍然较为明显 (蒙岚，2010)：学生利用网络资源较为集中，主要为课本内容和四六级训练；检测手段单一，信度不高；教学反馈不够及时和详细；师生反思环节薄弱，甚至很随意。

随着网络教育的广泛运用，以及人们对个性化学习的日益重视，高度个性化的适应性学习系统将成为研究的热点，即基于自愿的主动式学习，知识的自我构建，个性化学习及快速反馈，在数字化和智能化技术支持的虚拟教室进行学习将是我们未来的发展方向。网络学习平台具有生动、共享、交互、学习自主、便捷、信息丰富等优势。

但是在网络技术与教学领域仍存在问题，需要进一步研究，以便更好更全面地认识网络教学的本质：①网络环境中英语学习心理与网络学习行为的关系研究；②网络环境下外语专业课程与公共外语课程在教学系统、信息共享以及教育模式等方面的整合。

4. 小结

本节主要以美国为例，梳理了国外外语教育的理论发展、教材编写的标准和评估、科学技术在教材中的运用等。

从国外教材建设的理论依据和发展趋势来看，目前是在认知法与交际法相结合的基础上强调学生主体。教材设计应兼顾五个方面：新的教学理念；新颖的设计与组织；教材内容与教学方法相结合；难易分层分级；把多种因素考虑在内的适用程度，确保能够被学生接受。通过精心设计的文本内容、活动与练习，基于计算机和课堂的多媒体教学模式，充分调动每个学生的积极性，注重新识读能力的培养。教材的内容、词汇量以及句法和篇章结构、难易度必须符合学生认知能力的程度和成长需求，呈阶梯式向上发展。

就教材建设而论，整个设计框架和各具体操作环节都必须考虑到网络技术日新月异的变化，为技术与内容的同步发展预设更多的弹性空间。

三　EMI 课程群的顶层部分——超学科课程群

在关注上述 EMI 基础课程群建设的同时，笔者设计了超学科课程群，以满足较高端学生对于自身学科以外知识的需求。

（一）超学科课程群的框架

建设超学科课程群的设想始于 2011 年初，旨在以学科群为核心的辐射型课程模块为学生提供个性化专业方案所需的具体课程资源。我们聘请了两位美国专家做指导，完成了第一个面向全校学生的课程群初步方案："Survival, Civilization and Culture（生存、文明与文化）"。该课程群在设置时充分考虑了教师在教学方面的可行性，百分之八十的课程是本校教师可持续开设的，其余百分之二十与外籍教师合作开设。而在外籍教师授课过程中，本校中青年教师以团队的形式观摩学习并部分参与，在教师发展方面也取得了一定的成效。

通常，课程设置是从基础到高级，从"学科内"到"跨学科"。而本研究中的超学科课程群是从核心问题出发，突出"循着问题找途径"的特色，因此是从"顶层聚焦"开始设计的。也就是说，首先提出问题：生存、文明和文化需要如何解读？假设世界存在的问题可以用这三个词解决，我们将从哪些方面着手？由此，我们设计了"进阶课程"的主题：解读地球村。在"进阶课程"中又分列了三个子课程，分别从"自我"、"社会"、"自我和社会间的关系"方面进行解析。而下一步要解决的是：如何顺理成章地塑造这三方面？于是在"核心课程"阶段设置的这些相关课程旨在引领学生自己提出问题，通过讨论与合作，从生活的方方面面提炼出自己的答案。

课程群以"Survival, Civilization and Culture"为顶层聚焦问题，这不是一门课程，而是下面所有课程所围绕的一个主题，或者说是整个课程群希望能够解决的一个问题。如图 8 - 8 所示，所有的课程都不局限于单一的学科，开设这些课程都是以顶层聚焦为目标。至目前为止，所有的核心课程都已经开设了两轮以上，进阶课程已经尝试了两门。

举例来说，核心课程中的"Lifelong Learning（终身学习）"系列包括三门课程："Ⅰ国际名校的学习与生活"；"Ⅱ哈佛演讲话语分析"；"Ⅲ诺贝尔奖成果概述"。其中"Ⅰ国际名校的学习与生活"是以专题系列为特色的课程，所有参与授课的教师都从国际著名大学毕业（或曾经工作过），他们将这些大学最显著的特征整理串联成学生们以后将会面临的学习与生活主题。这些主题包括：大学的博雅教育（哈佛大学）、自主学习（剑桥大学）、文化体验（悉尼大学）、团队合作（纽约州立大学），等等。

"Ⅱ哈佛演讲话语分析"把话语分析的理论和方法与生动具体的哈佛演讲结合起来，培养学生对话语的一种感性认识和理性思考，同时也希冀发现欣赏演讲的另一种方式。教师的选题也遵循了"走出学科"这个宗

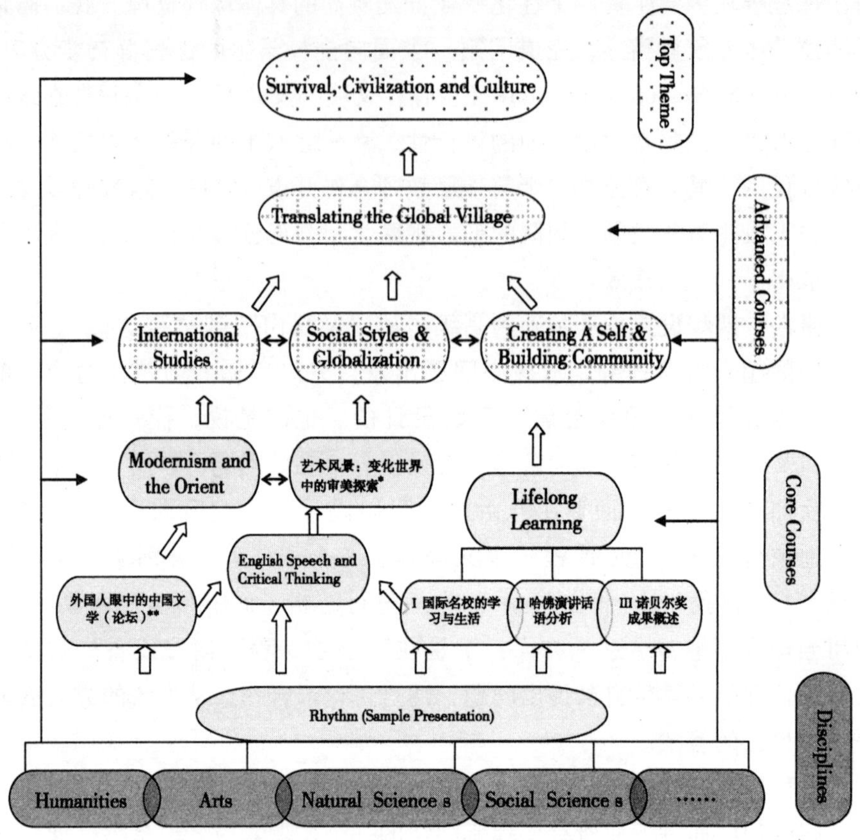

I. Studying and Living in Prestigious Universities　II. Discourse Analysis of Harvard Speeches
III. Review on Nobel Prize Achievements
*Artscapes: Exploring Aesthetics in a Changing World
**Chinese Literature–from the Perspectives of Non–Native Speakers (Forum)

图 8－8　超学科课程群的图示

旨，例如：

演讲一：大学的特征——哈佛校长福斯特 2009 年在哈佛大学毕业典礼上的演讲

演讲二：确保全球危机时刻的共同利益——联合国秘书长潘基文 2008 年在哈佛大学肯尼迪政府学院的演讲

演讲三：忧愁河上的金桥 ——美国纽约时报最高法院记者琳达 · 格林豪斯 2006 年在哈佛大学的演讲

演讲四：中国企业走出国门——马云

演讲五：永远别向复杂低头——比尔 · 盖茨

“Ⅲ诺贝尔奖成果概述”从三个侧面进入诺贝尔奖获得者个人的生活与思想：传记；颁奖典礼上的演讲词、文章；从诺贝尔奖得主之间的关系看他们对一学科、一时代及世界的影响。课程侧重对物理学奖、文学奖、和平奖和经济学奖得主的分析，从他们的演讲、文章感受其情怀，对人对世界的思考，联系他们的人生经历，寻找推动他们研究与活动的动力。

进阶课程中的“国际研究”是外国语学院与美国印第安纳州立大学合作开设的远程视频越洋同步课堂，初步实现了中美双方教师共享，双方学生同步学习与讨论。学生通过与美国师生的同步互动，学会用自己的眼睛去观察世界、思考世界、认识世界，找到自己的立足点，并进一步重构他人、认识和重构自我。这里引用两位学生的学习心得作为课程评价：

（一）

就收获来说，我觉得视频对接很真实，也很新鲜。这个对接活动让我们真正接触到了美国的课堂，让我们也能够上到美国教授的课。但是他们语速都有点偏快，虽然平时我们都在练，但是听力还是跟不上。此外，在与他们交流中，我发现美国老师很nice，也很直接，他们这样可以大大提高效率，给我们一些阴雨朦胧中的sunshine。我觉得我们需要学习这种精神，试着向权威挑战。

我希望主题可以更美国化，这样可以引起我们的兴趣。换位思考：我们这边的选题不知道对方是否感兴趣，所以我们也要提前调查一下他们想了解中国的什么。

对于视频里美国老师给我们的问题，我没有勇气回答。但是他们的话题结合了历史、时事等，我还是很有兴趣的。

（二）

首先讲一下对这门课的总体认识：很早就得知我们学校有这门课，说是可以和外国人一起上课交流，那想必是一个思想自由驰骋的课堂，可以进行中方和西方思想与文化的碰撞，可以让我们知道国外大学是怎么上课的，于是，我怀着畅想进入了这个课堂。

我的第一堂课是关于The Feather of Eagle，我们在对接之前，先探讨了这个话题，其实相比之下我更喜欢探讨这个环节。关于鹰的羽毛，我毫无概念，首先想到的便是力量，还有借以写字（文明的传承），其余的便一概不知。而后老师引导我们一步步深入它背后的意义，我着迷了。我不知道还可以联想到印第安人头上的帽子，不知道这么一段侵略史，不知道那强烈的对比，也不知道鹰的羽毛最后翩然落地意味着什么，我觉得自己的知识是那么的狭隘。而在我被一个智者慢慢打开思维后，慢慢进行思考的感觉原来是那么好。我陶醉了……接下来是与美国印第安纳大学的对接，兴奋地等待着。我知道兴趣和期待是最好的老师。我们开始对接了，这次是美方老师上课，刚开始我还听得懂，但是越到后面越听不懂，美国的课堂对我是个挑战。我整堂课一直在挣扎要不要发言，好几次快要破口而出的时候又退却了。我知道我缺少了一种叫作勇气的东西。直到在和对方师生说再见的时候，我还是没有发言。我告诉自己，下一次我一定要发言，而且是一种奋不顾身的发言。

第二次对接，这次是我方教师为主讲。主题是关于中国文化的，我很喜欢，向外国人介绍自己的文化我觉得是一种很幸福的事。我一直记着那个对自己的约定。我们依旧在视频对接前进行了讨论，我积极地发言，而当老师肯定我的答案时，我觉得其实自己也可以有不同的见解。紧接着，对接开始了，我也终于发言了，我想要说"笔墨纸砚"，但是由于紧张忘记了其中一个，一直卡在那里直到老师帮我解了围。我有点尴尬，但随后的想法是：豁出去了，老师也曾经说过，很多时候其实迈出去那一步之后便没有那么害怕了。在接下去的时间里，我积极去说，记得当时在介绍中国的脸谱，我很想告诉对方，脸谱的颜色代表不同人的性格。于是，在这一环节快过去的时候，我举手示意要说话，把这个含义讲给他们听。那一刻，我觉得很快乐，有一种乔布斯说"跟从了自己的心"的感觉，我很想表达自己，想掌控自己的舞台，然后骄傲微笑，自信地面对这个世界，我感觉自己在发光。

以下将对两门课程进行较为详细的回顾："自我提升与社群塑形"（进阶课程）；"艺术风景：变化世界中的审美探索"（核心课程）。

（二）美国专家协助开设的一门超学科课程分析

为了保证EMI超学科课程群建设的纯正性，尽量减少偏差，我们聘请到了美国Beloit学院的John Rosenwald教授及其夫人Ann Arbor教授。John

曾经和另一位专家 John Jungck 教授合作进行了十几年的超学科课程教学与研究。他们亲自承担了课程群中的“Creating a Self & Building Community（自我提升与社群塑形）”。该课程的部分内容和模式是他在美国已经讲授过的，另有一部分是针对我校学生专门进行设计的。由于 John 的日程安排所限，他们无法按照整个学期的教学进程进行授课，因此，我们调整了教学计划，以密集型模式开设该课程，即每周 2 次课，一共开设 6 周。

1. 课程的教学安排

Program in Transdisciplinary Education：Creating a Self，Building Community

Faculty：

John，a poet and English teacher，with deep interest in Asia

Ann，an ESL teacher，a basketball coach，and a visual artist

October，2012 – November 2012

In this course students and teachers will move beyond traditional disciplinary boundaries to explore the creation of self and community through intensive study，discussion，and application of significant creators，texts，and skills. Topics include Plato，the *Dao De Jing*，Rilke，Twentieth-Century Poetry，Darwin，*A Pattern Language*，Thomas Kuhn，*The Omnivore's Dilemma*，Chinese peasant painting，Stephen J. Gould.

Pedagogical approaches include close reading，frequent writing，personal conferences，guest presentations，and practical experience.

Schedule：

Date	Topic	Texts
Week one	Foundations	Plato，Myth of the Cave Aristotle，Law of the Excluded Middle Lao Zi，Dao De Jing
Week one	The Nature of Nature	Rilke，Sonnet to Orpheus，II. 15 Mill，from Nature
*		
Week two	Environment	Carson，from Silent Spring

Week two	Building #1	Nearing, from Living the Good Life Essay #1 Due: Housing
*		
Week three	Building #2	Alexander, from A Pattern Language
Week three	Food	Pollan, from The Omnivore's Dilemma
*		
Week four	Education	Morris, from The Way We Live Harris, from The Arts at Black Mountain College
Week four	Sexuality	Gould, "Of Wasps and WASPS" Fausto-Sterling, "The Five Sexes, Revisited" Essay #2 Due
*		
Week five	The Art of Photography	Sontag, "On Photography" Thompson, from Illustrations of China
Week five	Photography	TBA: Workshop
*		
Week six	Poetry as a Transdisciplinary Art	Hopkins, "As Kingfishers Catch Fire"
Week six	Participant Presentations Essay #3 Due	

2. 课程的教学目标

2012 年 10 月，第一次课结束后，就有学生提出了问题："Why do we have to learn? I don't know the link between each class. In other words, I want to know the main topic of this course. Could you tell me?" 虽然提这个问题的只有一位学生，但是显然还有很多其他学生都抱着同样的疑问，一会儿是柏拉图，一会儿是摄影艺术，这些内容看似没有关联。John 以邮件答复了学

生的提问，如下：

What We're Doing, Why, and How

You ask good questions.

Let me go in reverse order.

What is the main topic of this course?

The main topic is simple, very large, and very difficult to answer.

It's helping us to answer the question: How might I live my life?

But that's too big to be helpful.

So we made a list of things we need to know about in order to live our lives:

Food, the environment, living space (architecture), sexuality, vision (recording what we see), our view of nature, our view of reality, and others.

We noticed that most majors or courses of study don't always deal with these questions, partly because their approach is "disciplinary", based upon a particular field of knowledge. The dean asked us to come and explore another course of study, one that does not start with "disciplines" but instead is "transdisciplinary", one that starts with questions such as those above.

The links between the classes or topics is the large question: How might I live my life? Each class touches one topic. There are other topics, but our time is limited. We intend this class as an introduction to a different type of learning. I think you'll see various links as we go along.

Your first question was "Why?" I hope the answer begins to become clear. If you wish to live a good, productive, pleasurable, exciting, and challenging life, you need to confront these topics. We hope that by being part of the class we will help you on your way. We know that you've already asked many of these questions outside of your major, or even within it. We merely hope to push you further, by letting you approach your questions in a fresh and useful way.

I'm glad you asked. We talked a little about these questions the first day, but we need to keep them in mind during the weeks ahead. On the basis of what we saw of you on Monday and what you've asked here, I suspect you will be a valuable member of the class.

Don't hesitate to ask more. You may not always get an answer this quickly, but we'll try to answer or to raise your questions in class. And if you think this answer is helpful, we can send it out to all of you.

Thanks again,

John

从 John 的答复中很清楚地看出，课程所涉及的内容都是围绕同一个话题：我们如何选择自己的生活？与生活相联系的内容包括：食物、环境、生存空间（建筑）、两性、视觉、看待大自然的视角、对现实的观点，等等。还可以列出很多相关联的事物，课程的作用是唤起大家的注意，我们可以从方方面面提升自己，创建社群。

3. 课程的教学特色

首先，教学主题“非常化”。由于我们的项目要求他们将超学科理念运用到教学中，向所有参与者展示另一种思维模式和学习方法，两位教师将一个主题贯穿到整个学期的教学中，而每次的分话题却与其他分话题相去甚远。这些话题分属不同的学科，但是都没有偏离主题所提出的问题和目标。来自不同专业的学生都会在某一时刻关联到自己的学科，但是在大多数情况下接触到的都只是陌生而有趣的话题。

其次，教学对象“多元化”。在国内，超学科的研究和教学方法都是比较新的领域，我们希望有更多的教师能“享用”这样的先进理念，因此，两位教师邀请了我校的五位年轻教师参与课堂教学，而且要求他们不能坐在一起，要分散在学生中间，和学生一起思考，互动，一起完成任务。整整一个学期，这五位教师全程参与，既做“助教”又当“学生”，深切地体验了这种超常规教学。

第三，教学形式“美国化”。来国内上课的很多美国教师都喜欢围成一圈的上课形式，两位教师每次都和学生们把桌椅拼成圆形。每次上课的第一件事是朗诵一首短短的诗歌，为的是让学生熟悉一个信号：“我们的课开始了”，也让这首诗歌成为这门课程的象征之一。

第四，教学态度“人本化”。两位教师从接到任务开始就很细致地做了各项准备，他们带来的行李中有一大半是用于教学的，例如，给学生上课需要用的书（不是教材，而是各种类型的读本）、做实验用的特制棉布、一架老式照相机、布置摄影展用的作品，等等。从第一次课开始，教师们就很用心地记住每位学生，课间和每一位参与者进行交流，课外也不间断地用邮件联络。诸如语言辅导、知识答疑、留学 FAQ 等，他们总是耐心地回答所有的问题。

第五，教学活动“多学科化”。两位教师结合各种主题设计了形式各不相同的教学活动。例如，一把雨伞和一个电筒，他们在没有灯光的教室里模拟了黑洞内外的场景，让学生体验了身处黑洞深处的那种心情。一张棉布、一片树叶就可以让阳光描绘你的心情。陪伴着主人越洋而来的几十张照片串起了很多文化和信仰。以下的英文是他们准备摄影展所记录的过程。

第六，教学效果“超学科化”。学生从最初的一脸茫然到最后一次课上充满自信的汇报，笔者看到了他们的成长。他们来自不同的专业，每次课都面对不同的话题，而且通常是平时与己无关的内容，但是他们每次课都认真地思考了，学会提问，学会答辩。在最后一次课上的成果汇报，所有学生都从课堂中讨论过的主题找到了自己专业的契合点，自编自导自演了小节目，展示了语言、学科和思辨能力的多元成果。

For the class session as a whole the biggest issue clearly was getting the show up and in place and ready for viewing. Towards this end we took an early bus to the campus on Sunday morning, leaving Xixi Lu at 10：30 and arriving at the campus just before noon. Though we were very tired we went straight to our office, lugging two suitcases full of books, our knapsacks full of cameras, and a tube full of 22 or so 24" x 24" photographs. The 19" x 23" photos, including the plastic bag series that Ann had worked on for nearly four years, were in the suitcases. The bus filled quickly, but fortunately we got two seats and could hold knapsacks, suitcases, and tube without having to stand the whole way.

As we arrived at our office, *RF* and *ZL*, two students offered to help us, were waiting for us. We organized our gear and headed for the gallery. When we arrived we found the floor had not been cleared, and the table we had requested for setting up the show had not arrived. Then we couldn't find the plan we had drawn for the placement of photographs. Then we needed something else from the office. By now we suspect the student-assistants must have imagined that their afternoon with the crazy foreigners was not going to be so pleasant!

Nonetheless, we started. About then *CY*, one of *Li Ying*'s students who

had earlier helped us negotiate the use of the gallery, showed up. She quickly became the dominant figure in the group, suggesting plans, helping to level the photographs, being the "boss", a role she eventually admitted she likes to play. All three students were superb. Five hours later, the show was set, except for cleaning the room, and located a few more pushpins to supplement the 230 we had already used.

4. 教学日志摘选

John 和 Ann 在鼓励学生写日志的同时，自己也记录了每次上课的内容，不仅有每次 120 分钟课堂时间的教学活动、学生的课堂表现，还包括设计思路和效果回顾等。以下是两篇教学日志，第一篇写于第一次课程结束后的深夜；第二篇记录了考试前上的最后一课：

教学日志（一）

October 15, 2012

Monday Night after the first day of teaching Transdisciplinary education

It is nearing midnight after our first night of teaching at HNU. But we are up and awake still processing what happened today.

I should start first by saying we have both put a great deal of energy into planning this course and we have come a long way to do it. We left behind our home in Maine and our duties and obligations there to help with this project. We both admire the ambition of this transdisciplinary vision and the effort it takes to embark on such a course.

As teacher and writers, John and I have presented together for nearly forty years. We know how to work with each other in many different situations and we do this effectively, but we both have different methods of approaching any topic. John did the strategic planning for this course, the conceptualization, the preparation of texts, the work of getting everything Xeroxed. I've talked with him about his choices and read most of the material, but he has based a great deal of this work on the courses he taught over the years with John Jungck, a biologist who does not believe in facts. Both of them with deep interest in Asia, they have team-taught many years together and developed texts, materials, approaches, and styles.

双师教学的模式，两位教师可以互相配合，也可以及时补充。有些学校已经尝试了一位学科专业教师与一位英语教师合作开课的模式。

In the beginning *Yin* imagined this course being taught by both these Johns. However, John Jungck was not able to accept the invitation from *Yin*, who wrote and received the grant for this ambitious project.

John Jungck也是美国Beloit大学的教授，是国际生物科学联合会（IUBS）副主席。这两位John 一直在美国合作进行超学科主题授课。John Jungck提出了生物学的3-P教学哲学：Problem-Posing，Problem-Solving和Persuasion。

That's where I come in as John's long-term teaching partner in China, a teacher and artist in my own right, and someone who has lived with the concepts of this course for over thirty years of listening to John and John prepare, envision, and adapt this course to meet the changing needs of their changing students. But my expertise as an ESL teacher, a middle school teacher, a basketball coach, and a visual artist is to make things visible, physical, and understandable in many learning styles. These are methods I have used to teach both in America and here in China.

And so as John and I plan any presentation or class we struggle with our attempt to reach the same goal from different directions. That would explain why I have been nervous, uncomfortable, might even go so far as to say frightened for the last two days. At the very least the word "tense" would be an apt description. Still it is my feeling that the students and other participating teachers would also be nervous about what would be expected of them. That feeling indicates an energy source that can be put to good use in any new endeavor.

So with packets of materials for the first five classes prepared for the five teachers who will attend the class, and with all of our other materials, and we took the hour and ten minute ride out to HNU campus.

As we rode John and I worked at learning the names of the students from the class list that *Li Ying* provided and that we had translated into Pinyin on Saturday with the help of a former graduate student of John's from 2001 whom we just happened to meet on the street.

And so here is a criticism of this course so far. *Li Ying* has been working hard to help us arrive here: She sent a car to pick us up in Shanghai when we arrived; she found a darkroom for me to see today which I had asked for and got an office assistant to take us there to see the facility. Now I have seen it and if we were to return for a longer period of time it might be wonderful to get it set up and working and plan a time where I could have clusters of students work with me, or even one small group as a part of a class to build pinhole cameras, or do a simple project. But John and I agreed today that for this time the cyanotype project I imagined would work to get us talking about vision/seeing/imagining. It would be enough for now.

Back to the criticism: If we hadn't bumped into the former student on the street we couldn't read the class list. This would be a problem for any foreign teacher. Chinese universities have been bringing foreign teachers here to work for nearly thirty years. It would make sense that they would know that foreign teachers need the names in Pinyin with the tone marks included. Of course they may assume that we will just give them "English" names, but we will not. We consider that a rude and useless practice. Our students are entitled to their own names. And even if we did learn alternatives they would only work within the confines of our classroom. Were we to try to find them in their hometowns or years later at the same university no one would be able to help us if we asked for "Mary" or "Joseph" or "Rocky" or "Green". And English names often change with classes, teachers, new hit movies, or time so we would be disconnected from our students as soon as the new name moved into town, the way a bride in America is lost in the phone book to her hometown friends as soon as she changes her last name. Of course, I may be old fashioned in this thinking that a woman, too, should have her own name and not be expected to change it to prove she "really" loves someone. Generation by generation drastic changes occur. No more Kodak. No more Newsweek Magazine. Soon e-bikes will swallow the pedaling possibility of exercise for millions of people.

Ann 的这番感触是从一个外国人的视角来看中国学生的英文名字。当中国学生选择一个英文名以期方便外教辨识的时候，外教却想认识"真正"的学生。这也说明，一方面，外教怀着一颗热爱学生的心，另一方面，他们在中国的国土上也希望了解中国文化。

Let me back up a bit. In tonight's first class we started with a quick welcome and then asked the students to stand in a circle and via "Call and response" recite a poem first in English, then in Chinese. (I got my dark eyes from the dark night, but I use them to seek the light.) We never mentioned the poet's name. We just did the poem together not "memorizing" but learning it together "by heart". We plan to do this activity at the beginning of each class and the cluster of small poems we/they learn together will be part of the glue that holds this group together.

此后的每一次课，大家都会自觉地从朗诵这首诗开始（最初是背诵，慢慢的就是朗诵了）。笔者很赞成这个理念：一门课程需要有一些简单的纽带，不论是精神上的或是形式上的，以此把学生们作为一个团队凝聚在一起。

Let me again back up a bit. Before that initial greeting and standing together in that circle, John and I and *Ny* went into the classroom and re-arranged all of the furniture from three rows of desks into an open circle around which we made places for thirty-six people. We planned on twenty-five students, five teachers, *Li Ying*, and us. We want the students to see each other and we want to see all of them. If they are looking at the back of the heads of their classmates they won't hear each other when they speak and they won't know each other's faces. And that will leave us as the leaders at the head of the room. We are not afraid to be leaders but as we emphasized tonight we hope to learn a great deal participating in this course from the students and from the other teachers who are attending this class. That won't happen if we are doing all of the talking.

And so the second activity I found in a "Teaching Tolerance" magazine that came to our home just before we left for China. It suggested that students draw a quick sketch of their faces on the front of a paper plate, then write a few things people might think about them when they first meet them, a first impression. (We brought colored markers for this task.) Then we asked them to turn the plate over and write a few things about themselves that might change that first impression, something more that perhaps their good friends might know. Something they love, or long for, or fear. Perhaps something they have done that a new acquaintance would never guess. This done, we asked the students to find a partner and talk about the difference between the inner and the outer, the public and the private face.

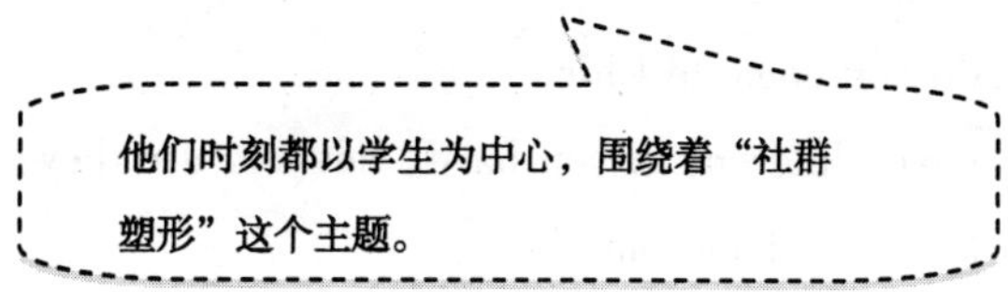

Today after our trip to the darkroom the office assistant left us and John and I just went to sit by the water for a while. It was fun to watch to the mass of students let out from classes move across the campus. I took several pictures of their changing buildings as they walked along the pond near the library. Their reflections in the water doubled their numbers and I was struck by just what kind of undertaking it is to try and educate the youth of China. And just how ambitious it is to hope to open up an international experience for many of the students on this campus far outside the center of Hangzhou.

John and I are excited to be a part of such a project.

After the pie-plate adventure we went on to ask the students to fill out 3x5 cards with their names in Pinyin and in characters, their home addresses, their student addresses, their cell phone numbers, majors, year at university. We wanted this all on the front. On the back we asked them to tell us three things about themselves and to ask us three questions.

Here are the questions:

1. How do you manage to maintain enthusiasm in life?
What does China really mean to you?
Are you tired of being on the move?

2. Why do you like carrying the red bag?
Do you know the "red bag" in the Chinese sense?
Are you going to talk about it?

3. Why do you come to China?
Do you have children? If you have, how old are they?
Do you have any handsome boys?
In your life, which things are the happiest?
What is your house in America look like? Large or small?

4. Why do you choose to come to China?
What's your favorite food in China?
What do you think about Hangzhou?

5. Why do you choose to be a teacher?
How do you feel about the students here?
Your e-mail address or sth. else I can connect with you?

6. Do you know there are twenty million Muslims in China?
What is this class used for?
How can I study this course well?
How about the scores?
Can you tell us something about the NBA?

7. What is the final goal of this class?
What is your plan or how can you reach that?
How do you feel about us, especially me?
Have you taken my, our poor English into account?
(Actually I really want to improve my English level.)

8. What should we do to learn this class well?
Should we need good English basic?

9. Do you have any beliefs?

10. What's your impression of China in the world stage?
Who do you expect to be the next US president and why?
Is "sociology of education" a popular course in the US?

11. Questions: Not yet.

12. Which state in America do you come from?
What are your favorite things?
What do you think of me?
I think you like China, so why do you like China?

13. My English is poor. Could you please not give up on me?
Are you a couple?
Could you please introduce some movies?

14. How to use English to chat?
When I don't understand you, what should I do?

15. What impresses you the most since you came to China? And Why?
What do you think of the changes in China in the past twenty years?

16. If you have a million dollars what things do you want to do?
Which university did you graduate from?
What do you think about China?

17. Why do you come to China?
Are you a good cook/baker?
Your favorite movie star?

学生从第一堂课开始就要学会提问。

We discussed the idea of Questions as a Quest in the west, a “wen-ti” (a question) as a “wen-ti” (a problem) in China. We told them they could ask any question. We would answer what we could unless we decided not to, but no questions were wrong questions.

With the break John and I had hoped to take a portrait of each person so that we could use them to help us memorize their names, but that didn't happen tonight.

After the break John introduced them to the syllabus, the basic methods we would use each class, and procedures. He spent thirty minutes doing this and we had it all typed in hand-outs and *Ny* helped us to get it into a power-point form that worked with their computers. But still it was long and dry. I wanted to interrupt but felt I needed to give him space. After the class *Ny* whom we asked to give us criticism said that this part of the class went on too long.

I felt that going around the room and having them say their names while we tried to find them on the paper took too long and was not an effective learning tool for me. It may have helped John.

Ann作为一位ESL教师，时刻都在关注教学。如果一位专业学科的教师可以和一位英语教师共同授课，他们对于同一主题的视角和关注点肯定有所不同，这有利于学生的学业和教师的职业发展。但是在实际操作中确实需要两位教师很长时间的磨合与配合，他们不仅要一起出现在课堂上，还要一起备课，一起熟悉彼此的专业。

John asked if they had heard of Plato, Aristotle, Dao De Jing.

关于哲学的话题，从这里开始。

After this break we started in on the first QUESTION, the first BIG QUESTION.

IS THIS A CHAIR?
WHAT IS A CHAIR?

And

Are you *Ny*?
Were you *Ny* yesterday?
Are you the same *Ny* today?
Does your wife know that?

John sat on the chair. But then on the desk.
I sat on the floor. But then on his lap.
John offered for *Ny* to sit on his lap.
Li Ying said she didn't think so when asked to sit on his lap.

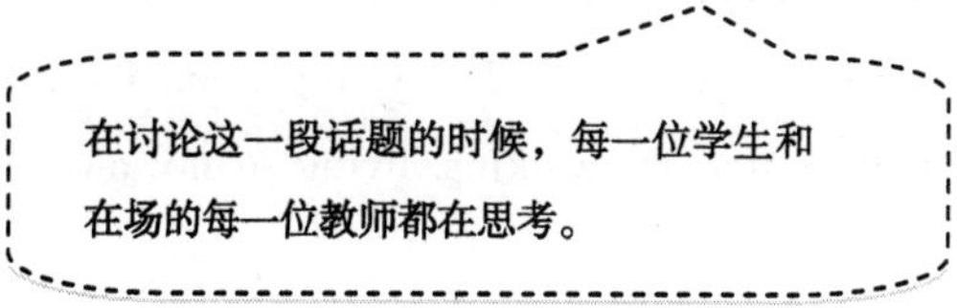

He talked about PLATO.
We passed out the texts for next time.

We ended the class answering some 3x5 questions:

The election question, then what do you think of China? I said, "Freedom." They were surprised. Freedom from our American obligations.

More than once John made the point that the point of this course was to talk about "living the good life" and to decide what we thought that was and how to get there.

At the end of the class I told them that they should keep a log or diary after class about three things they learned. If they want to teach, what did they learn from how we presented the material, conducted the class. Would our methods work in China? Could they be adapted to fit? If they become teachers of Japanese or elementary school or their own children, might some of what we are doing here apply?

布置的任务不是泛泛而言让学生完成日志，指令很清晰也很详细。这有助于学生厘清思路，并且有内容可写。

And do not mistake my playing or John's silliness in the classroom for our being not serious about our work. If we make what we are talking about memorable, that is effective teaching.

Several people asked good questions. *Ny* asked "Why do you care about if the chair is real or not?" The young woman sitting near John said, "Sometimes I feel as if I am walking/living in my own dream." That was brave to say.

Once John asked if they had questions but only waited one minute for a response then turned to something else. We need more wait time between questions and we need to ask more often for translation help from our co-teachers.

这也是教学中的普遍现象之一，教师们真的给了学生思考的内容和时间吗？学生的思辨能力需要大量的积累，也需要有机会进行真实的演练。

As for them I want them to sit in different places around the room and not as a cluster of US and THEM.

After class John talked with each of the teachers. I gathered up paper plates, markers, 3x5 cards, the materials we didn't pass out to the missing students, my cameras, the books John carried. *DL* and *Ny* helped John to put the room back together for the next teacher. (It is good that the room is free in the afternoon so that we can go early and arrange the furniture to meet our needs for the day.) If we switch to a Wednesday afternoon time perhaps we will not be so lucky.

Li Ying told us that perhaps Wednesday afternoons would be a good time for the class as there are no classes then, only teacher meetings. That would work for us and it might give us some daytime to do cyanotypes in. That would make creating those cotton images much easier.

We gratefully accepted a ride home from *Li Ying*. She dropped us off at the top of the lane and we walked down our lovely little lane toward home. On the way we stopped and bought a bottle of Xi Hu beer and we came home and ate some snacks, played a game, and drank it. We needed a little break.

Now it is 1: 42 am and I am just finished this and ready for bed. *Li Ying* asked John if he would help to keep a log about the class. He told her that I was the journal keeper in the family. That is true, but I know that I will record what I remember and he will edit it, make suggestions, change it. As in many other endeavors we will write the report about this project together.

I'm glad that we have started this course. Deciding to do it, planning and packing and making all the arrangements we needed to make to leave America and travelling, all brought us to tonight, as did all of the preparation work for this course in particular and our entire lives. We are who we are. We teach what and how we teach. We need the others in this experiment to be themselves and to share that with us and to engage in the material, the big questions of this course. If they are willing to do that then this experiment just might work. I am relieved to have begun. My worry about starting is over.

Well, enough for now. (2am)
Time to sleep.
A. A.

这是 Ann 的第一篇教学日志（有删减），很详细地记录了课程开设至第一次课结束后的点点滴滴。这是教学，也是研究。课堂教学是多种教学要素交融的互动过程，学习者各不相同的学习经验和社会阅历在信息沟通中与教师的视界发生碰撞，或许会催生新的观念，或许会互相启发更新信息。这些在教学情景中产生的瞬间状态和行为、新观点、新信息等都是教学应当捕捉的资源。笔者从进行课堂观察到阅读教学日志，感受到的不仅有各种学科知识的融汇，也有教学理念的真正实践。

教学日志（二）

November 25, 2012 11: 43 p. m.
Class #11

It's a month until Christmas. John and I have just finished teaching our last class for Transdisciplinary Education. And we are tired. We meet again tomorrow but they do the teaching. They will do their final presentations in groups of three. Each team has eight minutes followed by two minutes for questions or comments. That will take most of the class time. Of course organizing all of this and evaluating the presentations is also teaching, but it is not the same work has having to prepare new texts for tomorrow night so we are feeling that we have given what we had to offer. Now it is their turn.

John and I have also devised a questionnaire for the students tomorrow with four simple questions that they can answer in Chinese or in English. We have told them they do not have to sign their names, but they can if they chose to. We explained that after they write them their answers will go in an envelope into the hands of our Chinese colleagues. In America teachers can see their students' evaluations of them AFTER they turn in their grades. Then teachers return the evaluations to their department chairs and the comments are used as part of their professional evaluation.

Question 1: Comment on some aspects of this course that you found particularly valuable.

Question 2: Comment on some aspects of this course that need improvement.

Question 3: Comment on how the teachers of this course were effective or ineffective.

Question 4: Comment on how you participated effectively or ineffectively in this course.

Last week we had them write letters to *Yin* in Chinese and gave them to *Ny* who gave them to *T* to compile. I really would like to know what they said but it would be too much to ask that they be translated. *T* said they said 99.9% that they loved Ann and John. That is nice, but that is not what we wanted. We wanted their ideas on how to improve the course so we designed this second questionnaire.

Tonight's class was on poetry. But before we got to it we spent some long hours grading their papers on male/female relationships. We each made grammatical comments and wrote each of them notes as well. I wrote my responses directly on their papers. John typed his ideas and printed them out and then stapled them to each paper. When we gave the papers back at the end of class tonight no one moved. They sat there reading our comments. Then as they moved out they came to us with questions. One student understood that he had given us a long paper but it was mostly someone else's ideas and writing. We both called him on it. He came to me and asked if he wrote another paper would we look at it? I said we would and he could give it to us at the dinner next Monday.

Before we returned the papers we talked about how students have to make the papers interesting, have to put in a personal story, or their own thoughts, or their responses to what they have read and quoted. Just repeating what they have read (in this case in Men are from Mars, Women are from Venus) is not enough. We want to know who they are, what they feel and think. I said, "One of your papers about male/female relationships said, 'My father is my hero; he works hard; can do anything.' But that was not what impressed me. What will stay with me is her description of her mother's hands in cold water washing clothes and the student saying, 'I would rather go naked than to wash clothes in water that cold.'" We praised where we could praise and pushed where we could push. I said, "If you want your teachers to notice you, to remember you, you must do something that is memorable." One student wrote about his parent's divorce and then talked about what he wants in a wife and what he thinks is most important in a relationship. One young woman talked about how she wants her boyfriend to be fun-loving and playful. He can even be childish and self-centered, but she wants her future husband to be kind and responsible. Several wrote moving stories about their grandparents.

After class three students came to John and talked with him. They were the three with the poorest English language skills. They talked with him for maybe ten minutes about how they have ideas but just can't communicate them. John said he understood and thought they were brave to stay with us through the whole course. They said it is their job to improve themselves. We said we hope this course gives them a little push in that direction. We mentioned that we may come back next fall to offer a second course and if they work hard on their English the second time they sit in our class they will find it easier and easier to contribute more. They smiled.

Meanwhile groups were scattered around the room doing dry-runs of their presentations for tomorrow night.

And in the corner of the room *T* had come forward to meet *Greg*, whom we had brought with us for the day to see the campus, see my show and help us take it down, and attend our class. *Greg* is thinking about teaching a course here next semester and we have been putting long hours into coaching him on how and why he should do that.

We spent three hours with him in our apartment on Thursday talking about our approach to Transdisciplinary education. We tried to explain how this course came to be, what *Yin's* vision is, what *Li Ying*'s needs are, and what kind of students he would work with if he agreed to teach a course at HNU. We again spent two hours with him yesterday answering his questions and nudging him into creative thinking about how he could offer familiar material in new ways.

He is somewhat shy. But interested in learning new things. We had printed out our syllabus for him previously to review and suddenly he said, "But I can't do this. This is not me." We laughed and said. "We don't and they don't expect you to be us. They just want you to offer something in English interesting to students from all majors that gets them thinking in new ways about themselves, their education, and the world." So we talked about how he could do this with psychology, technology, etc. And how he could choose and select texts that they can read that are kernels of important books or articles. We talked about how small details and close reading is good, but it is also good to back away and look at those details from a distance to see what they mean in the big picture. He got excited about this idea. It was slow work but he suddenly said, "I get it. The seed has been planted." So though the hours were long, they were necessary if he was to know what was expected and to understand how he might best fit into the program at HNU. It took most of the afternoon when I had/we had hoped to grade papers.

So we graded papers late into the night and got up again in the morning to finish. But we got it all done and after class as *T* and *Greg* were talking I said,

"*T*, I hear that you are going to teach a new course next semester."

"Yes," he said.

I asked, "What is its topic."

He said, "It is snippets or capsules of American Culture. I am still designing it."

I said, "Maybe *Greg* can help you. He is thinking of teaching a course here next semester and is negotiating with *Li Ying* now. He is still designing his course. Maybe you could help him."

T said, "Maybe I could audit your course next semester."

As we walked to the restaurant tonight John said, "All of that time with Greg was worth it to see him walk away with *T*." We have given them an opportunity and new options and resources. It is up to them to use them.

So to the class itself (there is so much that goes into teaching that is not seen in the classroom itself): We started with moving the desks into the circle formation we have used all semester. We set up my side of the front desk with my things, John's side with his.

JL came up and presented me with paper and fabric roses that she had made for me. *YY* gave me her embroidered work on a cyanotype fabric. She did a tiny bee in the center and a leaf and floral curlicue on the side. It is very tiny and very pretty. It is also very portable and I teased *JL* that she had given me packing "ma-fan."

One student had written and asked for some cyano-type fabric for her friend who had seen my show and was very interested in photography. She had asked for one; I gave her six to experiment with. She wanted to just put them in her notebook. I said, "No, they need to be in darkness until you use them or they will be exposed before you start." She understood and went off happily.

We started in the circle introducing *Greg*. After the class one student told me he was "bu hao yi si." I said, "Yes, he is a little shy, but he has something to offer." She grinned.

We recited all of the poems we learned this semester. There were eight of them. Some they know by heart. Some they still need to repeat. When we finished we asked them if they wanted to sit in the inner circle or the outer circle. They wanted the inner circle.

We talked first about the poems they had learned by heart that they were seeing for the first time on paper. *ZP* asked, "Why is the plum poem a poem? It just sounds like a note on the refrigerator." Great question. We asked, "What is a poem?" Is this? *CJ* said, "It expresses an emotion." Which one? Satisfaction, apology, etc.

YS wanted to know why "Harlem" was called Harlem. *YS* explained to his classmates what Harlem was, "An area in New York city where black people lived." John talked about how this discussion of dreams came before Martin Luther King's "I have a dream…" speech.

We went on to dark eyes and dark night. We explained that John could not translate that as "black eyes" because Americans would think he had gotten into a fist fight and lost. This led to a long discussion about *GC* and *XY*. I showed my photos of them and other poets that we have met. One student said, "These poets are the heroes of my parents generation. My father used to write poetry. Now he puts it in the garbage. I get it out."

Then we took a break. Some students looked at "Smoking People", which John and others had published and which published Gu Cheng's poem and other young Chinese poets. Several students came to see more photos and ask more questions. I talked about "The Annual Conference on the Great Mother and the New Father." I told that it is a group of 100 poets, painters, dancers, psychologists and healers who meet each year to think about the arts and how creative thinking can help to change the world. I explained that some nights the women light a fire and go into the forest to talk about what it means to be a woman. And often the men go in another direction to do the same. I invited them to come and join us. It is always in June in Maine and fifty percent of the people are new each year. John and I have been going for the past thirty-seven years. As a matter of fact, we believe that our teaching style comes directly from this conference, from our exposure to poets and artists who also work in the world in lively ways. It would be a good conference for HNU teachers to attend who are interested in creative thinking. Then they could also visit us in Farmington and try to process what the conference had been about. Last year we did have a teacher from Zhejiang City College with us, and two women from Pakistan, and one person just back from Afghanistan.

During the break Atamy Rat, our international student from Turkmenistan, asked John about Kinnell's "Whatever happens". So we started with that poem after the break. We went to the blackboard and wrote the poem starting from both sides, since the first two lines are reversible:

> Whatever happens. Whatever
> "What is" is what
> [I want. Only that. But that.]

We talked about this as a view of life, of not wanting everything in a materialistic way but only those things that happen to come to us. In the middle of this discussion John asked Ann to do what she had been threatening to do all term: sing Joplin's "O Lord, won't you buy me a Mercedes Benz" as a contrast to the acceptance of life suggested in Kinnell's poem. *T* asked a question about this philosophy, which John then labeled "stoicism," which seemed a new word to all of them.

Then we talked a long while about Adrienne's Rich's "Song": How the woman was in a plane and lonely. In a car and lonely. In a house and lonely. And finally was a rowboat "ice-fast on the shore" and she knew she was "neither ice nor mud nor winter light but wood with a gift for burning." Lili asked what emotions the speaker felt. From the poem we could say she was strong, independent, lonely but on her own path. We talked about male-female relationships often left strong women alone. How Chinese men often want short wives and ones with less education. One male student said, "Yes, so they can control them." So seeds were planted. (Perhaps that could be the title of our report on this course.) *YS* asked what "Diving into the Wreck" (printed after the poem) meant; John explained it was the title poem of a very famous book about male/female relationships in the United States. Someone asked why "Song" was called "Song" when "We real cool" had more music in it.

We had time for one more poem. One student asked to talk about Ann Sexton's poem. Ann read it. We explained it began with questions mothers can't answer. Then goes to questions a lover can't or won't answer. And how one word changes the whole tone of the poem: an *animal* eye. We compared the experience of living a life but not living a life to the time when Chinese students prepare for the Gao Kao.

John who had also showed them "A Fine Excess" and put the web site for www.bpj.org on the board. There students can see our magazine as it comes out and can read John's reviews as he writes them.

While that happened I put out their cyanotypes on the floor and invited them to take what they wanted. I said that I would try to use what they left me in some group way. I had hoped we would have time to do that together, but we did not. This course was compressed and we couldn't fit everything in.

We ended with passing out papers and talking with individuals about their work.

As we walked back to the hotel in a very strong wind we said to each other, "We did it." We came here with an ambitious idea or an ambitious course. We wanted to touch the students' hearts and to open their minds to new ideas and new possibilities for themselves in how they conduct their education and how they think about and conduct their lives. We believe we did that. Though we are very tired, we are pleased.

Tomorrow we will see their group final presentations and see how they have filtered this course into something they want to say.

It is now 1：34 am and I need to sleep. Tomorrow I will be up again for another cold and greasy breakfast. And then I get to take another best shower in the world and I must say I've worked hard and I deserve it.

Ann (with notes added by John)

这篇教学日志对整个教学过程进行了一些回顾，也指导我们的教师准备在下个学期开设出类似结构的课程。Ann、John、五位年轻教师和所有的学生都付出了努力。面对各种挑战，他们可以自信地说，这样的学习是艰苦的，但收获也是意料之外、情理之中的。

5. 课程参与者的评价

课程的正式实施虽然只有短短六周，但是前期的准备和后期的总结必不可少。John和Ann在抵达中国之前，已经和笔者经历了数十次的邮件交流，几易其稿。课程确定、学生选课完成后，还经历了大大小小的波折，但是在课程结束的时候，那些付出的努力都没有白费，也就不觉得那些是波折了。

这六周中，每次课前课后，师生们都要一起在教室里搬桌子，因为教室的布置是“中国式”的横竖排，而John和Ann坚持认为，不论是上课，还是讨论、交流，不能让参与者只看见别人的后脑勺。所以，每次课前需要把桌子围成大家需要的状态，下课后又要让它们恢复原貌。

这六周中，大家经历了“黑洞体验”，亲身感受了文学作品中描述的场景和心灵的震撼；也经历了“染色实验”，亲手制作了精美的染织图案。

这六周中，师生一起布置了一次名为“光之诸使”的摄影展，Ann作为一名职业摄影师，从美国运来了她的摄影作品，通过一个个主题展示她在美国的生活，在中国的所见所闻。有个学生在看完摄影展后给Ann发了邮件，因为她深有感触于Ann的一组亲情照片。那个学生说：“我看了摄影展后就打电话回家给妈妈，告诉她，我爱她。”这样的心灵冲击，Ann的这门课程做到了。一位Ann和John的朋友特地来观看了摄影展，随即打电话给Ann，因为这些照片让他一下子回到了当年在美国时那些熟悉的记忆。同时，这样的摄影展也让校园一下子有了爱与文化的氛围。

这六周中，五位年轻教师一起参与课堂教学，教师T对课程的总体评价如下：

“自我提升和社群塑形”这门课程的建设确实从超学科的视角进行了很多的努力。该课程将Halliday的“以主题为基础”作为设计导向，从社会存在的问题这一宏观主题出发，设计出一些关切人生的、具体的分主题，综合以多学科为基础的多种具体的研究方法开展智力活动，共同分析与探究，从而获得对该主题具体问题的较全面理解。学科涉及哲学、文学、摄影、建筑、社会学、教育学等。主题设计层次丰富，从关注宏观到关注微观层面，由浅入深，帮助学习者从该课程中获得一个整体的、超学科式的认识。

如：从柏拉图洞穴隐喻中传达出处世的哲学视角，即人生追求的应是真理阳光下的、鲜明的理性世界，而非黑暗的影子所扭曲的感官世界，并鼓励大家对本原或本体进行思考；利用文学视角，如运用顾城的诗作来教导人们要有敢于向黑暗挑战的勇气；在人与自然的关系中阐释自然的本质与特性及人对自然的破坏，以及对此应承担的责任；在食物主题中，探讨人与动物及一切有生命之物的权利，告诫人们要学会尊重与呵护生命；在环境主题中，揭示美国社会历史上对环境的破坏及 Rachel Carson，一位致力于环境保护的优秀作家对美国社会环境保护作出的巨大贡献，并阐述环境主义理论与女性主义理论在整场运动中的作用；光与影的摄影课堂引导人们找寻观察事物的视角，从摄影作品中通过以垃圾为题材的摄影创作启发人们学会视角的转换，并探究人生的意义。

在教学形式上，课堂教学活动的策划与设计给出了很多启迪。如让学生从课桌的壁垒后面走到前台。在小组活动中，努力破除学生只听从教师权威的教育，用平等的心态向身边的同学学习。每堂课开始，学生们站到教室中间做手拉手的温故活动。外教为学生卖力地演戏、唱歌，主动与学生交流，甚至在课堂上席地而坐，外教间的一唱一和，幽默调侃。教学内容中也传达出平等的理念，如与中国社会底层人员的交流，对中国农村的走访，对中国民俗的尊重与传播，拉近与学生心的距离，向学生们传达“我是你可以信赖的朋友”的讯息，从而营造出一个平等、开放、包容、安全和略带娱乐趣味的学习氛围，促使同学们打消英语不会讲或讲不流利的顾虑。很多学生因此消除了害羞顾虑或恐惧，开始大胆地用英语表达，英语句子的数量、表达的信息量都在增长。学习者发现自己完全可以向外面的世界传达讯息，不少同学变得更自信，下课后愿意与外教交流的学生数量明显增加。一些学生还拉上没有选该课程的同学来听课，外校的学生也前来听课或听讲座。

整个课程都渗透着培养学生批判性思维能力和创新能力的努力，苏格拉底探究式的教研方法始终贯穿于教学之中，帮助学生们追寻真理，学会质疑，变换视角，增强观察事物的敏锐感，认清自我，思考每个人自身的人生定位和人生意义，从而实现自我提升。

6. 关于课程建设的小结

从 2011 年初建设课程群的初步设想，到进行课程的设计与逐步完善，直至目前的一轮尝试，师生的反馈都令人满意，《浙江日报》《浙江教育报》和 *Shanghai Daily* 等也对该项目进行了报道。不论是“Lifelong Learning”，还是“Creating A Self, Building Community”，不论是英语专业的学生，还是医学或体育专业的学生，他们在期末考评时展示出来的成果都能将自己的专业和课程所学结合在一起，创作出令人欣慰的作品，让参与课程的所有教师看到了学生的潜质。

超学科课程群建设，同时也是教师团队建设的过程，青年教师随堂听课，和学生一起讨论，一起参与各种实验。通过课堂参与，团队的成员已经准备下个学期开设类似模式的课程，例如："Designing a World: The Use of Creative Thought in Education and Beyond"。

诚然，课程群建设中依然存在一些不可避免的问题，例如，本校教师的参与面有待提高，以保证课程群的可持续发展。课程群的后续建设将在完善现有课程的基础上，更注重课程的延续性，让有兴趣并且有能力深入研究的学生可以不断更新视野，真正达到精英思辨型人才培养的目标。

（三）"艺术风景：变化世界中的审美探索"

1. 艺术作品的非美学意义

在第一章第三部分哈佛大学的Project Zero中，笔者已经尝试阐述人们为什么总是将艺术与思维联系在一起，其很重要的原因在于艺术总是让我们不断思考。艺术作品承载着意义，艺术作品是具有隐喻性的，通常是多层面且含混的。当人们注视着艺术作品时，这些思维的形式自然而然地出现了。简言之，艺术的复杂性和吸引力教会我们思考：它们很自然地激发并鼓励深层的拓展思考。在这样的思考过程中，有些人也许一无所获，有些人却能借助自己所熟悉的学科领域挖掘出其巨大的内涵。

19世纪的法国画家莫奈曾经有一副油画作品《日出》，这幅画在伦敦展出时引起了很大的争议。因为人们常见的雾是灰白色的，《日出》却把伦敦的雾画成紫红色。画坛名家们纷纷指责莫奈在绘画色彩上哗众取宠，愚弄观众。可是，当议论纷纷的观众走出展览大厅时，一个个顿时瞠目结舌。原来，他们意外地发现，司空见惯了的伦敦天空中，雾果然如同《日出》那样是紫红色的，而不是他们所认为的灰白色。为什么灰白色的雾会变成了紫红色呢？政府随即进行了一系列检测得出结论：伦敦林立的烟囱排放出大量煤烟混杂在水汽中，形成了污染严重的烟雾，使得阳光产生折射和散射。于是社会一片哗然，舆论敦促政府采取措施治理污染。《日出》也可以说是世界上第一幅凭直观印象反映大气污染的油画，该画成为开创印象派的传世之作。

19世纪80年代，莫奈开始了系列画（组画），也就是在不同的光线

（或不同的季节）和角度连续画同一景物，如《滑铁卢桥》（*Waterloo Bridge*，1899—1903）。其中一幅《雾中的滑铁卢桥》以近原先估价三倍的一千七百万英镑（2.7亿人民币）拍卖成功。体现其真正价值的不仅是这套系列画本身，本项目的研究重点也不是油画作品的艺术价值，而是艺术作品的非美学价值。

除了上述的气象学研究价值，莫奈的这个系列画还创造了几何学与经济管理学的价值。莫奈的这些画均完成于英国沙威酒店（The Savoy），这是百年来世界名人踏上伦敦的必往之地；他在这里创作了超过70幅伦敦街景和泰晤士河的油画。来自英国伯明翰大学的科学家们运用太阳几何学的研究方法，通过被记录下来的历史气候数据，试图揣度出莫奈当时究竟是站在沙威哪个房间的阳台上作画的；一天之中，他又是在什么时间作画的。2010年10月10日10时重新开业的沙威酒店将所有房间都布置成莫奈曾经用过的家具风格，这在一定程度上要归功于对莫奈作画位置所做的研究。

莫奈擅长光与影的实验与表现技法，他注重研究光和色彩之间的微妙变化。科学家曾经做了验证，他们选取莫奈1898—1900年间创作的9幅作品，结合他同一时期的信件和日记，与美国海军天文台的数据对比。令他们惊叹的是，莫奈身为艺术家，却如同科学研究者一样，一丝不苟地记录了创作日期及太阳所处的位置，绝无臆造。

在历史上，科学界利用艺术作品分析气候变化是有先例的，梵高的名画《星夜》就曾被科学家借用分析过夜空星象。在英国著名风景画作家透纳（William Turner）的画作中，晚霞的颜色深浅不一。考察作品创作的时间，科学家发现晚霞颜色的变化与历史上主要火山爆发的年代惊人相似。按照常理，大气粉尘含量越高，晚霞的红色越深。科学家对透纳和其他几名同期画家的作品作进一步研究，并试图通过测量画家描绘晚霞时所使用的红绿颜色的配比计算出大气粉尘含量的变化。然后通过电脑模拟，绘制出未来气候变化的趋势。这是世界上第一次以艺术作品为线索，对气候变化开展科学研究。

艺术与科学结合的事例举不胜举，达·芬奇是一位卓越的理学家、工程师和解剖学家；伽利略弹得一手好琵琶，也会绘画，他的素描作品很好地表现了观测到的月球表面，月球上的环形坑和沟壑清晰可辨。本书不做赘述，仅借以印证艺术作品的非美学意义。

2. EMI 课程“艺术风景：变化世界中的审美探索”

数个世纪以来，美学一直是人类追逐的热点，也是争论的中心。哲学家尝试着对美学进行解读，但他们也使美学变得和他们自己一样具有多样性，在历史的长河中不断变化。因世界各国间频繁的人口流动而导致了具有多元文化的种族日益增加，几乎每分钟都在发展的科学技术使得审美文化也产生了越来越多的子文化，他们都有自己独特的音律、场景和内涵。一些审美文化已经融入了全球化的网络，而另一部分则拘囿于自己的传统。但是在与外界交流的过程中，所有这些审美文化都发生了改变。

课程“艺术风景：变化世界中的审美探索”尝试以艺术作品为对象，以变化中的世界为思维主线，展示多民族、多文化、多时期、多学科的艺术作品，探索他们的历史价值和审美价值。课程强调美学的传统及文化结构的复杂性和独特性，让学生体会到自己不仅是传统（由文学艺术、文化观念与价值观所构成）的延续者，又是传统文化的获益者和创造者。这里的“艺术风景”涉及数个学科领域：哲学、艺术、人类学和心理学等，通过美学在人类生活中的各种形态与角色来提高对审美的思辨型解读。

在一个学期的课程里，（1）教师首先从先哲的理解来分析“审美”，并以此阐释如何“艺术地生活”；（2）学生会接触到一系列世界各地的美学传统，他们要对这些传统进行思辨分析；（3）美学创造和美学行为对社会产生的影响：从哲学到艺术再到个体身份辨识等；（4）在人们面对生活中的各种挑战时，美学是如何介入的。以下是一个学期的课程安排。

表 8－5　艺术风景：变化世界中的审美探索

Week 1	Introduction – Aesthetics in Philosophy
	Question to be answered：What is aesthetics and why is it important?
Week 2	Aesthetics and Identity
	Question to be answered：What is the essence of beauty?
Week 3	Creating Art, Constructing Culture
	Question to be answered：What can you understand about the culture of a people through the medium of art?
Week 4	Aesthetic Mobility：Forced Migration
	Question to be answered：Why is an aesthetic identity essential to people?
Week 5	Aesthetic Mobility：Voluntary Migration
	Migrations：Aesthetic and Voluntary Migration

续表

Week 6	Music, Performance, and Memory
	Plato's *Republic*
Week 7	Aesthetics as Weapons in a War
	Question to be answered: What makes art a powerful tool in a flight?
Week 8	Individual Aesthetic Identity in a changing world: A case study
	Under African Skies: Ethiopia
Week 9	Aesthetic's Transformation in the Modern Era
	In what ways have various media shaped aesthetic collectivities internationally?
Week 10	Aesthetics as Lifestyle
	Question to be answered: What does it mean to live an aesthetic life?
Week 11	What is Art?
	Question to be answered: What are the most important roles that aesthetics play in society?
Week 12	Final Exam
	Essay Test: Choose two of four question options to write about

第一次课就给学生带来了很大的冲击，老师将绘画艺术、哲学思想、画家的创作背景和作品相结合。学生们原来对哲学家的印象从来没有和“美”联系在一起，但是老师却让一个个哲学家用自己的理解告诉学生什么是“美”。

在第二次课的课间，几位学生接受了简短的访谈。

（一）两位理学院科教专业的学生：

我很想去听她上课，我对她的话题很有兴趣。我们将来是中学的科学老师，什么都需要懂一些，物理、生物、植物，等等。

（二）英语专业的学生：

这和我以前听过的外教课形式上差不多，但是内容的差别好大，好像比较深奥。比如我以前选修的关于美国历史事件的外教课，是叙事性的，比较好懂。而现在这门课需要思考。而且这门课专业词汇较多，听是听懂了，但是感觉就停留在表面。不过这样很好，很有挑战性。以前我不懂历史的。我觉得吧，我们学外语的，真的是需要什么都懂一点。

上周她让我们看西方的哲学家，我发现看不懂，就先去看中文的内容，回头再阅读老师的材料。

（笔者给她的建议：是否可以留意一下，现在看懂一篇文章需要多久，到期末的时候能否比较顺利地看懂类似的内容。她对这个建议非常感兴趣，也很赞同。）

（三）优选班的四位学生：

这门课和我们平时学的课程都不一样，平时的课感觉很中国式，这个课程思路很开阔 …… 好像 brainstorming。这门课好像就是学习知识，外语成了一种桥梁。

平时吧，就是学习英语，只为了学习英语。现在好像就是我们把外语这个工具拿来用了，很有挑战性。我现在就会去外文书库阅读，如果不选修这门课我是不会去看这些书的。

上课有很多词不明白，会当场查字典，两三个月吧，我们的阅读会有些进步。

选修这门课之前，我从来都没有留意生活中的这些内容。但是当老师关了教室里所有的灯，漆黑一片中唯有屏幕上的图像，我坐在那里，一种奇妙的感觉让我震撼…… 我不仅对审美探索发生了浓厚的兴趣，还慢慢摸索如何评价艺术…… 艺术属于每个人，不论你是否是艺术家。

从上述学生的反馈来看，课程让他们从“学习英语”转变为“用英语学习”的观念，知识和语言成为互相协作、不可分割的整体。学生也体验到不同的知识获取模式，在课堂上尝试了思辨型学习的方法。来上课的学生来自不同的专业，分属不同的学科领域，当他们对同一件作品（或同一位哲学家、艺术家，同一项历史事件）展开评论时，通常都会带有自己学科的特色和视角，这就为其他人提供了一种崭新的思维途径。笔者曾经看见一位石油与天然气学院资源勘查专业的学生对莫奈的油画进行赏析，他的切入点与众不同：

油画是以易溶油剂（亚麻仁油、罂粟油、核桃油等）调和颜料，在亚麻布，纸板或木板上进行制作的一个画种。作画时使用的稀释剂为挥发性的松节油和干性的亚麻仁油等，使画面所附着的颜料有较强的硬度，当画面干燥后，能长期保持光泽。

显然，从这位学生分析的起点来看，大家眼中的艺术作品也只不过是一些化学制品的重组。

下文以第四次课（Aesthetic Mobility：Forced Migration）为例，从老师和学生的视角对教与学进行比较。

第四次课主要关注艺术如何保存文化，而文化又如何需要通过艺术来传承并保持鲜活的生命力。两个半小时的课程深入分析了国际上的移民人群，包括那些按照自己意愿移民到别国的和被迫去到异国他乡的移民，探讨艺术如何维持这些人的民族文化。教师展示了一件雕塑作品（见图 8－9,原稿为彩色），由于投影的图片不是很大，有几位学生并没有立刻辨认出作品的内容，很多只是凭想象对作品进行了猜测。

图 8－9 雕塑作品

这副作品的名字是“Caged”，出自一位越南移民 Huong 之手，她闻名于世的作品是在迈阿密 Immigration Wall of Borders Peace 的壁画。作品展示的是非洲奴隶的压抑生活，教师意在让学生感受“艺术是表达情感的画布，不同的情感通过不同的艺术形式表现出来”。

教师在课后的记录中这样写道：

I asked the students to interpret the meaning of the work. What was the artist trying to communicate about Africans' reactions to slavery and injustice. The students noted the anger and emptiness, the fact that the men seemed to be trapped or in jail. A really impressive answer that I heard was that the copper used in the work was not smooth. The texture looked rough and aggressively touched. The girl said that it looked like the figure had been a victim of violence. I was very impressed with this answer because I had not noted that, and it opened my eyes to further understanding of the sculpture and of the plight of African slaves.

通过课堂观察和教师的记录可以看出，教师的选材很好，学生在看清楚作品之后，唏嘘一片，很想表达自己的见解。学生的想象力也很丰富，在语言所能表达的范围内尽力去发现和评论，他们的一些视角甚至让教师也再次审视作品，做进一步的研究。

笔者也收集了学生的一些反思，以下是其中一位学生在本次课后回忆记录下的内容：

Stories of voluntary and forced migrations were shared. The teacher was well prepared, bringing pieces of music, videos and pictures. The artwork of “Black Men Locked in Boxes” was very impressive. First generations into any new environment are to face unpredictable hardships. When forefathers of white Americans came to the new land, they had a tough time dealing with Indians and the new climate; first Chinese group in America suffered similar difficulties. For voluntary migrations, it is inevitable to encounter obstacles. Since few are able to survive in new land, it takes generations for migrations to establish themselves. This reminds me of young generations of ABC in America whom I met last summer. They are living quite comfortable life, going to well-established university, getting their PhDs as other

Americans. Thus no matter how difficult it was for the pioneers, new comers are able to live well in the new environment as long as they live through the hard time. Weakness: Students were not well prepared for the topic (the relation between art, culture, and migration, etc.). So the teacher-students interaction was limited, while we immersed in the stories and beautiful quotations. Compared to other courses: For Aesthetics, the content is more inspiring. Art, culture, life of other generations, all these are appealing to me. The teacher herself is inspiring too. She teaches with passion; her way of speaking, walking and encouragement all makes us willing to approach her. She loves art and passes this love onto us. This passion is hardly seen in other classes. Teaching procedures are similar to other courses. However, the teacher herself and the content make the "Aesthetics" successful. For this course, study is to learn; yet for others, study is to finish assignments.

从该学生的记录来看，第一部分是对本次关于“Caged”作品的反思，结合了自己去年见到的美国移民二代（大家称为 ABC，即，American Born Chinese）的经历。她随后分析了此次授课的弱点，学生对于这样的话题很生疏，不论是理工科还是文科学生都没有“奴隶—移民—艺术”这样的知识储备，一方面他们对这个话题带着极大的好奇心和求知欲望，另一方面却受困于自己贫乏的历史背景知识和英语储备。因此，学生们在被震撼的同时，却无法将自己的所有想法付诸语言表达。在本记录的第三部分，该学生认为课程成功的因素在于教师和课程内容两方面，这足以体现出她具有精细分析事件的思维能力。她的最后一句话（引文中加下划线）更是精确地描述了她作为学生，在许多课程里都是为了完成作业，而这门课程才让她体验到了怎样学习。

从上述两门课程的案例分析来看，EMI 超学科课程完全可以在高校顺利实施，获益最大的是学生，但是对师资的要求更高，大多数院校无法全面开展。从课堂观察和师生的反馈来看，学生的认知在广度和深度上都有很大的发掘潜力。在以问题为中心的超学科教学模式下，当学生真正关注问题并寻求解决方案时，即使语言上出现一些障碍，他们也会通过各种途径为自己解惑。

（四）超学科课程群建设小结

始于 2011 年的超学科课程群建设从课程和师资两方面进行了教学改革的尝试。在此期间，笔者曾请教了国内外数位专家学者，他们都表达了对该课程群的兴趣，认为这是我国新兴的一项教学创新研究，也为建设教师团队提出了宝贵的建议。

基于前辈们的鼓励和前期的成果积累，2013 年 4 月，笔者所在的学院与《中国外语》杂志社联合举办了主题为“超学科视域下的高校外语教学与研究”的学术研讨会。胡壮麟作了“谈学科研究”的报告，他认为多学科性研究关注的知识来自超过一个学科或专业，强调多个学科对同一课题的审视。胡壮麟梳理了“超学科性”概念的源起和发展，指出作为科学研究的新路子，超学科研究所涉及的问题不受特定学科的制约，所涉及的知识存在于个人，因而不需要学科的界限。黄国文作了“学科界面研究与方法”的学术报告。他以“学科界面”为视角对不同学科、不同界面的接触与互动的可能性和可行性进行了探讨，他强调超学科研究可以帮助我们更加全面地认识事物的本质，并帮助我们培养观察问题、发现问题、分析问题和解决问题的能力。钱兆明作了“跨学科专业和跨学科学位”的学术报告。他通过鉴赏美国现代派诗人 Marianne Moore 的杰作《青虫》（*Blue Bug*），展示了诗人跨越文学、生物学、音乐、绘画、杂志、体育等多个领域的广博学识以及它们在作品中的有机融合。继而，他介绍了美国新奥尔良大学的跨学科专业，包括其跨越多个学科的课程设置、具有不同学科背景的师资构成以及令人鼓舞的就业记录和就业前景。该案例充分说明了学科融合在人才培养中的重要意义。

笔者以“超学科理论与外语教学实践”为题，以本研究中提及的 EMI 课程群建设为例，论证了超学科外语教学模式的可行性。这一模式的意义在于，在超学科理念指导下的高等教育可以弥补传统人才培养模式中存在的外语工具型办学思想的缺憾。实践证明，新模式无论是对学生的学习还是对青年教师的成长都具有积极的意义，获得了与会专家和教学界同仁的一致好评，也增强了笔者以及笔者所在团队的信心，有利于进一步完善超学科视野下 EMI 超学科课程群建设，为我国高校人才培养提供借鉴。

超学科研究与教育是一种新的模式，至今还没有一套规范统一的教学模式和实践体系。本研究在具体实施中初步搭建了有效的研究与实践平台。第一个“辐射型、国际化、通识型”的超学科课程群尝试在观念上形成“学科为本”向“问题为本”的转变，使学习的目的从掌握各门学科的基本知识和技能转变为培养批判性思考能力、合作能力、沟通能力以及对多样性的接受能力。

本研究的 RIG 模式并不摒弃各门学科，超学科课程群也需要至少具备一门学科的深入知识才能足以去理解其他学科，因此，各门学科被视为“基本结构基础”，在特定的背景中产生一种更加综合和整体的理解，从而促进和充实他们。外语作为东西方沟通的桥梁，其中包含的文化内涵往往涉及但又超越任何学科的范畴。EMI 课堂上的核心是一系列涉及实际社会现象的问题，语言在这里与知识共存。

结　语

世界一流和高水平大学是一个国家综合国力和科学文化水平的重要标志，在引领国家未来发展走向中发挥着关键作用，是国家核心竞争力的重要支撑，是提升国家软实力的重要依托。我国是世界高等教育大国，但“大而不强”的问题不容忽视。从“211 工程”、“985 工程”到“2011 计划”，反映了我国高等教育不同发展阶段的不同战略部署，开启了高水平大学建设之路。面对迅速国际化带来的挑战与机遇，国家近年来还陆续启动了“长江学者计划”和“百千万人才计划”，但是尚未在实质上缩小国内高校与欧美高校之间的差距，最重要的问题之一在于高校人才培养的目标和培养方式。教育部部长袁贵仁表示，必须把提高质量作为教育改革发展的核心任务，坚持科学的教育质量观，把促进人的全面发展和适应社会需要作为衡量教育质量的根本标准。

具有良好的国际交流能力、国际文化素养、国际视野与思路、能在国际平台上工作与竞争的国际型人才，是全世界一流大学的普遍培养目标。国际型人才，应拥有良好的专业与外语水平、丰富的国际文化知识，对异域文化保持开放并不断适应，熟悉国际事务的规则，拥有广博的全球化视野。这样的适应新形势的新型人才，无法通过传统的“专业学习加外语学习”的方式培养。即便是具有美好的愿景，学科间的边界与界限也阻碍了创新与合作。学术界亟须寻求学科融合的各种途径，帮助高校学生面对真实世界的各种问题做好准备。

现在的学生缺乏对西方文化的了解，也缺乏中国传统文化知识，没有跨文化交往的能力，存在着思辨缺席症，其原因在于我们的课程设置偏于注重语言的工具性，却忽视了语言的内涵、语言的人文性。从语言的生存与发展环境出发，要让外语学习深入到真实运用语言解决各种现实问题的认知过程及文化模式，促进学生通过外语学习形成双语思维和跨文化思维的能力。外语教学要培养学生的创新思维能力、分析问题和解决问题的实际能力。国际化是一种素质，也是一种视野，是应对全球化所必需的综合素养。国际化外语人才的培养更要重视他们思辨能力以及在学习、生活和工作中独立思考、分析和解决问题的能力。

庄智象（2012：70）指出，教师要做好三方面工作：一是让学生掌握基本的科学思维习惯，比如了解基本的逻辑推论和悖论，养成客观、实际、科学的学习态度，熟悉简单的离散数学、梳理逻辑、统计学、模糊理论等思维工具。二是让学生学习辩证法，培养批判精神，学会从审视对立的角度发现真理。引导学生认识问题、分析问题和解决问题。三是要发现学生的兴趣所在，以兴趣为引导，为激发学生的创新能力而创造良好的教学环境。

每一门学科的进步都依赖于其他学科的进步，这就意味着，各门学科不是独立的，而是在许多方面相关相融，这种相关性和相融性不是偶然的，而是有机的。外语是一门学科，但是其生存和发展与其他学科紧密相关。不能否认英语作为国际通用语（Lingua franca）的全球地位，EMI 模式已经成为中国高校国际化的必然趋势，因此，虽然在目前的研究和实践中都发现了诸多困难，但是我们要解决的问题已不再是“是否要开设 EMI 课程”，而是“如何在高校有效地实施 EMI 模式”，“如何使 EMI 模式发挥最大的功效同时减少副作用”。

无论是在数量上还是在质量上，我国高校开设的双语/EMI 课程都远没有达到国家对高等教育国际化提出的要求。目前，在师资、学生、课程设置等方面都能相配合开展 EMI 模式教学的高校并不多，即使在这些高校也不一定有完整的全盘规划。大多数高校只能零散地、不稳定地开设一些双语/EMI 课程。

本研究通过研读国内外的文献资料，在我国不同类型的高校进行实地调研，在周边高校进行实证与试验，对未来 EMI 课程群建设提出以下建议：

第一，EMI 课程绝非简单的“外语 + 学科”，而是以一系列涉及实际社会现象的问题为核心，语言技能与学科知识协调与合作，以多元化思维为目标，由此发展出处理社会事务的综合能力。EMI 课程对于学生在学科方面的影响取决于多方面的因素，因此不能一概而论。既不能说 EMI 一定可以达到"1+1>2"的效果，也不能因为语言可能影响学科内容的习得而放弃 EMI 模式。

第二，因材施教不是一句空喊的口号。全国高校数量众多，分布不均，学科重点也各不相同，师资条件、学生资质差异巨大，在设置 EMI 课程时须根据不同的对象进行分层分级，在学生选课前要对他们进行指导，以帮助他们选择到最适合自己的 EMI 课程。举例来说，具备优质师资和优质生源的学校可以建立超学科研究中心，让多个不同学科的中外专家和出色的学生组成团队，根据国际发展的最新动态，一起对热点问题进行研究。对于拥有较优秀师资和优秀生源的学校，可以根据各校的特色设置 EMI 课程群，为学生提供可持续的，具有一定深度和广度的课程。对于大多数尚未具备全面开设 EMI 课程的院校，可以集中人力和财力建设一个有特色的 EMI 课程体系，包含一些较基础的 EMI 课程和一些有实力开设的双语课程。而对于没有能力开设双语或 EMI 课程的院校，则建议他们先与其他高校合作，可以让已经具备条件的学生跨校选修优质 EMI 课程。

第三，要顺利实施 EMI 模式就必须在财力支持和人员配置上做好充分的准备。引进优质师资不仅需要经济上的投入，还需要人文关怀。为这些引进的人才提供良好的科研、教学和生活环境，例如数据库资源、实验室设备、办公场所等，才能让他们安心教研工作，发挥最大的作用。

第四，从全世界范围来看，EMI 是一个必然的趋势，但是争议也是必然的。各国的研究成果都可以作为借鉴，但最终还是要落实到本国和本校的实际中。在有可能进行国际合作的条件下，要加强关于 EMI 的跨国研究，才能不断完善 EMI 体系建设。

第五，从具体实施来看，EMI 教学模式需要强大的师资队伍。师资队伍的含义有两层，其一是直接授课的教师，包括直接引进的海外师资、中外合作的团队和经过国际化培养的本土师资。这些教师要能够学科和英语能力并重。其二是担负培训任务的教师，教那些在英语能力方面还不能胜任 EMI 模式的教师和学生，这些教师必须掌握语言本身并具备二语教学的能力，这也为教师培训提出了新的挑战。

第六，EMI 课程具有在语言和学科上不可取代的特色，有难度也就有挑战。因此，在设置和实施过程中更要注重以人为本，使教师和学生都在自然、和谐、平衡的环境下，通过学术和情感交流，将国际先进的学科知识以鲜活的形式带进课堂，使学生带着积极的心态和灵动的思维，习得用英语模式进行科学思考和分析的能力。

高等教育的内容要围绕学科间的系统性思维培养，在本土、区域及全球层面，从近期、中远期和跨时代的视野对社会性可持续化行为进行辩证的分析，进而有能力应对自然与社会中复杂的非线性特征。高等教育的复杂性归根结底在于其面临的问题的复杂性，因而高等教育需要解决的问题也就贯穿于高等教育的始终，同时还将不断发掘出更深入的问题。在中国，高等教育已建立了稳固的学科地位，高等教育的学科设置是为解决社会问题而服务的，上举“问题”就应该是高等教育研究的中心所在。超学科研究不仅要以解决这些问题为起点，还要使隐含或显现于复杂系统中的各类问题形成一个辐射中心，让来自多学科的研究者汇聚于此，不仅旨在解决问题，更要辐射到其他学科，不断形成新的辐射圈。

参考文献

ACTFL/NCATE. *American Council on the Teaching of Foreign Languages (ACTFL) Program Standards for the Preparation of Foreign Language Teachers.* ACTFL/NCATE, 2002.

Airey, J. & C. Linder. Language and the experience of learning university physics in Sweden [J]. *Institute of Physics Publishing*, 2006 (27): 553 – 560.

Airey, J. & C. Linder. Disciplinary learning in a second language: a case study from university physics. In R. Wilkinson & V. Zegers (eds.). *Researching content and language integration in higher education* [M]. Maastricht: Maastricht University Language Center, 2007: 161 – 171.

Akaka. A bill to establish a National Foreign Language Coordinator Council [OL]. http://washingtonwatch. com/bills/show/111_ SN_ 1010. html#usercomments. 2009.

Albertazzi, L. Which semantics? [A]. In L. Albertazzi (ed.). *Meaning and Cognition: A multidisciplinary approach* [C]. Amsterdam: John Benjamins Pub. Co., 2000: 1 – 24.

Andrade, M. S. & J. H. Makaafi. Guidelines for establishing adjunct courses at the university level [J]. *TESOL Journal*, 2001 (10) Autumn: 34 – 39.

Ashby, E. *Technology and the Academics* [M]. New York: St. Martin's Press, 1966.

Ashby, E. *Adapting Universities to A Technological Society* [M]. London: Jossey-Bass Publishers, 1974.

Austin, W., C. Park & E. Goble. From interdisciplinary to transdisciplinary research: A case study [J]. *Qualitative Health Research*, 2008 (18) 4: 557 – 564.

Babbitt, M. Making writing count in an ESL learning community [A]. In I. Leki (ed.). *Academic Writing Programs* [C]. Alexandria, VA: TESOL. 2001: 49 – 60.

Ballesteros, P. Transdisciplinarity in the study of human communication: A 21st century challenge [J]. *International Journal of Linguistics*, 2012 (4) 1.

Barnett, R. *The Idea of Higher Education* [M]. Buckingham: SRHE & Open University Press, 1990.

Bialystok, E. , M. Martin & M. Viswanathan. Bilingualism across the life span: The rise and fall of inhibitory control [J]. *International Journal of Bilingualism.* 2005 (9) 1: 103 - 119.

Bialystok, E. , I. Craik, M. Fergus, D. W. Green & T. H. Gollan. Bilingual Mind [J]. *Psychological Science in the Public Interest*, 2009 (10) 3: 89 - 129.

Bialystok, E. , I. Craik, M. Fergus, & G. Luk. Bilingualism: consequences for mind and brain [J]. *Trends in Cognitive Sciences*, 2012 (16) 4: 241-250.

Block, D. *Globalization and Language Teaching* [M]. London: Routledge, 2002.

Boxer, D. Discourse issues in cross-cultural pragmatics: Educating the community [A]. In F. Hult (ed.). *Directions and Prospects for Educational Linguistics* [C]. New York: Springer Science & Business Media B. V. , 2010: 49 - 61.

Brewer, G. D. The challenges of interdisciplinarity [J]. *Policy Science*, 1999 (32): 327 - 337.

Brown, H. D. *Principles of Language Learning and Teaching* [M]. Englewood Cliffs, New Jersey: Prentice - Hall, 1994.

Brumfit, C. Educational linguistics, applied linguistics and the study of language practices [A]. In G. Blue & R. Mitchell (eds.). *Language and Education* [C]. Clevedon, UK: British Association for Applied Linguistics and Multilungual Matters. 1996: 1-15.

Burger, S. & M. Chretien. The development of oral production in content-based second language courses at the University of Ottawa [J]. *The Canadian Modern Language Review*, 2001 (58): 84 - 102.

Burger, P. & R. Kamber. Cognitive integration in transdisciplinary science: Knowledge as a key notion [J]. *Issues in Integrative Studies*, 2003 (21): 43 - 73.

Butler, Y. & M. Iino. Current Janpanese reforms in English language education: the 2003 "Action Plan" [J]. *Language Policy*, 2005 (4): 25 - 45.

Byun, K. , H. Chu, M. Kim, I. Park, S. Kim & J. Jung. English-medium teaching in Korean higher education: policy debates and reality [J]. *Springer* Online, Nov-30 - 2010. DOI 10. 1007/s10734 - 010 - 9397 - 4. 2010.

Calfee, R. C. & M. J. Chambliss. The structural design features of large texts [J]. *Educational Psychologist*, 1987 (22).

Chomsky, N. Formal properties of grammars [A]. In R. Luce, R. Bush & E. Galanter (eds.). *Handbook of Mathematical Psychology* [C]. New York: John Wiley. 1963 (2): 323 - 418,

Chomsky, N. & G. Miller. Introduction to the formal analysis of natural language [A]. In R. Luce, R. Bush & E. Galanter (eds.). *Handbook of Mathematical Psychology* [C].

New York: John Wiley. 1963 (2): 269 - 322.

Chomsky, N. & M. Schützenberger. The algebraic theory of context free language [A]. In P. Brafford & D. Hirschberg (eds.). *Computer Programming and Formal Systems* [C]. Amsterdam: North Holland Pub. Co. 1963: 118 - 161.

Coiro, J., M. Knobel, C. Lankshear & D. J. Leu. *Handbook of Research on New Literacies* [M]. New York: Erlbaum, 2008.

Coleman, D. & S. Pimentel. Revised Publishers' Criteria for the Common Core Standards in English Language Arts and Literacy, Grades 3 - 12 [OL]. http://www.corestandards.org. 18 - Oct-2012.

Corder, S. The significance of learners' errors [J]. *International Review of Applied Linguistics*, 1967 (5): 161 - 170. Reprinted in J. Richards (ed.). *Error Analysis: Perspectives on Second Language Acquisition* [C]. London: Longman, 1974: 19 - 31.

Corder, S. *Error Analysis and Interlanguage* [M]. Oxford: Oxford University Press, 1981.

Council of Chief State School Officers (CCSSO). The Common Core Standards [OL]. http://www.ccsso.org. 2010.

Council of Chief State School Officers (CCSSO). Supplemental Information for Appendix A of the Common Core State Standards for English Language Arts and Literacy: New Research on Text Complexity [OL]. http://www.ccsso.org. 2010.

Council of Europe. Common European Framework of Reference for Languages: Learning, Teaching and Assessment, 1996.

Crandall, J. *ESL through Content-Area Instruction: Language In Education: Theory and Practice* 69 [M]. Englewood Cliffs, NJ: Prentice - Hall, 1987/1995.

Cummins, J. *Bilingualism and Special Education: Issues in Assessment and Pedagogy* [M]. San Diego, CA: College - Hill, 1984.

Davies, L. *Literal Studies and Higher Technology* [M]. Cardiff: University of Wales Press, 1965.

Demir, C. E., A. Balci & F. Akkok. The role of Turkish schools in the educational system and social transformation of Central Asian countries: The case of Turkmenistan and Kyrgyzstan [J]. *Central Asian Survey*, 2000 (19): 141 - 155.

Dentler, R. & A. Hafner. *Hosting Newcomers: Structuring Educational Opportunities for Immigrant Children* [M]. New York: Teachers College Press, 1997.

Doidge, N. *The Brain That Changes Itself: Stories of Personal Triumph from the Frontiers of Brain Science* [M]. New York: Penguin Books, 2007.

Domik, G. & G. Fischer. Coping with complex real - world problems: strategies for developing the competency of transdisciplinary collaboration [A]. In N. Reynolds & M. Turcsanyi -

Szabo（eds.）. *KCKS* 2010, *IFIP AICT* 324 [C], 2010: 90 – 101.

Doyle, W. & G. Ponder. Classroom ecology: some concerns about a neglected dimension of research on teaching [J]. *Contemporary Education*, 1975 (46): 183 – 190.

Dudel, E. Forward. In M. Mkandawire (ed.). *Ecowriting: Advice to ESL on Effective Scientific Writing in Environmental Science and Engineering* [M]. New York: Nova Science Publishers, 2010.

Ellis, R. *Understanding Second Language Acquisition* [M]. Oxford: Oxford University Press, 1985.

Erling, E. J. & S. K. Hilgendorf. Language policies in the context of German higher education [J]. *Language Policy*, 2006 (5): 267 – 292.

Ernst, R. Societal responsibility of universities. Wisdom and foresight leading to a better world [A]. In F. Darbellay, M. Cockell, J. Billotte & F. Waldvogel (eds.). *A Vision of Transdisciplinarity: Laying Foundations for a World Knowledge Dialogue*. Boca Raton, Florida: CRC, 2008: 121 – 135.

Espen, A. *Playing Research Methodological Approaches to Game Analysis* [EB/OL]. http: // hypertext. im. it. edu. au/dac/papers/Aarseth. pdf. 07 – July – 2009.

Evans, K. *The Development and Structure of the English Educational System* [M]. London: University of London Press, 1975.

Fauconnier, G. *Mappings in Thought and Language* [M]. 北京：世界图书出版公司北京公司，2010。

Ferris, D. Students' view of academic aural/oral skills: a comparative needs analysis [J]. *TESOL Quarterly*, 1998.

Fillmore, L. W. *Language Learning Through Bilingual Instruction* [M]. Berkeley: University of California, 1980.

Flinterman, J., R. Teclemariam – mesbah, E. Broerse & F. Bunders. Transdisciplinarity: The new challenge for biomedical research [J]. *Bulletin of Science, Technology & Society*, 2002 (21) 4: 253 – 266.

Flowerdew, J., L. Miller & D. C. S. Li. Chinese lecturers' perceptions, problems and strategies in lecturing in English to Chinese – speaking students [J]. *RELC Journal*, 2000 (31): 116 – 138.

Gaff, J. Making a difference: the impacts of faculty [J]. *The Journal of Higher Education*, 1973 (44) 8: 605 – 622.

Gibson, J. The theory of affordance [A]. In R. Shaw & J. Bransford (eds.). *Perceiving, Acting, and Knowing: Toward an Ecological Psychology* [C]. Hillsdale, New Jersey: Lawrence Erlbaum Associates, 1977.

Gibbons. M. , C. Limoges, H. Nowotny, S. Schwartzman, P. Scott & M. Trow. *The New Production of Knowledge: The Dynamics of Science and Research in Contemproary Societies* [M]. London: Sage, 1994.

Gilster, P. Digital literacy [A]. In K. Fischer & M. Immordino – Yang (eds.). *The Jossey Bass reader on technology on technology and learning* [C]. San Francisco, CA: John Wiley & Sons, Inc. 2005.

Giri, A. K. The calling of a creative transdisciplinarity [J]. *Futures*, 2002 (34) 1: 103 – 115.

Grabe, W. & F. Stoller. Content – based instruction: research foundations [A]. In M. A. Snow & D. M. Brinton (eds.). *The Content – Based Classroom: Perspectives on Integrating Language and Content* [C]. New York: Longman. 1997: 58 – 174.

Greckhamer, T. , M. Koro-ljungberg, S. Cilesiz & S. Hayes. Demystifying Interdisciplinary Qualitative Research [J]. *Qualitative Inquiry*, 2008 (14) 2: 307 – 328.

Greeno, G. Gibson's affordances [J]. *Psychological Review*, 1994 (2): 336 – 342.

Grishman, R. *Computational Linguistics: An Introduction* [M]. Cambridge: Cambridge University Press, 1986.

Halliday, M. A. K. New ways of meaning: The challenges to applied linguistics [J]. *Journal of Applied Linguistics*, 1990 (6): 7 – 36.

Halliday, M. A. K. (a) Syntax and the Consumer [A]. In J. Webster (ed.). *Collected Works of M. A. K. Halliday, volume 3: On Language and Linguistics* [C]. New York: Continuum, 2003: 36 – 49. (1964).

Halliday, M. A. K. (b). New ways of meaning: The challenge to applied linguistics. [A]. In J. Webster (ed.). *Collected Works of M. A. K. Halliday, volume 3: On Language and Linguistics* [C]. New York: Continuum, 2003: 139 – 174. (1990).

Halliday, M. A. K. On the concept of "educational linguistics" [A]. In J. Webster (ed.). *The Collected Works of M. A. K. Halliday* [C]. London: Continuum, 2007: 354 – 367.

Halvorsen, P. Computer applications of linguistic theory [A]. In F. Newmeyer (ed.). *Linguistics: The Cambridge Survey II, Linguistic Theory: Extention and Implications* [C]. Cambridge: Cambridge University Press, 1988: 198 – 219.

Hennock, E. Technological education in England, 1850 – 1926: The use of a German Model [J]. *History of Education*, 1991 (19) 4: 299 – 331.

Hill, J. *The Educational Sciences* [M]. Detroit: Oakland Community College, 1972.

Holt, R. Introduction of National Security Language Act, 2003. Cited from Congressional Record,2003 (9).

Hornberger, N. Educational linguistics as a field: A view from Penn's program on the occasion of its 25th anniversary [J]. *Working Papers in Educational Linguistics*. 2001 (17) 1-2: 1-26.

Hu, Guangwei. Borrowing ideas across borders: lessons from the academic advocacy of "Chinese-English Bilingual Education" in China [A]. In J. Fegan & M. Field (eds.). *Education Across Borders* [C]. 2009: 115-136.

Hult, F. The history and development of educational linguistics [A]. In B. Spolsky & F. M. Hult (eds.). *The Handbook of Educational Linguistics* [C]. Malden, MA: Blackwell, 2008: 10-24.

Jacob, N. Nontraditional studies: the new ecology of the classroom [J]. *Educational Forum*, 1989 (53) 4: 29-36.

Jantsch, E. Inter- and Transdisciplinary university: A system approach to education and innovation [J]. *Policy Sciences*, 1970 (1): 403-428.

Jantsch, E. Towards interdisciplinarity and transdisciplinarity in education and innovation [A]. In L. Apostel *et al.* (eds.). *Interdisciplinarity: Problems of Teaching and Research in Universities* [C]. Paris: Organisation for Economic Cooperation and Development and Center for Educational Research and Innovation, 1972: 97-121.

Jiang, Y. M. The role of English language teaching in university internationalization in China [A]. In E. Mainge & N. Foskett (eds.). *Globalization and Internationalization in Higher Education: Theoretical, Strategic and Management Perspectives* [C]. London: Continuum, 2010: 225-238.

Jon, J-E & E-Y Kim. What it takes to internationalize higher education in Korea and Japan: English-Mediated Courses and international students [A]. In J. Palmer et al. (eds.). *The Internationalization of East Asian Higher Education: Globalization's Impact* [C]. New York: PALGRAVE MACMILLAN, 2011: 147-171.

Joy de Leo. *Learning for A Peace and Sustainable Future* [J]. 陈敏译，授权翻译刊登于世界教育信息，2009 (6): 21-30。

Kandel, R. *In Search of Memory: The Emergence of a New Science of Mind* [M]. W. W. Norton & Company, 2007.

Kang, S. Y. & H. S. Park. Student beliefs and attitudes about English medium instruction: report of questionnaire study [J]. *Yonsei Review of Educational Research*. 2004 (17) 1: 33-53.

Kang, S. Y., H. Suh, S. K. Shin, J. Lee, H. J. Lee & J. Choi. Pre-service teahers' evaluation on English medium lectures [J]. *Journal of Curriculum in Instruction*. 2007 (11) 2: 637-656.

Kasper, L. F. Improved reading performance for ESL students through academic course pairing

[*J*]. *Journal of Reading*, 1994 (37): 376 - 384.

Keesing, F. *Cultural Anthropology: The Sciences of Custom* [M]. Stanford: Stanford University Press, 1958.

Kellerman, E. Towards a characterization of the strategies of transfer in second language learning [J]. *Interlanguage Studies Bulletin*, 1977, (2): 58 - 145.

Klaassen, R. G. & E. Graaff. Facing innovation: preparing lecturers for English - medium instruction in a non-native context [J]. *European Journal of Engineering Education*, 2001 (26) 3: 281 - 289.

Klein, J. Voices of Royaumont [A]. In M. A. Somerville & D. J. Rapport, (eds.). *Transdisciplinarity: ReCreating Integrated Knowledge* [C]. Oxford: EOLSS Publishers Co. Ltd, 2000: 3 - 12.

Klein, J. T. Prospects for Transdisciplinarity [J]. *Futures*, 2004 (36): 515 - 526.

Klein, J. T. et al. (eds.). *Transdisciplinarity: Joint Problem Solving among Science, Technology, and Society* [M]. Basel, Switzerland: Birkhauser Verlag, 2001.

Kolb, D. A. *Experiential Learning* [M], New Jersey: Prentice-Hall, 1984.

Kozma, R.《大学教学法》(*Instructional Techniques in Higher Education*) [M]. 蔡振生译. 北京: 高等教育出版社, 1987。

Krashen, S. & T. D. Terrell. *The Natural Approach: Language Acquisition in the Classroom* [M]. London, UK: Prentice-Hall International, 1983.

Krashen, S. Language education: past, present and future [J]. *RELC Journal*, 2008 (39) 2: 178 - 187.

Krueger, M. & F. Ryan. (eds.). *Language and Content: Discipline - and Content - based Approaches to Language Study* [M]. Lexington, MA: Heath, 1993.

Lambert, R. D. *Language and International Studies: A Richard Lambert's Perspective* [M]. Washington: National Foreign Language Center, 1993.

Lang, D., A. Wiek & M. Bergmann. Transdisciplinary research in sustainability science: practice, principles, and challenges [J]. *Sustainability Science*, 2012 (7) (Supplement 1): 25 - 43.

Langacker, R. *Foundations of Cognitive Grammar Vol. II: Descriptive Applications* [M]. Stanford, California: Stanford University Press, 1991.

Langacker, R. Reference-point Constructions [J]. *Cognitive Linguistics*, 1993 (4): 1 - 38.

Leavis, F. R. *Two Cultures? The Significance of C. P. Snow* [M]. London: Chatto and Windus, 1962.

Leavy, P. *Essentials of Transdisciplinary Research* [M]. Walnut Creek, California: Left Coast

Press, 2011.

LeDoux, J. *Synaptic Self: How Our Brains Become Who We Are* [M]. New York: Penguin Books, 2003.

Lester, G. *Principles of E-learning Systems Engineering* [M]. Oxford: Chandos House, 2008.

Lewis, G. *Multilingualism in the Soviet Union* [M]. Mouton: the Hague, 1972.

Liestol, G. "Gameplay": From Synthesis to Analysis (and Vice Versa). Topics of Conceptualization and Construction in Digital Media [A]. In G. Liestol & A. Morrison (eds.). *Digital Media Revisited: Theoretical and Conceptual Innovation in Digital Domains* [C]. Cambridge: MIT Press, 2003: 389 – 414.

Locke, J. *An Essay Concerning Human Understanding* [M]. London: Everyman, 1993.

LoCoco, V. An Analysis of Spanish and German Learners' Errors [J]. *Working Papers on Bilinguaglism*, 1975 (7): 94 – 124.

Macaro, E. Target language use in Italy [J]. *Language Learning Journal*, 1995 (11): 52 – 54.

Maiworm, F. & B. Wächter. *English-Language-Taught Degree Programmes in European Higher Education: Trends and Success Factors* [M]. Bonn: Lemmens, 2002.

Marsh, H., K-T. Hau & C-K. Kong. Late immersion and language of instruction in Hong Kong high school: Achievement growth in language and nonlanguage subjects [J]. *Harvard Educational Review*, 2000 (70): 302 – 346.

Martin, J. Genre and literacy-modeling context in educational linguistics [J]. *Annual Review of Applied Linguistics*. 1993 (13): 141 – 172.

McGregor, S. and R. Volckmann. Feature Article: Transdisciplinarity in Higher Education, Part 6, University Babes-Bolyai, Romania: Nicolescu in Romania [J]. *Integral Leadership Review*. Feb-19 – 2012.

Meeth, L. Interdisciplinary studies: Integration of Knowledge and Experience [J]. *Change*, 1978 (10): 6 – 9.

Mesmer, A., W. Cunningham & H. Hiebert, Toward a theoretical model of text complexity for the early grades: Learning from the past, anticipating the future [J]. *Reading Research Quarterly*, 2012 (47) 3: 235 – 258.

Messick, S. *Individuality in Learning* [M]. San Francisco: Jossey-Bass, 1976.

Mill, J. *A System of Logic: Ratiocinative and Inductive* [M]. Honolulu: University Press of the Pacific, 2002.

Miller, G. The Cognitive Revolution: A Historical Perspective [J]. *Trends in Cognitive Sciences*, 2003 (7) 3: 141 – 144.

Mkandawire, M. *Ecowriting: Advice to ESL on Effective Scientific Writing in Environmental Science and Engineering* [M]. New York: Nova Science Publishers, 2010.

Montgomery, S. *Does Science Need a Global Language* [M]. Chicago and London: The University of Chicago Press, 2013.

Montuori, A. Transdisciplinarity – P2P Foundation [OL]. http://p2pfoundation.net/Transdisciplinarity. Last modified on 21 December, 2010.

Moss, D., T. Osborn & D. Kaufman. Going beyond the boundaries [A]. In D. Kaufman et al. (eds.). *Beyond the Boundaries: A Transdisciplinary Approach to Learning and Teaching* [C]. London: Praeger, 2003: 1 – 12.

Mulfwene, S. *The Ecology of Language Evolution* [M]. Cambridge: Cambridge University Press, 2001.

New London Group. A pedagogy of multiliteracies: Designing social futures [J]. *Harvard Educational Review*, 1996 (66) 1: 60 – 92.

New London Group. A pedagogy of multiliteracies [A]. In B. Cope & M. Kalantzis (eds.). *Multiliteracies: Literacy Learning and the Design of Social Futures* [C]. New York: Routledge, 2000: 9 – 42.

Nida, E. *Language, Culture and Translating* [M]. Shanghai: Shanghai Foreign Language Education Press, 1993.

Nicolescu, B. *Manifesto of Transdisciplinarity* [M]. Voss, K. (trans.). New York: State University of New York Press, 2002.

Nicolescu, B. Transdisciplinarity – P2P Foundation [OL]. http://p2pfoundation.net/Transdisciplinarity. Last modified on 21 December, 2010.

Nunan, D. *Language Teaching Methodology* [M]. New York: Prentice Hall, 1991.

Odlin, T. *Language Transfer* [M]. Cambridge: Cambridge University Press, 1989.

OECD. Interdisciplinarity in Science and Technology, *Directorate for Science, Technology and Industry* [M]. OECD, Paris. 2009.

Olsen, L. & T. Huckin. Point – driven understanding in engineering leture comprehension [J]. *English for Specific Purposes*. 1990 (9): 33 – 47.

Pennington, M. & J. Balla. Bilingualism in microcosm: The emergence of discipline – related discourse communities in Hong Kong tertiary education [J]. *Education Journal*, 1996 (24): 147 – 171.

Perkins, J. United States President's Commission on Foreign Language and International Studies [D], 1979: 457.

Piccoli, G., R. Ahmad & B. Lves. Web – based virtual learning environments: A research framework and a preliminary assessment of effectiveness in basic IT skills training [J].

MIS Quarterly, 2001 (25) 4: 401-425.

Plutarch. *De Auditu* [M], vol. I. Loeb Classical Library edition, http://penelope.uchicago.edu/Thayer/E/Roman/Texts/Plutarch/Moralia/De_ auditu*.html. 1927.

Pohl, C. & G. Hadorn. *Principles for Designing Transdisciplinary Research Proposed by the Swiss Academies of Arts and Sciences* [M]. Zimmermann A. (trans.). München: Oekom Verlag GmbH, 2007.

Pohl, C. & G. Hadorn. Core terms in transdisciplinary research [A]. In H. Hadorn et al. (eds.). *Handbook of Transdisciplinary Research* [C]. Springer Science & Business Media B. V. 2008: 427 - 432.

Prophet, B. & P. Dow. Mother tongue language and concept development in science: a Botswana case study [J]. *Language, Culture and Curriculum*, 1994 (7): 205 - 216.

Psaromiligkos, Y. & S. Retalis. Re-evaluating the effectiveness of a web-based learning system: A comparative case study [J]. *Jl of Educational Multimedia Hypermedia*, 2003 (12) 1: 5 - 20.

Ready, D. & M. Wesche. An evaluation of the University of Ottawa's sheltered program: language teaching strategies that work [A]. In R. Courchêne, J. I. Glidden, J. St. John & C. Therien (eds.). *Comprehension Based Second Language Teaching/L' enseignement des langues secondes axe "sur la compre" hension* [C]. Ottawa: University of Ottawa Press. 1992: 389 - 405.

Retalis, S. CADMOS. A web-based Courseware development methodology for open learning systems. Unpublished doctoral dissertation, Department of Electrical and Computer Engineering, National Technical University of Athens, 1998.

Richards, J. & C. Lockhart. *Reflective Teaching in Second Language Classrooms* [M]. Cambridge: Cambridge University Press, 1994.

Riedl, R. *The Biology of Knowledge* [M]. Chichester: John Wiley, 1984.

Ronstadt, R. *The Art of Case Study Analysis: A Guide to the Diagnosis of Business Situations* [M]. California: Lord, 1993.

Rothblatt, S. *The Revolution of the Dons* [M]. London: Faber and Faber LTD., 1968.

Rothenberg, J. *Ecological Theory of Teaching. Task Structure Analysis of Three Fourth-Grade Classroom Instructional Social Systems* [M]. Washington, D. C.: National Inst. of Education, 1979.

Rothery, J. Making changes: Developing an educational linguistics [A]. In R. Hasan & G. Willams (eds.). *Literacy in Society* [C]. Berlin: Mouton de Gruyter, 1996: 86 - 123.

Russell, B. Science as an Element in Culture [N]. *The New Statesman*, 24 - May - 1913.

Scholz, R. & O. Tietje. *Embedded Case Study Methods, Integrating Quantitative and Qualitative Knowledge* [M]. London: Sage, 2002.

Sercu, L. The introduction of English-medium instruction in university: a comparison of Flemish lecturers' and students' language skills, perceptions and attitudes [A]. In R. Wilkinson (ed.). *Integrating Content and Language: Meeting the Challenge of a Multilingual Higher Education* [C]. Maastricht: Maastricht University Press, 2004: 547 - 555.

Sert, N. The language of instruction dilemma in the Turkish context [J]. *An International Journal of Educational Technology and Applied Linguistics.* 2008 (36) 2: 156 - 171.

Shanahan, T. & C. Shanahan. Teaching disciplinary literacy to adolescents rethinking content-area literacy [J]. *Harvard Educational Review*, 2008 (78) 1: 40 - 59.

Simon, H. Living in interdisciplinary space [A]. In M. Szendberg (ed.). *Eminent Economists: Their Life Philosophies* [C]. Cambridge: Cambridge University Press. 1992: 261 - 269.

Smith, K. Studying in an additional language: what is gained, what is lost and what is assessed? [A]. In R. Wilkinson (ed.). *Integrating Content and Language: Meeting the Challenge of a Multilingual Higher Education* [C]. Maastricht: Maastricht University Press, 2004: 78 - 93.

Smith, M. Classroom Ethnography and Ecology [Z]. Presented to the ASCD 14th Annual Western Research Institute, San Francisco, April 24, 1969.

Snow, C. P. *The Two Cultures and the Scientific Revolution* [M]. New York: Cambridge University Press, 1959.

Snow, C. P. *The Two Cultures: and a Second Look* [M]. Cambridge: Cambridge University Press, 1964.

Somerville, M. & D. Rapport. *Transdisciplinarity: Recreating Integrated Knowledge* [M]. Oxford: EOLSS, 2000.

Spolsky, B. Linguistics and education: An overview [A]. In T. Sebeok (ed.). *Current Trends in Linguistics* [C]. Berlin: Mouton, 1974.

Stauffacher, M. & R. Scholz. ETH-UNS case studies: a university course to develop transdisciplinarity and sustainability learning [J]. *Ipublic Psychologie im Umweltschutz*, 2004 (7) 1: 55 - 63.

Steiner, G. & D. Laws. How appropriate are two established concepts from higher education for solving complex real-world problems? [J]. *International Journal of Sustainability in Higher Education*, 2006 (7) 3: 322 - 340.

Stryker, S. & B. Leaver. (eds.). *Content-based instruction in foreign language education: Models and methods* [M]. Washington, D. C.: Georgetown University, 1997.

Swain, M. Bilingualism with tears [A]. In M. Clarke & J. Handscombe (eds.). *On TESOL' 82: Pacific Perspectives on Language Learning and Teaching* [C]. Washington D. C. TESOL, 1983: 35 - 46.

Talmy, L. *Towards a Cognitive Semantics* [M]. Cambridge, MA: The MIT Press, 2000.

Tan, L. & L. Guo. From print to critical multimedia literacy: one teacher's foray into new literacies practices [J]. *Journal of Adolescent & Adult Literacy*, 2010 (53) 4: 315 - 321.

Tenni, C., A. Smyth & C. Boucher. The researcher as autobiographer: Analyzing data written about oneself [J]. *The Qualitative Report*, 2003 (8) 1: 1-12.

TESOL/NCATE. *TESOL/NCATE Standards for the Recognition of Initial TESOL Programs in P-12 ESL Teacher Education*, 2010.

Tinbergen, N. On aims and methods in ethology [J]. *Zeitschrift für Tierpsychologie*, 1963 (20): 410 - 433.

Towl, A. *To Study Administration by Cases* [M]. Boston: Harvard University, 1969.

Tsuneyoshi, R. Internationalization strategies in Japan [J]. *Journal of Research in International Education*. 2005 (4) 1: 65 - 86.

Turing, A. Computing Machinery and Intelligence [J]. *Mind*. 1950 (August) LIX (236): 433 - 460. doi: 10. 1093/mind/LIX. 236. 433. Downloaded from http: //mind. oxfordjournals. org. Retrieved 2013 - 10 - 08.

Turnbull, G. The State of Btog [OL]. http: //writetheweb. com/Members/gilest/old/107/view. 2006.

UNESCO. *A Transdisciplinary Approach to Education: An Instrument for Action*. UNESCO Information Brief on the UN Decade for Education for Sustainable Development. Paris: UNESCO, 2003.

Van de Kerkhof M. & P. Leroy. Recent Environmental Research in the Netherlands: Towards Post-normal Science? [J]. *Futures*, 2000 (32) 9: 899 - 911.

Van Lier, Leo. Approaches to observation in Classroom Research: Observation from an ecological perspective [J]. *TESOL Quarterly*, 1997 (31) 4: 783 - 787.

Vinke, D. *English as the Medium of Instruction in Dutch Engineering Education* [M]. Delft: Delft University Press, 1995.

Vinke, A., J. Snippe & W. Jochems. English-medium content courses in non-English higher education: a study of lecture experiences and teaching behaviours [J]. *Teaching in Higher Education*, 1998 (3) 3: 383 - 394.

Wächter, B. & F. Maiworm. English-taught programmes in European higher education [A]. *ACA Papers on International Cooperation in Education* [C]. Bonn: Lemmens, 2008.

Webster, J. (ed.). *Collected Works of M. A. K. Halliday*, *volume* 3: *On Language and Linguistics* [C]. New York: Continuum, 2003.

Weinreich, U. *Languages in Contact*: *Findings and Problems* [M]. The Hague: Mouton, 1953.

Whitehead, A. N. *The Aims of Education* [M]. London: William and Norgate LTD., 1932.

Wickson, F., L. Carew & W. Russell. Transdisciplinary research: Characteristics, quandaries and quality [J]. *Futures*, 2006 (38): 1046 - 1059.

Winter, W. The performance of ESL students in a content-linked psychology course [J]. *Community Review*, 2004 (18): 76 - 82.

Wollheim, R. Grounds for Approval [N]. *The Spectator*, 7-Aug-1959.

Wright, S. *Language Policy and Language Planning from Nationalism to Globalisation* [M]. New York: Palgrave Macmillan, 2004.

Yin, R. *Case Study Research*: *Design and Methods* [M]. 4th ed. California: Sage. 1986.

Zurkowski, P. Information Service Environment: Relationships and Priorities. A report for the National Commission on Libraries and Information Science, 1974.

白燕、潘庆德:《北京大学聘请外籍教师的实践》，中国高等教育学会引进国外智力工作分会主编《大学国际化理论与实践》，北京大学出版社 2007 年版，第 272—282 页。

包天仁:《双语教学要慎重》,《中国教育报》2002 年 9 月 3 日。

鲍艳华:《魏书生的“超学科”语文教育及其意义》,《教学与管理》2010 年第 9 期，第 43—44 页。

蔡基刚 (a):《全英语教学可行性研究：对复旦大学“公共关系学”课程的案例分析》,《中国外语》2010 年第 6 期，第 61—67、73 页。

蔡基刚 (b):《关于我国大学英语教学重新定位的思考》,《外语教学与研究》2010 年第 4 期，第 306—308 页。

蔡基刚:《解读〈上海市大学英语教学参考框架 (试行)〉》,《中国外语》2013 年第 2 期，第 4—10 页。

蔡龙泉:《从生态学看中国高校英语专业本科课程设置的基质和特色》，庄智象主编《中国外语教育发展战略论坛》，上海外语教育出版社 2009 年版，第 381—401 页。

蔡明:《生态课堂从关怀生命出发》,《中国教育报》2009 年 1 月 2 日。

曹德明:《与时俱进，改革外语人才培养模式——上海外国语大学 60 周年发展历程回顾》，曹德明主编《全球化背景下的外语教学研究：理论与实践》，上海外语教育出版社 2010 年版，第 12—20 页。

曹德明：《高等外语院校国际化外语人才培养的若干思考》，《外语教学理论与实践》2011 年第 3 期，第 1—5 页。

曹隽、杨中华：《香港中文大学双语教学带来的启示》，《科教文汇》2010 年第 9 期，第 56—57 页。

陈芳烈：《创意——出版业不竭的源泉》，《中国出版》2011 年第 1 期（下），第 17—19 页。

陈贵昌、谢练高：《走进国际化——中外教育交流与合作研究》，广东教育出版集团 2010 年版。

陈丽华：《教师即课程：蕴涵与形式》，《课程·教材·教法》2010 年第 30 卷第 6 期，第 10—13 页。

陈学飞：《关于高等教育国际化的若干基本问题》，《中国教育科研参考》2008 年第 10 期，第 8—16 页。

成晓毅：《我国高校双语教学模式初探》，《西安外国语学院学报》2005 年第 3 期，第 89—91 页。

从丛：《“中国文化失语”：我国英语教学的缺陷》，《光明日报》2000 年 10 月 19 日。

戴炜栋：《立足国情，科学规划，推动我国外语教育的可持续发展》，《外语界》2009 年第 5 期，第 2—9、17 页。

戴炜栋、胡文仲：《中国外语教育发展研究》，上海外语教育出版社 2009 年版。

戴炜栋、王雪梅：《对外国语言文学学科战略规划的思考》，《外语界》2012 年第 3 期，第 2—9 页。

戴晓霞：《高等教育的国际化：外国学生政策之比较分析（续）》，《复旦教育论坛》2004 年第 6 期，第 5—14 页。

丁文、陈勇：《信息化自主化网络化多元化立体化——基于国家精品课程的大学英语网络教学模式实证研究》，《中国大学教学》2011 年第 3 期，第 70—71 页。

方虹、冯哲：《中国“走出去”战略下外贸人才需求预测与供给对策研究》，中国社会科学院 2010 年版。

冯志伟：《自然语言的计算机处理》，上海外语教育出版社 1996 年版。

冯志伟：《计算语言学的历史回顾与现状分析》，《外国语》2011 年第 1 期，第 9—17 页。

冯志伟：《论语言学研究中的战略转移》，《现代外语》2011 年第 1 期，第 1—11 页。

高艾、田琳、李变兰：《临床留学生〈预防医学〉全英文授课的思考》，《西北医学教育》2010 年第 18 卷第 3 期，第 501—503 页。

高彬、柴明颎：《释意理论的历史性解读》，《解放军外国语学院学报》2009 年第 32 卷第 3 期，第 71—76 页。

高一虹：《跨文化交际能力的培养：“跨越”与“超越”》，《外语与外语教学》2002 年第 10 期，第 27—31 页。
宫景然、白亚东：《日本英语教育的新举措及中日英语教育现状对比》，《长春理工大学学报》2005 年第 3 期，第 92—94 页。
龚嵘：《从大学英语学习者词汇错误看认知因素对二语词库表征的影响》，《外语界》2007 年第 1 期，第 39—46 页。
顾沛：《数学文化课的探索与启示——写在南开大学数学文化课十周年》，《中国大学教学》2012 年第 2 期，第 17—19 页。
顾永琦、董连忠：《香港双语教学尝试的经验教训及启示》，《现代外语》2005 年第 2 期，第 43—52 页。
桂诗春：《关于我国外语教学若干问题的思考》，《外语教学与研究》2010 年第 4 期，第 275—281 页。
桂诗春：《向前看，向横看——略论跨学科研究的必要性》，《中国外语》2013 年第 3 期，第 4—8 页。
郭丽：《21 世纪唐代文学与其他学科的交叉研究回顾》，《山西大学学报》2011 年第 1 期，第 38—43 页。
韩红：《外语教学创新探源：语言交往之文化维度》，《外语与外语教学》2002 年第 1 期，第 59—62 页。
韩建侠、俞理明：《我国高校进行双语教学学生需具备的英语水平》，《现代外语》2007 年第 2 期，第 65—72 页。
何家蓉、李桂山：《中外双语教学新论》，科学出版社 2010 年版。
洪堡特：《论人类语言结构的差异及其对人类精神发展的影响》，姚小平译，商务印书馆 1997 版。
洪明：《美国教师质量保障体系历史演进研究》，北京师范大学出版社 2010 版。
胡甲刚：《美国跨学科研究生培养管窥——以华盛顿大学“城市生态学”IGERT 博士项目为个案》，《学位与研究生教育》2009 年第 10 期，第 71—75 页。
胡伟华：《我国高校双语教学现状分析》，《西安外国语大学学报》2008 年第 4 期，第 93—96 页。
胡文仲：《建国 60 年来我国外语教育的成就与缺失》，庄智象主编《中国外语教育发展战略论坛》，上海外语教育出版社 2009 年版，第 31—03 页。
胡壮麟：《论中国的双语教育》，《中国外语》2004 年第 2 期，第 4—8 页。
胡壮麟：《谈语言学研究的跨学科倾向》，苗兴伟、刘振前主编《外语研究的跨学科视野》，高等教育出版社 2010 年版，第 2—12 页。
胡壮麟：《超学科研究与学科发展》，《中国外语》2012 年第 6 期，第 1、16—22 页。
胡壮麟：《系统功能语言学家的超学科研究》，《外语与外语教学》2013 年第 3 期，第 1—5 页。

黄崇岭:《双语教学的理论与实践》，上海译文出版社 2009 年版。

黄进:《国际化·现代化·本土化——新世纪高等学校的办学方向》，中国高等教育学会引进国外智力工作分会主编《大学国际化理论与实践》，北京大学出版社 2007 年版。

黄源深:《英语专业课程必须彻底改革——再谈“思辨缺席”》，庄智象主编《中国外语教育发展战略论坛》，上海外语教育出版社 2009 年版，第 291—301 页。

黄远振、陈维振:《中国外语教育：理解与对话——生态哲学视阈》，福建教育出版社 2010 年版。

霍尔:《无声的语言》（中文 1959 年版），上海人民出版社 1991 年版。

贾爱武:《我国外语教育政策新战略思考》，《外语界》2007 年第 5 期，第 91—96 页。

蒋逸民:《作为一种新的研究形式的超学科研究》，《浙江社会科学》2009 年第 1 期，第 8—16 页。

卡西尔:《人论》，甘阳译，上海译文出版社 2004 年版。

康淑敏:《从教学语言运用视角构建高校双语教学模式》，《外语界》2008 年第 6 期，第 64—70 页。

康淑敏:《外语教育中的文化意识培养》，《教育研究》2010 年第 8 期，第 85—89 页。

康淑敏:《教育生态视域下的外语教学设计》，《外语界》2012 年第 5 期，第 59—67，78 页。

李洪儒:《意见命题意向谓词与客体命题的类型——语言哲学系列探索之五》，《外语学刊》2006 年第 5 期，第 8—12 页。

李莉文:《试析英语专业技能课程与批判性思维能力培养的关系》，《中国外语》2010 年第 6 期，第 68—73 页。

李敏超、王导新、兰箭：《浅析诊断学全英文授课的关键环节》，《医学教育探索》2008 年第 7 卷第 7 期，第 721—723 页。

李天鹰：《日本英语教育改革的行动计划》，《外国教育研究》2003 年第 11 期，第 61—63 页。

李望国、吴开珊:《高校采用原版教材授课的思考》，《高教探索》2003 年第 4 期，第 55—56 页。

李雯雯、刘海涛:《日本英语教育的发展及政策变革》，《外国语》2011 年第 1 期，第 84—89 页。

李颖：*Curriculum Innovation: Listening Comprehension within the National English Teaching Reform in China* [M]. Swansea, UK: Penguin Culture. 2009。

李永强、罗云：《师资队伍国际化：建设世界一流大学的关键》，《中国农业教育》2009 年第 3 期，第 27—29 页。

李宇明:《国家战略视角下的外语与外语政策》（总序），赵蓉晖主编，北京大学出版社 2012 年版。
廖七一:《翻译研究的趋势与中国译学的现代化》,《中国外语》2006 年第 2 期,第 6—8 页。
刘晗:《布什力推“新帝国”理想下的语言战略》,《21 世纪经济报道》2006 年 1 月 11 日。
刘利民:《科学规划外语教育切实服务国家战略》,《光明日报》2009 年 3 月 3 日。
刘倩:《美国华文教育的现状与启示》,《比较教育研究》2010 年第 3 期,第 84—88 页。
刘仲林、宋兆海:《发展中国交叉科学的战略思考》,《中国软科学》2007 年第 6 期,第 17—22 页。
陆效用 (a):《双语教学得不偿失》,《中国教育报》2002 年 9 月 3 日。
陆效用 (b):《质疑双语教学》,《文汇报》2002 年 5 月 1 日。
鲁子问:《美国外语政策的国家安全目标对我国的启示》,《社会主义研究》2006 年第 3 期,第 115—118 页。
鲁子问:《外语政策与国家安全——美国的经验与启示》,《外语教学与研究》2007 年第 4 期,第 123—127 页。
鲁子问:《国家治理视野的语言政策》,《社会主义研究》2008 年第 6 期,第 54—58 页。
梅德明、韩巍峰:《论主题——主语的突显与对应关系》,《外语学刊》2009 年第 1 期,第 31—36 页。
蒙岚:《大学英语教学网络平台建设论——以形成性评估为视角》,《社会科学家》2010 年第 11 期,第 123—125 页。
聂亚宁:《距离性——英语动词时态隐喻性映射的理据》,《外语学刊》2009 年第 1 期,第 58—42 页。
潘文国 (a):《界面研究四论》,《中国外语》2012 年第 3 期,第 1、110—111 页。
潘文国 (b):《界面研究的原则与意义》,《外国语文》2012 年第 5 期,第 1—2 页。
齐勇锋:《文化强国的几个标准》,《人民论坛》2011 年第 10 期 (下),第 22—23。
钱俊生、余谋昌:《生态哲学》,中共中央党校出版社 2004 年版。
邵燕、刘毅清:《中国文学的跨文化理解——孙康宜文学史观念简析》,《杭州师范大学学报》(社会科学版),2010 年第 4 期,第 81—86 页。
佘燕云、詹春青:《开放学习的典范——英国开放大学 OpenLearn 评析》,《现代教育技术》2011 年第 3 期,第 10—14 页。
沈骑:《全球化背景下我国外语教育政策研究框架建构》,《外国语》2011 年第 1 期,第 70—77 页。
盛群力等:《教学设计》,高等教育出版社 2009 年版。

束定芳：《我看外语教学改革》，《国外外语教学》2001 年第 1 期，第 8—11 页。

束定芳：《认知语义学的基本原理、研究目标和方法》，《山东外语教学》2005 年第 5 期，第 3—11 页。

束定芳、庄智象：《现代外语教学——理论、实践与方法》，上海外语教育出版社 2008 年版。

束定芳：《从国家战略高度看外语教学改革》，庄智象主编《中国外语教育发展战略论坛》，上海外语教育出版社 2009 年版，第 259—273 页。

束定芳、陈素燕：《宁波诺丁汉大学英语教学的成功经验对我国大学英语教学改革的启发》，《外语界》2009 年第 6 期，第 23—29 页。

束定芳、陈素燕：《大学英语教学成功之路——宁波诺丁汉大学“专业导向”英语教学模式的调查》，上海外语教育出版社 2010 年版。

束定芳：《高等教育国际化与大学英语教学的目标定位——德国高校英语授课学位课程及其启示》，《外语教学与研究》2011 年第 1 期，第 137—144 页。

孙俪：《新中国成立 60 年，英语人才培养中一些得失之我见》，庄智象主编《中国外语教育发展战略论坛》，上海外语教育出版社 2009 年版，第 1—16 页。

宋伊雯、肖龙福：《大学英语教学中“中国文化失语”现状调查》，《中国外语》2009 年第 6 期，第 88—92 页。

王淳：《安全诉求与认同危机：论美国国家语言战略的重塑》，《国外理论动态》2010 年第 9 期，第 41—45 页。

王建勤：《美国“关键语言”战略与我国国家安全语言战略》，《云南师范大学学报》2010 年第 42 卷第 2 期，第 7—11 页。

王璐、曹云亮：《论述高等教育国际化的涵义》，《广东轻工职业技术学院学报》2005 年第 4 期，第 38—40 页。

王守仁：《加强师资队伍建设，提高教师教学能力》，《外语界》2010 年第 5 期，第 9—10 页。

王荣生：《从“超学科层面”看美国语文课程与教学目标》，《上海师范大学学报》（哲学社会科学教育版）2002 年第 3 期，第 43—48 页。

王小鸥：《国际贸易实务全英文教材使用情况分析及建议》，《国际经贸探索》2005 年第 6 期，第 25—27 页。

王雪梅、徐璐：《国际化复语型人才的内涵与培养模式探索》，《外语与外语教学》2011 年第 1 期，第 9—12 页。

王寅：《语义理论与语言教学》，上海外语教育出版社 2002 年版。

王寅：《语言的认知维度——尝试用认知方式为语言做出统一解释》，《外语学刊》2009 年第 1 期，第 30 页。

王寅：《什么是认知语言学》，上海外语教育出版社 2011 年版。

王银泉:《从国家战略高度审视我国外语教育的若干问题》,《中国外语》2013 年第 2 期,第 13—24、41 页。

王佐良:《翻译:思考与试笔》,外语教学与研究出版社 1989 年版。

维特根斯坦:《游戏规则》,唐少杰等译,陕西师范大学出版社 2003 年版。

尉至武、丁廷桢:《大学化学英文授课的尝试》,《中国大学教学》2001 年第 5 期,第 20—21 页。

文秋芳等:《国家外语能力的理论构建与应用尝试》,《中国外语》2011 年第 3 期,第 4—10 页。

吴坚:《当代高等教育国际化发展》,人民出版社 2009 年版。

吴言荪:《再谈高等教育国际化》,载《大学国际化理论与实践》,北京大学出版社 2007 年版。

吴宗杰:《外语教师发展的研究范式》,《外语教学理论与实践》2008 年第 3 期,第 31、55—60 页。

吴宗杰、殷企平:《探索超学科、研究型外语教育课程体系》,殷企平、庞继贤主编《华东外语教学论坛》(第 1 辑),上海外语教育出版社 2006 年版,第 1—23 页。

西村迈:《跨学科方法和超学科方法》,《国外社会科学》1981 年第 7 期,第 38—39 页。

夏纪梅:《外语教育的学科属性对教师专业发展的导向》,《当代外语研究》2012 年第 11 期,第 43—45 页。

夏卫红、马岚:《高等教育国际化视野下的学生跨国流动》,中国高等教育学会引进国外智力工作分会主编《大学国际化理论与实践》,北京大学出版社 2007 年版,第 297—308 页。

许安国、赵庆先:《高校师资队伍建设的现状分析及对策研究》,《北京交通大学学报》2010 年第 9 卷第 2 期,第 106—109、128 页。

颜世军、孙连坤、徐庆辉:《全英文授课医学本科留学生人才培养目标及其实现模式研究》,《吉林医学》2010 年第 31 卷第 26 期,第 4637—4639 页。

杨绍梁:《界面研究:外语科研创新的一条途径——“首届外语界面研究高端论坛暨全国外语界面研究学会筹备会”综述》,《外国语文》2012 年第 2 期,第 143—144 页。

杨永林:《风景这边独好》,《中国外语》2006 年第 2 期,第 10 页。

殷企平:《两种文化和英国高等教育(上)》,《高等教育研究》1994 年第 2 期,第 91—94,74 页。

殷企平:《两种文化和英国高等教育(下)》,《高等教育研究》1994 年第 3 期,第 98—101 页。

殷企平:《英国高等科技教育》,杭州大学出版社 1995 年版。

余胜泉：《基于互联网络的远程教学评价模型》，《开放教育研究》2003 年第 1 期，第 33—37 页。

余樟亚：《行业英语需求状况调查对大学英语教学的启示》，《外语界》2012 年第 5 期，第 88—96 页。

袁笃平、俞理明：《高校双语教学的理念和策略研究》，《中国外语》2005 年第 1 期，第 122—125 页。

袁毓林：《计算语言学的理论方法和研究取向》，《中国社会科学》2001 年第 4 期，第 157—168 页。

曾杰、张树相：《社会思维学》，人民出版社 1996 年版。

张后尘：《语言学研究与现代科学发展》，苗兴伟、刘振前主编《外语研究的跨学科视野》，高等教育出版社 2010 年版，第 13—20 页。

张京彬、余胜泉、何克抗：《网络教学的非量化评价》，《中国远程教育》2000 年第 10 期，第 48—52 页。

张俊凌：《界面研究的方法、意义与发展——首届中国外语界面研究学术研讨会暨中国英汉语比较研究会界面研究专业委员会成立大会综述》，《外国语文》2012 年第 6 期，第 158—160 页。

张立文：《国学的新视野和新诠释》，《中国人民大学学报》2006 年第 1 期，第 1—8 页。

张隆溪：《道与逻各斯》，冯川译，江苏教育出版社 2006 年版。

张芹：《高等教育国际化的内涵、标准与实施对策》，《继续教育研究》2005 年第 1 期，第 86—89 页。

张绍杰：《扩大教育开放给外语教育带来的机遇和挑战——兼论外语人才培养》，《中国外语》2011 年第 3 期，第 15—21、29 页。

张为民、朱红梅：《大学英语教学中的中国文化》，《清华大学学报》2002 年增刊（1），第 34—40 页。

张文友：《日本英语教育的改革动向》，《外语界》2001 年第 5 期，第 33—36 页。

赵秀凤、刘辰诞：《心理空间理论视角下的“投射”结构及功能》，《外国语》2009 年第 2 期，第 8—15 页。

仲伟合、袁长青等：《中国高校双语教学改革的探索与实践》，高等教育出版社 2010 年版。

周烈：《外语教学改革与国际化战略》，庄智象主编《中国外语教育发展战略论坛》，上海外语教育出版社 2009 年版，第 161—173 页。

周频：《语言科学研究方法学探索》，《外语学刊》2013 年第 1 期，第 37—45 页。

庄智象：《探索适应国际化创新型外语人才培养的教学管理模式》，《外语界》2012 年第 5 期，第 68—72 页。

附录 I

双语教学调查问卷（学生卷）

亲爱的同学：

您好！首先感谢您对本次调查的大力支持！这项调查纯属调研性质，所获得的信息仅用于学术研究，绝对不用于其他目的。本问卷采用匿名的方式进行，您如实的回答，将为我们的双语教学研究提供建设性的信息，希望您能积极配合，谢谢！

一、基本信息　年级：______学院：______专业：______

1. 您是通过以下何种方式进入此次双语课程班学习的：

自己报名并参加选拔考试□　符合该课程的入班要求，通过筛选□

仅是按照班级固定课表上课□　其他________________

2. 您参加过的双语课程历时多久：（按学期）________________

3. 您现在参加的双语课程按照计划将历时多久：________________

4. 您上过的双语课程采用的主要授课方式：

以教师讲解为主，学生主要是听讲、做好笔记，并完成作业□

教师讲解与课堂讨论相结合□

以学生自主学习、讨论为主，教师负责组织、引导、答疑等□

5. 您认为双语课要求具备以下哪方面能力？请按其重要性排序：________

a. 听懂英语授课内容的能力

b. 用英语思考、分析、概括、总结的能力

c. 用英语讨论、交流专业问题的能力

d. 阅读英文版专业教材能力

e. 用英语撰写论文、回答试题能力

二、英语语言能力评估及双语课程

6. 您对自己的英语水平是否满意？

十分满意□　满意□　基本满意□　不满意□　很不满意□

7. 是否参加过大学英语 4 级考试（CET4）__________；您的成绩__________

CET6□您的成绩__________；其他英语考试（如雅思，托福……）□您的成绩________

8. 以您现在的水平，您认为用英语来上专业课：

一点不吃力□　不吃力□　还能应付□　比较吃力□　十分吃力□

9. 您亟待提高专业学习所需的英语技能（限选三项）：

听懂英语授课内容的能力□

用英语思考、分析、概括、总结的能力□

用英语回答、讨论专业问题的能力□

阅读英文版专业教材的能力□

用英语撰写论文、回答试题的能力□

10. 您对自己用英语思考、分析、概括、总结的能力（即英语认知能力）满意吗？

十分满意□　满意□　基本满意□　不满意□　很不满意□

11. 您用英语学习专业知识时，会遇到以下问题吗？（可以多选）

不理解单词的字面意思，看书听讲总要查字典□

虽然每个单词都认识，但是却看不懂整篇文章的意思□

很难用英语对学到的专业知识进行概括、总结、分析□

很难用英语对所学的内容举一反三，由此及彼□

很难用英语交流、讨论专业内容□

12. 您对自己英语口头交际能力（即用英语回答、讨论专业问题的能力）的满意程度为：

十分满意□　满意□　基本满意□　不满意□　很不满意□

13. 您用英语交流专业内容时，有下列情况发生吗？（可以多选）

表达不符合语法规则□　单词使用不当，造成对方理解困难□

表达的内容支离破碎，逻辑上不连贯□　不能自由表达自己的想法和意见□

一旦对方听不懂，就不知道该怎么办□　会使用不符合英语表达习惯的句子□

14. 您认为您现在的英语水平对专业学习有影响吗？

完全没有影响□ 几乎没有影响□ 有点影响□

较有影响□ 影响很大□

15. 您对双语教师的英语水平满意程度为：

十分满意□ 满意□ 基本满意□ 不满意□ 很不满意□

16. 您的老师在双语课堂上使用汉语百分比是：

80%—100% □ 60%—80% □ 40%—60% □

20%—40% □ 0—20% □

17. 您认为教师的英语在哪些方面存在问题？(可以多选)

发音不准，带有明显的地方口音□

使用英语不规范，常有语法错误□

讲课时表达不连贯，逻辑混乱□

用英语讲解复杂专业知识有困难□

使用句式十分单一□

某些表达明显不地道□

对英美文化了解明显不多□ 其他□

18. 您的老师在讲解专业知识时使用英语的比重是：

80%—100% □ 60%—80% □ 40%—60% □

20%—40% □ 0—20% □

19. 您的老师课堂上用于语言学习（如解释单词，分析句子结构）的比重是：

80%—100% □ 60%—80% □ 40%—60% □

20%—40% □ 0—20% □

20. 您认为任课老师在课堂上使用的英语难吗？

太难了，基本听不懂□ 比较难，经常听得似懂非懂□

有点难，不过还能听懂□ 一点都不难，完全能听懂□

21. 您希望老师用简单的英语（比如放慢语速，尽量用常用词和简单句）来讲解专业知识吗？

十分希望□ 希望□ 无所谓□ 不希望□ 很不希望□

22. 与汉语授课的同类课程相比，双语课的专业内容有调整吗？

明显比汉语授课的同类课程内容单薄□

稍微比汉语授课的同类课程内容单薄一些□

和汉语授课的同类课程内容差不多□

稍微比汉语授课的同类课程内容丰富一些□

明显比汉语授课的同类课程内容丰富□

23. 如果您参加的是汉语授课的同类课程，您认为在专业上会如何变化？

会提高得更快□　和双语授课差不多□　不如双语授课□

24. 您认为通过双语教学您的英语水平有了怎样的变化？

有很大提高□　有一点提高□　没什么提高□　不如以前□

25. 就提高英语能力而言，您觉得开展双语教学有必要吗？

十分必要□　较有必要□　无所谓□　基本没必要□　完全没必要□

26. 您现在所参加的双语课采用了何种形式的测评？

平时课堂得分□　期中中文笔试□　期中英文笔试□

期中英文口试□　平时课后书面作业□　期末中文笔试□

期末英文笔试□　期末英文口试□　小组项目/任务□

其他：________________________

27. 您所参加的双语课程是否有某种奖励或激励机制？是__________否□

28. 您用的教材是否是原版教材？

原版教材□　国内教材□　原版与国内相结合□　自编教材□

29. 您现用的教材难易程度如何？

易读□　通过少量地查阅字典或相关专业材料，可以看懂□

通过大量地查阅字典或相关专业材料，才能看懂□　基本看不懂□

30. 双语教师所上的内容与教材是否相关？

有关，基本都是上面的内容□　基本相关，还有许多补充材料□

基本上都是补充材料，而教材只是要求课外阅读□　基本不用教材□

非常感谢您的合作！

附录Ⅱ

双语教师调查问卷

尊敬的老师您好！

这项调查是针对本校双语教学现状的研究。您提供的信息对保证研究质量意义重大，感谢您百忙之中认真填写。我们不会将资料用于科研以外的任何途径，谢谢您的合作！

一、基本情况

<table>
<tr><td>姓名
（可不填写）</td><td>性别：
女□
男□</td><td>年龄：
30 以下□　31—40□
41—45□　46—50□
51 以上□</td><td>职称
讲师□　副教授□
教授□</td><td>职务</td></tr>
<tr><td colspan="2">您从教的领域：
专业课程□
大学英语□
英语专业□</td><td>您的学习经历：
学士□　专业为：
硕士□　方向为：
博士□　方向为：
博士后研究□　方向为：
访学□　方向为：</td><td colspan="2">您的海外经历：
学士　年　月—　年　月
硕士　年　月—　年　月
博士　年　月—　年　月
访学Ⅰ　年　月—　年　月
访学Ⅱ　年　月—　年　月
工作　年　月—　年　月
培训　年　月—　年　月</td></tr>
<tr><td colspan="5">您从事高校教学年限：
1—3 年□　4—6 年□　7—10 年□　11—15 年□　16—20 年□　20 年以上□</td></tr>
</table>

二、关于双语教学

1. 您从事双语教学年限：

1—3 年□　4—6 年□　7 年以上□

2. 现在是您第几轮教授双语课程？

1□　2□　3□　4□　5□　6 及以上□

3. 您是否曾经接受过双语教学相关的培训？

没有培训□　1 个月以内的短期培训□

1—3 个月培训□　半年及以上的培训□

曾经参加国外培训□　　　　历时：________

4. 按照您的教学计划，您的课程中英语所占的比率为：

30%□　　　50%□　　　70%□　　　全英文□

5. 您准备一节双语课需要的时间是多少？________

6. 您认为现在学生的英语水平比您在双语教学开始之前所估计的有差距吗？

比预计的要好□　　　和预计差不多□　　　比预计要差些□

7. 您使用的教材为：

原版教材□　　国内教材□　　原版与国内相结合□　　自编教材□

8. 您认为您的学生是否适应原版教材？

非常适应□　大部分学生适应□　大部分学生不适应□　不适应□

9. 您认为用英语授课的部分会不会影响学生对专业知识的理解？

英语授课部分不影响专业知识的理解□

英语确实会影响专业知识的理解□

为了学生能理解专业知识，经常会把英语部分再用中文讲解一次□

10. 您的课堂上，学生主要使用哪种语言回答问题和提问？

以英语为主□　　　以中文为主□　　　英语和中文都可以□

11. 您的双语课程中，是否使用了与普通课程不同的教学方法？

和传统教学一样□　　有一些不同的方法：________

12. 您认为双语教学最大的问题是什么？

教师水平□　　学生接受能力□　　政策支持力度□　　评估手段□

13. 与非双语班的学生比较，您认为双语班的学生是不是在学习方面有较好的自控能力，会更努力？

确实优秀很多□　　　没有很大差别□

和是否双语班的成员无关，关键是学生本身□

14. 您认为学生参加双语课程最大的障碍是什么？

英语交际能力□　听力理解能力□　阅读能力□　专业词汇储备□

15. 您的双语课以什么形式测试评估？（可多选）

平时课堂记录得分□　　　期中中文笔试□　　　期末中文笔试□

平时课后书面作业□　　　期中英文笔试□　　　期末英文笔试□

小组项目/任务□　　　期中英文口试□　　　期末英文口试□

其他：________

16. 是否有预备级课程或后续课程？预备级课程□ 后续课程□

17. 您对全校的双语教学总体评价如何？（请用√选择，10 为最佳，1 为毫无成果）

1 ________________ 10

□□□□□□□□□□

非常感谢您的支持！

附录Ⅲ

中华文化知识问卷

1. 被称为“风”和“骚”的两部作品是：________和________。
2. 请列举你所知道的宋代词人：

____

3. 请问元代戏曲艺术被称为什么？______________
4. 吴道子是中国__________朝著名的__________家。
5. 《兰亭序》是__________的行书代表作。
6. 《洛神赋》是__________时期__________的文学作品。
7. 《岳阳楼记》是__________（朝代）__________的作品。
8. 琵琶曲《十面埋伏》是描写什么历史题材？________________
9. 《二泉映月》是谁的作品？____________
10. 你能列举的中国传统节日：

____

11. 你所知道的中国有地方特色的饮食：

北京：(　　　　　　)　天津：(　　　　　　)

上海：(　　　　　　)　西安：(　　　　　　)

杭州：(　　　　　　)　广东：(　　　　　　)

你的家乡：____________(　　　　　　)

12. 你所知道的中式饮食英语词汇：

豆浆：soybean milk	油条：	稀饭：
饺子：	粽子：	年糕：
馄饨：	春卷：	元宵：
馒头：	咸鸭蛋：	皮蛋：
豆腐：	地瓜：	锅贴：

13. 中国的四大名著是：

作者				
作品名				

14. 作为历史人物的"包青天"原名是：____________

15. 四书五经是哪些作品？

四书：____

五经：____

16. 炎黄子孙是什么意思？

____

17. "卧薪尝胆"是关于谁的故事？_________________________

18. 唐朝远嫁吐蕃的名人是____________________。

19. 唐玄奘西行取经到达的是哪个国家？_________________________。

20. 中国道教奉____________为教主。

21. 儒学三圣人为：____________、____________和____________。

22. 丝绸之路是西汉时____________出使西域开辟的以长安（今____________）为起点，到中亚、西亚，并连接地中海各国的水陆通道。

23. 与杭州或西湖有关的民间传说有哪些？

____

24. 京杭运河始于春秋时期，形成于____________，发展于唐宋，最终在元代成为沟通____________、____________、____________、____________和____________五大水系的交通要道。

25. 巴金的著作有：____

26. 弘一法师的俗名是：_____________________

27. 胡庆余堂是晚清"红顶商人"____________创建的。

28. 盖叫天是我国著名的____________演员。

29. 龙在中国的含义：

____

30. 请默写两首完整的唐诗：

后　记

首先感谢浙江省哲学社会科学规划课题的后期资助，使本书可以顺利面世。

关于本书所研究的主题，我要特别感谢两位导师，一位是殷企平教授，另一位是束定芳教授。殷老师让我第一次知道了“超学科”理念；在这个理念的引领下，外国语学院在全校“本科教学创一流”的平台上大胆地进行了改革，获得学校的好评，也得到国内外学术界专家的认可。束老师是我的博士后合作导师，他带着我走进国内学术研究领域，给了我国际化的视野，指点我扎扎实实地做好调研。

我对中国高校人才培养的关注始于留英学习期间（2004—2010）。中国从2003年开始试行的大学英语教学改革受到了英国高校研究领域人士的重视，这说明英语国家非常关心中国大学英语的教学动向。当时的国内学术期刊也发表了大量关于改革、“计算机网络支持下的自主学习”、“提高英语综合应用能力”等话题的学术论文。我想当然地认为全国已经普遍推进大学英语教学改革，并且取得了不少经验与成果，也发现了存在的问题。但是，当我在2010年回到国内时，却惊讶地发现很多高校刚刚开始建设大学英语自主学习平台，这才意识到自己对国内教育领域的无知，理论研究和实践实施并不是对等的。于是我通过实地调研和参加国内学术研讨会等方式，迅速将自己融入国内的外语教学改革实践中。

“高校全英语教学模式（EMI）的超学科研究”这个主题涵盖了我这几年的研究心得：其一是国际上较为推崇的“超学科理念”，其二是高校国际化进程中必不可少的“EMI全英语教学模式”。本书可以看作对这两方面的融合性解读。

我的研究初衷并不是写成这本“专著”，当时只是想了解英语在国内高等教育领域的地位和作用，一方面试图为改善薄弱的双语教学质量出谋划策，另一方面也希望推进我校的国际化进程。在2012年申请教育部留学回国人员科研启动基金项目时，我已经积累了一些数据，也对国家的政策等有了一定的了解，所以申报了“超学科理念与高校（非英语专业）全英语授课模式研究”这个课题，该项目的获批给了我很大动力和信心。2012年，我还获得了浙江省教育科学规划课题资助，以从事超学科课程群研究。研究的同时密切结合了我所在的杭州师范大学的“本科教学创一流”改革，学校的优秀中青年教师支持计划为我的课题提供了基金资助和平台支持。

在项目的预备、设计和实践阶段，有很多前辈、同事、朋友给予我无私的帮助。感谢美国Beloit大学的John Rosenwald教授和夫人Ann Arbor教授，他们不远万里来到杭师大，指点我们的课程设置并协助培养年轻教师的超学科意识。感谢浙江大学跨文化研究所所长吴宗杰教授与我分享他在浙江大学超学科理念的实践经验。胡壮麟教授、黄国文教授、冯志伟教授、朱永生教授都非常关注项目的进展，我从这些前辈那里学到的不仅是知识与研究方法，还有终身受益的态度和精神。感谢孙小琴教授与我分享她在美国从教多年的经验。感谢我的三位研究生史月红、张白露和常艺伟。感谢我曾走访过的各高校管理部门和老师们。感谢所有在这个项目实施过程中参与并支持我的朋友们。